U0566307

汉译世界学术名著丛书

中世纪文化范畴

〔俄〕A.J.古列维奇 著

〔英〕G.L.坎贝尔 英译

庞玉洁 李学智 译

庞卓恒 校

商务印书馆
创于1897 The Commercial Press

A. J. GUREVICH

CATEGORIES OF MEDIEVAL CULTURE

Translated from the Russian by G. L. Campbell

汉译世界学术名著丛书
出 版 说 明

我馆历来重视移译世界各国学术名著。从 20 世纪 50 年代起，更致力于翻译出版马克思主义诞生以前的古典学术著作，同时适当介绍当代具有定评的各派代表作品。我们确信只有用人类创造的全部知识财富来丰富自己的头脑，才能够建成现代化的社会主义社会。这些书籍所蕴藏的思想财富和学术价值，为学人所熟悉，毋需赘述。这些译本过去以单行本印行，难见系统，汇编为丛书，才能相得益彰，蔚为大观，既便于研读查考，又利于文化积累。为此，我们从 1981 年着手分辑刊行，至 2021 年已先后分十九辑印行名著 850 种。现继续编印第二十辑，到 2022 年出版至 900 种。今后在积累单本著作的基础上仍将陆续以名著版印行。希望海内外读书界、著译界给我们批评、建议，帮助我们把这套丛书出得更好。

商务印书馆编辑部

2021 年 9 月

译者前言

苏联著名中世纪史学家 A. J. 古列维奇所著《中世纪文化范畴》一书，是一部享誉国际史坛的名著。它的探讨范围主要是中世纪欧洲，特别是西欧和北欧各社会阶层的文化观念及其演变，其中包括宇宙观，时空观，关于人与自然、人与神、自我与他人、个人与群体和国家的观念，关于习俗惯例与法律的观念，对待财富和劳动的态度，等等。

值得赞许的是，作者不但探讨了包括僧俗上层人物在内的封建统治阶级的文化观念，还特别重点探讨了没有在典籍中明确表述过的下层人民的文化观念。为此，作者搜集和引用了民歌、民谚和民间故事方面的史料，以及有关民间宗教、生活习俗、仪式、宗教艺术和民间艺术等方面的史料，把中世纪欧洲普通人民的物质和精神世界的生活面貌生动具体地展示在读者面前。作者还尽力从生产生活方式的演变探求那些文化观念产生和演变的原因。还有一点值得特别赞许，就是作者力图把各种文化现象的共同的发源地，归结为一个共同的世界观，如中世纪人的时空观、中世纪人心目中的大宇宙和小宇宙、中世纪人的时间观念、中世纪人对待国家和法律的态度，以及对待财富和劳动的态度等文化现象，最终归结到中世纪人特有的世界观这个总的发源地上来。作者所说的世界观是广义的，包含了我们一些论著常讲的人生价值观和社会历史观等含义。这也是可取的,因为世界本应是包含人间世界在内的整个宇宙世界。把各种文化现象最终归结到世界观这个总的发源地的方法,避免了一般文化史或文明史著作的一个重大缺失,就是把各种文化现象孤立地罗列出来,避开它们之间世界观的联系,仅凭作者自己的偏好对那些自己认为重要的文化事件加以突出的描述,其结果是不知不觉地对读者做了世界观的误导。不过,《中世纪文化范畴》也有美中不足之处,那就是,我们始终没有见到作者对中世纪人的世界观的内容做出明确的表述,也没有见到作者对那种世界观的产生和存在的土壤同当时人们的生产生活方式有没有什么联系的阐述。这些缺陷也许就是这本书留待读者自己去思考如何弥补的地方吧。

我们相信,这部著作不但对专家学者有重要的研究价值,而且对于有兴趣研习或了解世界史、中国史、文化史的读者,以及对中西历史文化比较研究有兴趣的读者,都是一部开阔视野、启迪思考的好书。为此,我们把它译成中文,奉献给大家。

本书第一、二、五、六章由庞玉洁翻译,第三、四、七章由李学智翻译。庞卓恒校改了全稿。译校如有不当之处,欢迎批评指正。

庞卓恒

2019 年 11 月于天津市卫津路师北里

目　　录

插图目录

鸣　　谢

本书引用了下列文献：

《埃吉尔萨迦》(*Egil's saga*)，格温·琼斯(Gwyn Jones)译，(美国—斯堪的纳维亚基金会〔纽约〕，特维尼出版公司〔波士顿〕，1970 年版)(© 1960 美国—斯堪的纳维亚基金会)，经美国—斯堪的纳维亚基金会同意重印。

《老埃达》(*The Elder Edda*)，保罗·B. 泰勒(Paul B. Taylor)和 W. H. 奥登(W. H. Auden)译(©保罗·B. 泰勒和 W. H. 奥登，1969 年)，经费伯与费伯出版社和兰登书屋出版社同意重印。

《斯诺里·斯蒂德吕松的散文埃达》(*The Prose Edda of Snorri Sturluson*)，J. I. 扬(J. I. Young)译，经加州大学出版社同意重印。

插图承蒙大英博物馆惠允使用。

第一章

导言:中世纪人想象中的"世界图景"

2 “中世纪”这几个字使得一系列熟悉的图景涌进人们的脑海：封建城堡和哥特式的大教堂，十字军和贵族战争，光彩夺目的马上比武和宗教法庭上燃烧的火焰。但是，所有这些都是外在的标志，是一种装饰屏，它掩盖着中世纪人们真实的生活和工作。中世纪的人们是一种什么样的人呢？他们是怎样看待他们所生活的那个世界的呢？他们的行动指南是什么呢？当我们试图重建中世纪人们的精神世界，分析他们所赖以生存的精神和文化源泉的时候，我们立即就会发现：这个世界几乎完全被暗影所笼罩，使其黯然失色的一方面是古典古代世界，另一方面是文艺复兴的世界。用一种不带偏见的眼光来看待这一时期几乎是不可能的。几个世纪以前就作为将古希腊罗马和近代分开的那个时期的方便名称而开始使用的“中世纪”（*medium aevum*）这个概念，一开始就带有一种贬义，它暗指欧洲文化历史的毁灭和空白，这一含义一直保留到现在。如果人们想找一个形容词来描述落后、缺乏文化、没有法制，人们就可以使用中世纪这个词，“中世纪”实际上成了描写一切黑暗和反动的词的同义词了。严格地说，只是中世纪早期常常被称为“黑暗时代”，但是，《牛津英语词典》进一步地把它扩展到整个中世纪。

无疑，这种关于中世纪的观点在17和18世纪是可以理解的，那时，日益上升的资产阶级完全有理由借助于诋毁由教会和贵族统治的中世纪时代的名声来加速推翻封建制度。但这种理由早已不复存在。我们决不应该忘记：恰恰就是在中古时期，近代欧洲各
3 民族诞生了，当今的欧洲国家开始形成。我们所使用的语言也产生于那个时期，而且，构成我们自身文明基础的许多文化价值也来源于中古时期。近代文明和中世纪之间的对立是明显的，但是，无

疑，它们之间的联系和连续性也是存在的。

然而，如果我们把中古时代只看作是欧洲诸民族的童年时代，看作是迈向近代历史的准备阶段，那么，我们的观点肯定是一种片面的观点。中古时代具有自己独特的历史价值。德国历史学家利奥波德·冯·兰克*过去曾说：“每一个历史时代都与上帝保持着一种它所特有的直接的联系”——他以唯心主义的方式阐述了一个既深刻又不可否认的真理，即：每一个时代如果我们不考虑它与后来的历史进程之间的关系，就其本身而言，都是重要的、有意义的。事实上，我们并不单单为了某些目的来研究过去，去了解现在是怎样由过去而产生的。研究不同的历史时期，包括那些远离我们而且也许与我们所处的时代没有什么直接或明确联系的历史时期，能够使我们既看到人类的统一性，也看到人类的差异性。一旦我们看到历史上不断重现的压力，当我们不断地遇到相同的人类需要和相同的人类反应的时候，我们就会对人类社会以及支配人类社会的规律有一个更加深刻的理解。接触其他历史时期、其他文明、其他文化环境的人类存在的各个方面，有助于理解我们自己所特有的创造力，有助于我们理解自己在历史进程中所处的位置。因此，我们既要考虑个别，又要考虑一般，既要考虑共同因素，又要考虑差异性。

历史知识不管怎样总是一种自我认识。在研究其他时代的历史时，我们难免把它与我们自己所处的时代相比较。归根到底，这不就是文化史的含义吗？但是，在比较我们所处时代及其文明与

* 兰克（Leopold Von Ranke，1795—1886），19世纪德国历史学家。——译者

其他时代及其文明的过程中，难道我们就没有冒着把我们这一时代的标准应用到其他时代及其文明的研究中去的危险吗？在某种程度上，这是不可避免的。但在我们的头脑中，应该对这些陷阱保
4 持警惕。今天被我们视为生活基本价值的东西，对于那些属于其他历史时期或其他文化背景的人们来说也许绝非如此；相反，我们认为是错误的或无足轻重的东西，在属于其他文化背景的人们看来，也许就是正确的，是至关重要的。

当拉普拉斯(Laplace)向拿破仑解释天体运动的时候，据说，拿破仑曾问拉普拉斯，在天体运动中，他分配给造物主的角色是什么？对此，拉普拉斯答道："我不需要做这样的假设。"而且，实际上，没有第一推动者，没有终极原因，没有上帝，没有造物主——或者给这个超自然的力量赋予其他什么名称，近代科学工作仍然进展得很好。但是，如果我们一开始就把自己局限在这样一种假设里，即：由于中古时代人人都信仰上帝，因此，一切都是无知的，一切都带有蒙昧主义的色彩，那么，我们就理解不了中世纪文化。对于中世纪的人们来说，这不是假设，而是一条基本原理，是中世纪人世界观和道德意识的核心，舍此，他们就不知道怎样解释自然界，也不知道怎样调整他们自己在自然界中的位置。在我们看来是错误的东西，对于中世纪的人们来说，不仅不是错误的，而且是最高真理，其他所有的概念和思想都以此为中心，中世纪的文化价值和社会价值也都与此相关。

如果我们想理解过去某一时期的文化，我们必须严格地依据历史线索，只能使用那些严密贴切的标准。由于处于任何文明时期的人都不能在另一文明时期准确地再现自己，因此，就不存在一

个能够应用于所有文明和所有历史时代的唯一标准。然而，即使是 18、19 世纪的最伟大的历史学家也仍然怀有人性，特别是人类心理在历史发展过程中保持不变的信念。作为《世界历史沉思录》(*Weltgeschichtliche Betrachtungen*)一书的出发点，布克哈特* 把人的过去、现在和将来看作是不变的。这样，现代西欧人就冒充了另一时期和另一文化背景中的人。

人类社会永远处于一种运动、变化和发展的状态中。在不同的时期和不同的文化背景中生活的人们，用自己特有的方式来观察和解释世界，并用自己特有的方式来建构自己的印象和知识，建 5
构自己在当时的历史条件下形成的世界观。如果我们想了解真实的过去(再引述兰克的话“Wie es eigentlich gewesen ist”[“按其本来面目去理解”])，那么我们必须用恰当的标准探究它，从其内部进行研究，并尽力找出其本身所具有的内在结构，还必须时刻警惕不要把我们的当代价值观和标准强加于过去。

这一带有普遍意义的警告，对于为理解像中世纪这样与众不同且有特色的时代所做出的任何尝试来说都是十分有用的。中世纪思想的结构和发展过程对于我们来说简直太陌生了，以至于用近代思维方式来理解几乎是不可能的。这是否可以部分地说明我们对中世纪持有偏见的原因呢？我们了解大量的历史事件，但对其内在动因，也就是说，导致人们某些行为并造成社会和意识形态冲突的那些动机，我们却知之甚少。所有的社会运动都是人的运动，都是那些有思想、有感情的人的运动，而人们是具有一定的文

* 布克哈特(J. C. Burckhardt，1818—1897)，瑞士文化史家和艺术史家。——译者

化和观念体系的。人们的所作所为是受他们所处时代的价值观念驱使的。如果我们忽视了在封建社会中作为人们行动指南的价值判断和价值标准的话，那么，我们就不能自以为理解了他们的行为。因而，也就不能自认为对构成历史过程的这种行为提供了一个科学的解释。

如果我们忽视构成中世纪人们世界观（*Weltanschauung*）的价值体系，那么我们也不能以为自己已理解了他们的文化。中世纪最普遍、最受人欢迎的文学作品是圣徒传记，最典型的建筑物是大教堂。在绘画中，圣像占统治地位；在雕塑方面，《圣经》里的人物是主要对象。中世纪熟练的工匠、作家和艺术家都忽视他们周围尘世间存在的可见的形貌，把注意力牢牢地固定在世界之外。可见，他们观察事物的方式是十分独特的。几乎无一例外，中世纪的艺术家和诗人都忽视自然界看得见的事实，他们从不描绘风景，
6 他们从不注意个性特征，他们似乎没有意识到其他国家、其他时代的人们与他们相比，穿着不同，居住环境不同，武器也不同。中世纪的人们没有被个体化而是被铸造成同一类型。艺术家们不是力图深入研究生活现象的种种差异，而是把崇高与卑俗之间必然的对立当作出发点，把那种对立看作是绝对的善与绝对的恶之间的两极对立。

中世纪艺术家由此而创造出来的世界是非常独特的，近代观众会对此感到十分陌生。就好像这些艺术家没有意识到世界是三维的，世界是有深度的。在中世纪艺术家的画面中，立体被平面所代替。中世纪的艺术家是不是也没有意识到时间的推移呢？在中世纪著名画家的作品中，我们常常可以发现：他们把一系列前后相

继的活动描绘成在同一时刻发生。例如，我们发现，下列活动被描绘在同一画面中：施洗者约翰（John the Baptist）站在希律（Herod）的面前，约翰被刽子手斩首，希罗底（Herodias）把装着约翰脑袋的盘子端给希律，约翰那没有生命的尸体被丢在一边。还有一个例子，我们看到，一个贵族骑着马沿街而行，他驰进一个城堡，从马上跳下来，然后进屋，在屋子里晋见该城堡的领主，与其互吻以示友好，这是此种场合下必须要做的，所有这一切并不是用系列的方式前后相联地表现出来的，而是在一幅画面中被综合为一个统一的结构。这种打破时间限制，在一个艺术平面上表现前后相继的事件的手法，尽管对于我们今天这种绘画乃是表现瞬间事件或状态的思想来说是十分陌生的，但在文艺复兴时期的艺术作品中仍然可以找到。例如：波提切利（Botticelli）在为但丁（Dante）的《神曲》作图解时（最迟始于15世纪90年代），他使但丁和维吉尔在同一画面中出现好几次，以此表现他们穿过层层地狱的游历。

此外，中世纪的艺术家对尘世和超自然的世界之间的划分似乎并不十分明确：他们以同样的清晰度和准确度，在同一幅壁画或小画像内，把两个世界之间的相互影响生动地展现出来。这与我们所谓的现实主义相距甚远。然而，我们不要忘记，“现实主义”这
个词也起源于中世纪，不过，那时，“现实”所指的范畴恰恰是我们 7
今天否定其现实性的那个范畴。

如果我们根据当代艺术原理以及构成当代艺术原理的世界观而采取批判的态度去列举所谓的不协调性，那些不协调性的一览表肯定会扩大。当然，谈论中世纪艺术家的“原始性”“稚气的天真”和他们的“粗陋”是很容易的，指出他们在表现空间方面还未发

现直线透视，也不难办到。但是，所有这些判断只不过反映了我们还没有理解中世纪艺术家和诗人的内心世界，说明我们在评价其他时代的艺术时，易于以远离那些时代的偶然标准为根据。

但是，也许有人会提出反对意见，理由是：艺术的语言是因袭传统的，越过它去理解其他时代的社会意识和人们的世界观绝非易事。这当然是无可非议的；但是中世纪思维的“古怪”之处并不只是表现在艺术领域内。例如：中世纪思维体系中的词汇和概念同宇宙中相应的物质世界和事物具有同样的真实度，这对于我们来说，难道不令人费解吗？具体和抽象没有被区分开来，或至少在这二者之间没有一条明确的界限，对此，难道我们就不感到奇怪吗？重复古代作家的思想值得称赞，而表达新思想则会遭到反对；剽窃不构成犯罪，而创造性却完全可以被视为异端邪说；在一个说谎被视为严重犯罪的社会里，裁决财产所有权和其他特权时提供假文件却能够被视为构成真凭实据的一种手段和使上帝高兴的一种行为；童年不被视为人类成长和发展的一个特殊阶段，而儿童却被当作小大人来对待；法律诉讼的结果不取决于对具体情况的准确表述和客观评判，或者至少其意义不如恰当地遵守诉讼程序和背诵法律文件惯用语所起的作用大，而在法庭上使用沸腾的开水
8 和烧红了的烙铁却能够裁定诉讼的对与错；不仅一个人可以被指控犯罪并受审，而且动物甚至无生命的物体也可以被指控犯罪并受审；用同一单位名称测量土地，竟会出现数量上的不同，也就是说，在实际中并没有使用同一计量单位；同样，时间单位“小时”也可根据一年四季的变化而持续长短不同。在封建领主中，浪费竟然远比节俭这一资产阶级最崇高的美德更会受到人们的赞扬，在

这样的社会中，自由并不只是与依附相对立，而且也能与依附相结合；贫穷被视为一种比富有更能使上帝高兴的状态，但一些人却想方设法使自己富有，而另一些人却主动放弃自己所占有的财富：这一切难道不使我们感到奇怪吗？

也许这些例子就足够了。为了说明中世纪生活中不符合我们今天所流行的理性思维方式的那些方面，我首先想到的就是这些例子；但是，我并不是有意识地挑选这些例子来进一步证明中世纪“落后”和“野蛮”这一陈腐的观点。我只想以此来说明，中世纪的一切荒唐之处和不和谐之处不仅需要解释，而且需要得到人们足够的理解。我们必须寻找内涵，即：那个不仅在时间上，而且在秉性和结构上都与我们相距甚远的中世纪文化最内在的含义。

中世纪人们的精神生活的难以理解，不只是由于它包含了许多我们今天感到陌生和的确难以理解的地方。中世纪的文化内容不适于使用我们现在研究当代文化时所惯用的手段来对其进行分割式的分析。在中世纪的发展过程中，几乎不可能明确地区分诸如美学、哲学、历史学和经济学这样的思想活动领域。确切地说，只能在某种程度上进行区分，但这一区分过程不仅有损于我们从整体上理解中世纪文化，而且特别不利于理解相关的行为准则。当中世纪的思想家把注意力放在美学研究方面的时候，这种研究必然会依赖于对上帝的理解，上帝是一切可见形态的创造者，而可 9
见形态本身并不存在，它只是作为人们理解神圣前提的途径。历史恰恰就是这样，它并不是作为一个由其内在规律而自然生成的独立过程而展现在中世纪人们的脑海中。浮现在人们脑海中的是一连串正在展开、发展的事件，这些事件是否有意义，是否重要，最终只能看它们是不是永恒的，是否实现了上帝的旨意。中世纪学者对财富、财产、价格、劳动以及其他经济范畴的态度只是他们对伦理范畴进行分析的一个组成部分，伦理范畴包括：什么是正义，为了保证不因此而危害最远大的目标——拯救自己的灵魂，人们应该怎样为人处事（包括其经济事务）等等。哲学是“神学的侍女”。在中世纪哲学家看来，长期以来，哲学承担的唯一任务就是为神学辩护，只有这样，哲学家的论点才被神学赋予比较深刻的意义。

这是否就意味着中世纪的一切知识都归结于神学，而且封建时代的美学和哲学思想不能被划分出来而进行独立研究呢？绝对不是。但是，它的确意味着当我们选择艺术创作、法律、历史编纂学或任何其他中世纪的精神活动领域进行分析的时候，我们绝不能把某一具体的领域从更为广泛的文化历史背景中孤立出来，因为只有在我们所谓的中世纪文化这一整体结构中，我们才能正确地理解其具体的组成部分。神学是中世纪人们社会行为的最高原则，它为我们提供了一个总的符号体系，只有根据这个符号体系，封建社会的成员才能理解他们自己，才能认为他们所生存的那个世界是个既有动因也能被解释的世界。

根据以上所言，我们可以明了整体性的结构是中世纪世界观区别于其他世界观的主要特点，正是它解释了中世纪独特的未分化现象、各个不同领域的不可分性，而且还解释了为什么中世纪人相信宇宙是统一的。正如哥特式教堂的每一个细微之处都能扼要地反映整个结构上宏大的建筑意图一样，正如在一篇神学论文中
10 的每个独立的章节中都可以找到《神学大全》（*Summa Theologica*）的结构原理一样，正如尘世历史中每个个别事件都可以在《圣经》

所记载的历史中找到例证一样（短暂中体现着永恒），中世纪的人们也把自己看作是世界借以创造出来的所有那些要素的一个统一体，看作是宇宙的最终目的。微粒中包涵着整体，小宇宙是大宇宙的复制品。

然而中世纪世界观的整体性，并没有保证它从矛盾中摆脱出来。永恒与暂时的矛盾，神圣与邪恶的矛盾，灵魂与肉体的矛盾，天堂与尘世的矛盾，等等，这些存在于世界观深层的矛盾深深地植根于这一时期的社会生活中——植根于富有与贫穷、支配与服从、自由与奴役、特权与剥夺之间难以调和的对立之中。中世纪的基督教世界观把现实中的矛盾“转化”到包容一切的超验范畴的更高层面上去。在这个层面上，通过尘世历史的应验，作为赎罪的结果，世界通过其时间上的发展，回归于永恒，从而使这些矛盾得以解决。这样，神学不仅给予中世纪社会以最高的普遍原则，而且赋予了它以维护道义的约束力和赏罚标准，并使它变得圣洁。

显然，当我们把“文化”概念应用到中世纪研究中去的时候，我们必须把它置于一个比我们谈论近代文化时所惯用的文化范畴更广泛的意义中去解释。中世纪文化并不只是包括某些美学或哲学的范畴，它也不局限在文学、艺术和音乐的领域内。如果我们想抓住这一文化的决定性原则，我们就必须超越这些领域的界限，只有这样，我们才能在法律中，在经济学中，在财产关系中，在其他更多构成中世纪人们活动基础的领域中，无论是创造性的还是实践性的活动领域中，找到一个统一体，离开这个统一体，我们就不能全面地理解各个独立的活动领域。每个活动领域都带有这一文化统一体的色彩。

毫无疑问，任何一个时代的文化都可以而且也应该作为一个
包罗万象的符号体系看待，在这样一种广阔的视野中加以研究，然
而，就中世纪文化而言，注重其整体面貌具有特别重要的意义。中
11 世纪人类活动的各个领域，不像我们今天这样，在政治学、经济学、
艺术、宗教、哲学、科学和法学中都有各自的“专业语言”。让我们
举几个例子：中世纪人研究数学，后来出现了一种数学符号语言。
但是这些数学符号同时也是神学符号，因为长期以来，数学本身一
直就是一种用符号来解释最高真理的“神圣的算术”。因此，数学
语言并不是独立的，而是更为广泛的基督教文化语言中的一个“方
言”。数字是审美观念中的一个重要因素，是神圣的标志，是神授
的思维。

另一个例子：贫困是中世纪的特点。但是，对于中世纪人来说，贫困并没有被视为一个独立的社会和经济问题（至少是到了很晚，才被视为一个独立的社会经济问题），而是被视为另外一个更为重要的问题。贫困是根据对社会群体法权地位的划分来解释的：穷人被认为是社会底层，他们没有特权，这样，由于贫富的概念并没有局限在经济和财产的范畴内，所以在贵族与穷人的对立之间，看不到任何逻辑上的不协调。此外，穷人被看作是上帝的选民，是为了到达天国而放弃世间财产的贫穷的基督徒（*pauperes Christi*）。也就是说，经济学语言看起来也是文化元语言中的一种“方言”，在这个文化元语言中，经济学、神学和法学的概念和术语并没有被明确地区分开来。

让我们再举一个例子：普罗旺斯的游吟诗人经常歌唱自己心爱的人，但他并没有找到（实际上他也没有去寻找）独特新颖的词

汇来表达他自己的感情或描绘她的美丽。几乎无一例外，他所使用的概念和术语都是中世纪宗教公共机构中所使用的，诸如“效劳”“捐赠”“世仇的誓言”“领主”等等——游吟诗人就是利用这些现成的爱情专用词汇来编写他那些有关爱情的抒情诗。心爱的人对他来说比世界上任何事物都珍贵，也就是说，比安达卢西亚*或 12
东方的城市还珍贵，比占有罗马教皇的三重皇冠或神圣罗马帝国还重要。

在阅读本书的过程中，我们还会碰到许多诸如此类的例子，但是现在让我们考虑一下中世纪人们所使用的语言的极端多义性。中世纪文化中所有最重要的术语都是一词多义的，而且只有在特定的上下文中才含有特定的意义。这方面最好的例子是“诸词之源”（etymologies）和“神学大全”（summae），那是这个时代使用最多的两种书。中世纪知识界具有对任何文献进行多层解释的能力。因此，理解封建社会人类活动中任何一个特定领域的“语言”都必须了解文化语言，在这个文化语言中，任何一种特殊的“语言”都不是一个独立封闭的系统，而是文化语言中的一个“方言”。所有的专业“语言”、行会“语言”不断地相互融合，它们不仅在本专业内，而且在本专业之外的相关专业和技能的领域内也具有“意义”。实际上只存在一种语言，一种包罗万象的符号系统，并分别具体地被解码成符合使用文化语言的各个具体的人类活动领域的含义。欧洲在中世纪普遍使用了拉丁语大概就与此有关。

但是如果中世纪文化的确具有这一十分特殊的结构，中世纪

* 安达卢西亚（Andalusia），西班牙一地区，在莫雷纳山和内华达山之间。——译者

文化中一切组成因素之间的确具有紧密的相互关系，那么就会出现这样的问题，我们怎样才能从整体上研究中世纪文化呢？这项研究应该把某一研究对象的具体特征作为出发点，而且要时刻牢记这一点。在深入理解关于中世纪哲学、艺术和文学的特性和具体内容方面，在深入理解关于中世纪伦理观念和美学思想，中世纪的教育方法，中世纪的法学，中世纪教会的经济学说，以及中世纪世界观和文化的其他许多现象的特征和具体内容方面，我们已经做了大量的工作。随着科学知识的进步，它必然要给我们研究的各个具体方面之间带来一个更加明确的界限，不过，遗憾的是，在这个过程中，构成中世纪文化多侧面的共同基础并不总是被明确
13 有效地揭示出来。中世纪文化生活的形式反映着这一时期人们的社会活动，中世纪文化生活的形式是中世纪人用自己的方式创造自己的世界的产物。

显然，为了理解中世纪人们的生活、行为和文化，重建他们的思维方式和价值体系是十分重要的。我们必须了解他们的“思维习惯”，即他们在评价周围世界时所使用的方法。

但是，是否有可能深入到与我们相隔这么多世纪的人们的内心世界呢？难道这些努力不是小说家应做的而是学者应该做的吗？文化史学家没有理由只依赖于自己的想象，他的直觉必须建立在科学方法的基础上，他必须找到能够保证对大量材料进行较客观的研究的途径和手段。依我看，首先最好是试着识别某个文化的基本的、带有普遍意义的范畴，没有这些范畴，这个文化就没有存在的可能性，只有通过这些范畴才能使这个文化渗入到它的各种具体现象之中去。此外，这些范畴同时也是解释存在于该文

化中的人们意识的范畴。就此而言，我指的是诸如时间、空间、变化、原因、结果、数量、可感与超感之间的关系，部分与整体的关系等等观念和感性认识的形式。这个一览表可以被扩大发展并提炼，但这并非问题的关键所在。重要的是，在任何文化中，这些带有普遍意义的概念相互作用并形成一个独特的"世界模型"，这个"世界模型"就是一个坐标网络，这一文化的承受者们就是以此来观察现实并以此在大脑中建构他们自己的世界图景。

我引用"世界模型"这个术语是有附加条件的：我并不是在任何具体的控制论的意义上使用这个术语，因此，"世界模型"可以与"世界图像""世界图景""世界观"互换使用。

一定社会的成员把在该社会中潜移默化地接受下来的"世界模型"当作自己的行动指南。该社会成员借助于构成这个世界模型的各个范畴把从外部世界里得到的感觉和印象变为自己内心体验的资料。这些基本范畴似乎存在于在社会成员或社会某个群体 14
中发展起来的思想和世界观之前。因此，无论这些个人和群体的思想和信仰之间存在着多么大的差别，在其根基中我们都可以找到带有普遍意义的概念和表述，这些概念和表述代表着整个社会，没有它们就不能建立理论，就不能建立哲学、美学、政治学或宗教学的思想或体系。我所列举的概念构成了文化的基本语义目录。当然，全体社会成员必须遵守这些范畴，这绝不能被理解为社会通过要求社会成员必须以这种特定的方式来观察并影响世界，来有意识地把这些标准强加给社会成员；社会既不懂得要把这些范畴和图景强加给其社会成员，也不清楚社会成员已经接受、"吸收"了这些范畴和图景；当然永远要牢记，统治集团或阶级也许会占用并控制某些文化范畴或概念，从而防止社会成员对此进行自由的解释，并保证把那些偏离他们自己的“正统”解释的人们诬蔑为异端和背教者。在封建制度下，的确发生过此类事件。这些范畴刻印到人们的语言中，正像刻印到其他符号体系(例如艺术、科学和宗教)中一样；如果不使用那些范畴人们就不可能想象世界，正像人们不使用语言范畴就不可能思考一样。

如上所述，我们所列举的基本文化范畴是不完全的。体验更具重要性的社会存在——如个人、社会、劳动、财富、财产、自由、法律、正义等等——的其他方式，在其他任何一个社会中都可以找到。与我们以上所列举的宇宙范畴截然不同，这些范畴可以被描述为社会范畴。但是把整个世界划分为自然界和人类社会两部分总是或多或少地带有传统的因素；实际上，在许多社会中，根本不可能作出这样的划分，因为世界总是被想象为具有人的特征，而且人类社会只是微弱地或者根本不可能与自然界相分离。因此，社会范畴，诸如我们以上所列举的，在许多文明中，都以一种尽可能紧密的方式与宇宙范畴联系并缠绕在一起。这两套范畴在建立任何社会中行之有效的世界模型方面，都具有相同的价值。

每一个文明，每一个社会体系都具有自己独特的观察世界的方式。当我们说理性和感性范畴带有普遍意义的时候，我们的意思是这些范畴是人类发展的每一阶段都固有的。然而，至于它们的内容，并不是一成不变的。在不同的社会结构中，我们会找到完全不同的时间或自由的范畴，我们会发现各种各样的劳动态度，以及对法律的各种各样的解释，会发现不同的空间感和对因果关系的不同解释。我们也可以推断，在一个文明结构中，这些范畴并不表现为一种偶然的选择，而是从整体上形成一个体系，在这个体系中，一些形式的变化与其他形式的变化密切相关。

一个文明社会的基本概念和想象是在人类实践活动的进程中，在从前辈那些继承下来的人类经验和传统的基础上形成的。在生产的发展、社会关系以及人类从自然环境分离出来的历程的某个阶段上，存在着与此相应的体验世界的方式。从这个意义上讲，这些体验世界的方式反映着社会实践。但同时这些范畴也对个人或群体的行为起决定作用。因此，它们也影响着社会实践，使社会实践过程由此而具有反映“世界模型”的特性，而那些范畴也正是组合到那个“世界模型”之中的。

所有这一切都表明，如果我们想理解不同于我们这一历史时期的文化和社会生活，那么研究这些相关的范畴是十分重要的。这的确是个令人望而生畏的任务。我们也许应该扪心自问究竟能不能进行这样的研究。因为我们以上提到的这些范畴在其实际的历史表象中，是一个与我们这一时代完全不同的时代的人们所固有的。对这些人来说是可以理解的，但当这些人已不存在的时候，这些范畴就变成了后代人们所不得不进行释译的象形文字了。当我们去掉中世纪文化那活灵活现的装饰之后，这些范畴就会以破碎的形式出现在我们面前，而且主要障碍是这些范畴已丧失了被中世纪人们赋予的那些重要含义。他们再也不能向我们显示这些范畴的原始含义了。把新的、相距甚远的含义嫁接在这些范畴上 16
的危险性，即使不是必然的，也是存在着的。

这些疑团使得我们面临一个更具有普遍意义的问题：我们在理解过去时能够避免把我们自己观察事物的方法，即我们所生活的时代和地域所赋予我们的观察事物的方法强加在过去的范畴上吗？似乎不能避免。事实上，我们对已流逝的岁月的兴趣，我们选择史料时所使用的标准，我们评价这些材料的方法，我们所做出的归纳，我们得出的结论，所有这一切都不可避免地通过某种方式受到我们这个社会所固有的概念和价值体系的制约。然而，“历史”毕竟不是一部封闭的书。斯宾格勒*曾提出过一个论点：文化是不可传授的。他把文化描绘成没有门窗的单元，然而他却感到应该把历史学家（也就是他自己）排除在外，让历史学家有可能去理解那些显示每个体系的内在生活的原则。诚然，他的这个论断并不是从他自己规定的前提得出的有依据的论断，但是这个论断却是自然的。因为那些完全信奉一种文化的体现者很难或不可能理解另外一种文化这一原则的研究者们，注定会陷入创造力的瘫痪，只能沉默不语。

在建立我们自己与其他时代的人们之间对话方面所出现的困难，绝不能阻碍我们做出这种努力。这一努力能否成功将在很大程度上取决于研究者所采用的方法以及他是否能够意识到他成功路上的阻力。研究者对另外一种文化进行历史考察的方法，必须是这样：把他的配套缺陷，即他自身具有的那些偏见和价值判断，减少到最低限度，或者至少要始终予以注意。研究者使自己完全摆脱自己的缺陷是不可能的，但是，重要的问题在于，难道这些缺陷仅仅作为我们了解其他文化的“障碍”而存在吗？或者说，难道它们就没有可能成为鼓励研究者继续前进的刺激剂吗？

---

* 斯宾格勒（O. Spengler，1880—1936），德国哲学家。——译者

我相信在本书中所使用的研究中世纪文化的方法是值得注意
的。本书所使用的方法是：分析中世纪文化各种不同的范畴，然后 17
阐明这些范畴在作为统一的社会文化体系的组成因素时所具有的意义。当然这种方法也有其自身难以解决的问题。

首先，由于以上所列举的范畴深入到了个人和社会生活的各个方面，而且可以通过语言和其他一切符号系统进行认识，因此，弄清这些范畴在从前某个文化中的作用的唯一方法就是研究该文化遗留下来的全部书面材料和遗迹，因为只有在这些书面材料和遗迹中才能验证这些范畴。但是，胜任这样的工作纯属空想，完全彻底地研究只是一种理想而已。

其次，用以建立“世界模型”的那些范畴应如何“选择”，我们仍未搞清。我们有理由认为：在某些文明中，这一“模型”在包含着带有真正的普遍意义的范畴的同时，还包含着这些文明或社会体系所特有的具体因素。某些具体的范畴在某些文化中具有重要意义，在其他文化中也许就不太重要了。

我们仅仅选取了中世纪“世界模型”中的几个因素：时空、法律、财富、劳动和财产。这种选择可能被认为是武断性的，的确，在时间与法律之间，在劳动与空间之间，究竟存在着什么样的共同基础呢？我们所挑选的范畴分别属于人类经历的不同领域，属于人类观察现实的完全不同的层次。但是，也许就因为如此，对这些范畴的关注才具有特殊的意义。我们也许能在这么多完全不同的概念和表述中寻找到某种共同的因素，这一共同因素把这些范畴凝结在一个世界图景之中。可以说，我们想对组成所谓“中世纪世界”这个大厦的各个部分进行随机考察，目的是在它们之间找到共性并建立起相互联系。由于我们既选择了宇宙的范畴,也选择了社会秩序方面的范畴,因此,我们能够从不同的角度研究中世纪人们观察世界的方式,并且可以相应地,较全面地把中世纪描述出来。在选择这些范畴的时候,我们还有另外一种想法:我们想揭示
18 出不仅在诸如时空这样与艺术有直接关系的范畴里,而且在表述那些明显地与文化相距甚远的法律、财产和劳动的范畴里,都有可能而且有必要找出一个文化内涵,没有它就不能理解这些范畴的社会意义,乃至理解其经济价值。我们所挑选的范畴是否能很好地满足目前的分析目的呢?也许只有在我们更细致地读完本书之后才能得出比较恰如其分的结论。如果本书有助于使中世纪的世界图景的某些特征比以前显得更清晰的话,那么它就达到目的了。

在试图分解构成中世纪人们的想象和印象这一形态中的各个组成部分的时候,我们必须停下来考虑一下应该以什么原则为指导思想。"世界模型"是一个十分稳定的形态,它长期规定着人类对现实的认识和体验。在中世纪,发展和变化进行得十分缓慢,与当代发展根本就无法相比,在这种情况下,带有普遍意义的世界图景必然会显得异常稳定,即使不是静止不动的话。显然,当我们头脑中装有在那几个世纪中规定着人们的意识的图景时,我们才可以谈论"中世纪世界图景"。但是,且让我们较细致地看一看这个世界图景到底是怎么产生的吧!人们常常把注意力集中在古典古代晚期的世界图景与中世纪的世界图景之间的连续性上,并把促成后者形成的特殊作用归之于基督教。但是,人们对构成中世纪世界观的另一个因素,即,蛮族时代的思想体系却不够重视。在远古时期大多数欧洲人都是野蛮人,在向中世纪过渡期间,他们开始

分享基督教文化和古希腊罗马文化，但是他们观察世界的传统方式并没有被强迫取消。在基督教教义的掩盖下，旧的信仰和概念仍旧存在。因此，提出两个“世界模型”而不是一个“世界模型”的做法是正确的，这两个模型一个是蛮族（在西欧指日耳曼人）的“世界模型”，另外一个是它的取代者，即在此基础上，在更古老、更先进的地中海文化，包括基督教的强烈影响下形成的“世界模型”。

因此，在本书的每一部分中，我们都将讨论首先是野蛮时代生活的人们、然后是在基督教中世纪时代生活的人们是怎样理解这 19
个或那个范畴的。在这后一研究中，笔者可以依靠史学家、艺术家、语言学家、文学史家、哲学史家以及科学史家的研究成果，这些学者在探求各自关心的课题的过程中，已经挖掘出了能够揭示中世纪人们观察和体验世界的方式的大量材料。但前一研究任务所需的材料，即鉴别野蛮时代的文化范畴所需的材料，还远远不够。在这部分中，学者们最大的兴趣似乎是中世纪早期的斯堪的纳维亚文化。日耳曼文化传统在北欧的持续时间比其他任何地方都更长，这一传统在北欧的书面材料和其他遗迹中也比其他任何地方得到更充分的见证。尽管这一时期的斯堪的纳维亚文化有自己的个性，但是它从整体上充分地反映了欧洲蛮族文化的最重要的特征。

一旦我们探求中世纪世界观的某些基本因素，立即就会意识到，我们所拥有的世界图景需要完善和明确。尽管中世纪的世界观具有相对稳定性，但它的确在发展、在变化，因此，我们必须把它在运动中表现出来，并指出中世纪不同时期对待不同文化范畴的态度也存在着不同。但是，当我们致力于通过较为详细地分析其各个组成部分而勾画出一个总的文化“模型”时，对导致这一“模型”发生变形的某些发展会有所忽略，我们觉得这也是可以允许的。在适当的地方，我们都会指出促使我们正在研究的世界观瓦解的因素。但是，既然我们只想陈述那些与我们有关的结构范畴，那样做对于实现我们的目的就已经足够了；如果结论表明是值得注意的，那么就有必要把更为具体的内容充实到结论中去，并使它们具有较明确的年代顺序。这种方法也适用于研究中世纪西欧不同民族的世界观的差异，尽管此刻我们还涉及不到这些差异。

20 在当代人文科学中，共时性和历时性的关系问题显得十分突出。根据定义：历史研究是历时性的，它的目的是“显示”处于运动中的历史，也就是说，展现时间上的变化。但是社会是一个在逻辑上具有一致性的整体，因此，我们应把它当作一个结构统一体来对待，它向研究者提出了一个对系统的共时性分析的问题。这两个不同方面的结合，产生了不能小看的方法论难题。但是，应该强调：对某个社会文化体系所进行的共时性考察与历史方法并没有矛盾，相反，历史方法是对共时性考察的补充。共时性分析并没有把社会看作是静态的，它只不过是一种特殊的描述方法。正如我已经说过的，我们所考察的中世纪文化的每一个范畴都以共时性和历时性这两种形式出现：首先是作为古代日耳曼文化的一个因素，然后是作为封建社会文化的一个组成部分。当然，在这个过程中，从前一个阶段向后一个阶段的过渡问题仍未解决。

而且，蛮族的“世界模型”与封建中世纪的“世界模型”具有很大的不同。前者是在一个相对来说同类社会中形成的，它包含着尚未受到破坏的部落规范体系。因此，蛮族世界的文化也具有明显的共同性，而且其价值在蛮族社会结构范围内得到普遍认可。这并不意味着前阶级社会的文化是“简单”而“原始”的，它的全部含义在于蛮族社会的语言具有普遍意义，蛮族社会的一切群体和成员都以近乎完全相同的方式来解释该语言所表示的符号体系。

而另一方面，中世纪的“世界图景”看起来要复杂得多，而且充满了矛盾。我们首先应该在封建社会的社会结构中去寻找原因。事实上，封建社会被划分成相互对抗的阶级和等级。在这个社会中，统治阶级的思想是主导思想，但是即使是这些主导思想和概念本身——主要是基督教世界观，也并没有完全取代在社会低层阶级中所保留的社会意识的其他形式。关键问题在于不同的社会群 21
体对相同的概念和信条会做出不同的解释。

事实上，封建社会各个等级和阶级的代表所理解的“世界图景”在这一广泛的范围内并不是永远不变的。骑士与现实的关系同自由民与现实的关系就不一致；大学教授看问题的方式就很难与农民取得一致。我们必须永远牢记这一点。当我们讨论中世纪人对时间的体验时，我们将尽力揭示出，为了与城市生活合理地保持一致，城镇的时间观念是怎样发生急剧变化的；我们在分析劳动、财产和财富的问题时，将会把农民、自由民、朝廷里的大臣和教士的各种不同的反应考虑在内。同样，封建社会中人的个性问题，即使是在我们将要讨论的有限范围内，也会在具体细节上，随着我们所挑选的个体代表的社会地位不同而有所不同。

但是，我们的注意力既不会集中在中世纪意识形态方面，也不会集中在人们为了维护自己的社会地位而有意识地建立起来的世界图景上，而是要把注意力放在中世纪人们往往没有清楚地意识到，从而也就还没有被完全提高到意识形态层次的那些对世界的表述上。当我们谈到对时空等范畴的体验时，我们实际上是在确定对这些范畴的一种比较直接的关系，这种关系根本用不着通过社会态度和阶级利益的体系作为转换的媒介。换句话说，我们将试着找到那些我们感兴趣的文化因素，这些文化因素与其说是意识形态领域中的，不如说是社会心理领域中的，与其说是对这个世界的理解，不如说是对这个世界的感觉，当然，我们承认意识形态与社会心理、理解与感觉之间在无数的变化和调整的作用下存在着一定程度上的相互联系。诚然，如果忽视意识形态就不能研究社会心理。我们也不想做这样的尝试。问题是应该强调什么？研究重点应该放在哪里？在以上所列举的中世纪世界图景的范畴
22 中，我们主要对社会心理方面感兴趣。

这种方法是否也适用于研究文化史呢？我相信，不仅是可以的，而且是不可避免的，过去几十年，特别是近几年来的人文科学研究经验使我对此深信不疑。对社会生活中社会心理方面的研究越来越广泛地被看作是一项具有重要意义的工作。使自己局限于“客观的”，甚至“客体化的”研究方法，确切些说是局限在把社会当作物质客体，而从外部加以研究和描述的方法，这是不可能的；而且，也有必要尽力深入到人的意识和人们理解世界的方式的深处去，弄清他们在总的历史过程中的结构和作用。文化史分析的对象是人，是在社会中生活着、思考着、感受着的人；他们的行为受到社会的制约，而他们又影响着社会及其变动的模型。第一批具体考察中世纪人思维方式的那些论文，虽然还只限于做一些零散的考察，但至今仍然深受人们的关注，说明这种方法是大有前途的。

这些著述表明，阐明中世纪特有的思想倾向，即一种在这一时期自始至终占统治地位的特有的思维方式，是有意义的。

由于本书的目的是向人们展现出中世纪世界观的某些范畴和中世纪文化的某些特性，因此，我们把兴趣集中在具有普遍意义的特点上。我所提出的文化“模型”只是一个“理想类型”，而不是一个经过艰苦努力而取得的对现实的精确的再现，我已选出并试着解释了一些有待于作进一步严格考证的文化因素。我的方法是勾画出可供进一步追溯的道路的草图，留下具体细节等待未来更精确、更细致地充实。我比较注意的是构成中世纪文化基础的范畴，而不是中世纪文化的内容。可以这样说，我们仔细研讨的不是“文本”本身，而是对文本起关键作用的“字典”。

也许还应该再次强调：我们关于“中世纪人”的概念是一个抽 23
象概念。当我们揭示构成中世纪社会的那些范畴所共有的基础时，我们必须永远牢记：中世纪社会是一个领主和农民、市民和村民、教士和俗人、读书人和文盲、正统教徒和异端教徒共存的社会。中世纪社会不同的群体和阶级之间的分化，尽管没有摧毁（至少在其晚期以前）总的“世界图景”，但也使中世纪社会变得不稳定，充满对抗，并使中世纪的人产生矛盾的心理。揭示这些文化对抗性的任务必须留待专门研究来完成。

这样，我这本书就主要以中世纪文化的大众性现象为中心。中世纪的大思想家们对这一领域的具体问题所发表的观点，只有当其主要方面对我们研究封建社会以及在封建社会中普遍得到公认的价值判断称得上具有“典型的”意义和广泛指导意义时，这些观点才是有价值的。

由于科学地重建中世纪"世界观"刚刚开始进行，我对结论的解释必然具有暂时性；而结论本身也必然要通过以后的、更深入的研究来验证。我宁愿申明：本书只是提出了一些问题，但并没有给出全部答案。

第二章

中世纪人的时空观

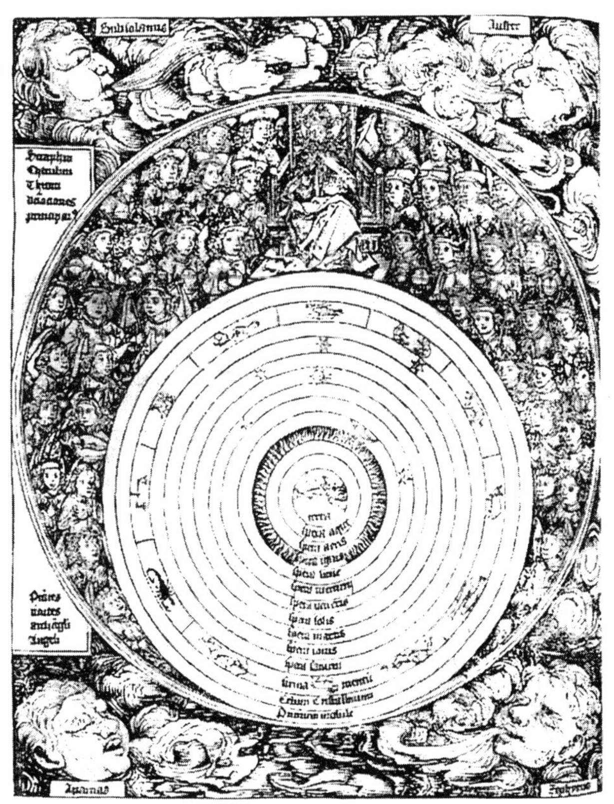

26 我们是依据时空来认识世界的，时空为人类经验提供了框架。今天，在一般人的观念中已经认可了对“时间”和“空间”的抽象，并以此作为日常活动的指南。人们所理解的空间是一种三维的、具有几何形状的、均匀延伸的形态，它可以被分为相应的部分。人们所想象的时间是一种纯粹的持续过程，是一系列不可逆的连续事件从过去产生，经过现在，又走向未来的发展过程。时空被认为是客观的，因为时空的属性不受充实其中的事件的影响。

大多数历史学家，在很大程度上，一直忽视由相对论、粒子物理学和知觉心理学的出现而造成的我们在理解时空时的混乱，这些混乱对于历史学家对待这些范畴的传统态度来说，没有造成任何影响。历史学家仍旧认为：空间是历史地理学和历史制图学的活动领域，或者说，空间至多也不过是在历史学家研究历史发展的“外部条件”时，作为一个“生态因素”而出现。时间对于历史学家来说，主要是共时与历时表格中的时间。这两个范畴都不会产生任何特殊的令人困惑的问题。

事实上，历史学家们常常把时空范畴只看作是“事物存在的客观形式”。他们往往会忘记历史“事物”在很大程度上是特殊的，忘记人们对自然界使用的时空范畴与人类社会使用的时空范畴，不能在同一意义上去理解。人们常常认识不到：时空不仅是客观存在的，而且人们对时空的认识和体验也带有主观性；在不同的文明
27 和社会中，在社会发展的不同阶段上，在同一社会的不同部分，甚至同一社会中不同的个人，认识和使用这两个范畴的方式也是不同的。这已被许多科学——语言学、民族学、文化人类学、艺术史、文学史和心理学的研究成果所证实。这对于历史学来说，特别是

文化史学,同样具有十分重要的意义。无论是在实际生活中,还是在思想中,人们都以这些基本范畴为指南来构建自己的世界图景;人们解释这些范畴的方式塑造着人们的个人行为、社会群体行为和整个社会的发展。研究感性文化和理性文化的众多内容将有助于我们理解其性质,从而弄清人的个性在这一时期或那一时期的形成条件。

凡是涉及中世纪的研究,以上述这种方式提出问题是十分重要的。我们现在对世界的看法与中世纪人认识和体验世界的方式存在着根本的区别。他们的许多思想,对于我们来说,不只是陌生,我们几乎就理解不了他们的思想。因此,把毫不相干的动机强加给中世纪人的危险的确存在,完全错误地解释潜藏在中世纪人行为和思想背后的真正动因的危险也存在。

人生来并不具备“时间感”,总是通过人们所属的文化赋予他们时空的概念。强烈的时间意识是工业发达社会的特征。现代人很容易掌握时间概念:即使是最遥远的过去,从概念上说,现代人不用花费任何特殊的周折就可以领悟得到。现代人可以预见未来,做出前瞻性的安排,制定科学、技术、生产以及社会本身发展的远景规划。人们可以根据我们所使用的时间体系中的高度规范性来解释这种便利性。时空被看作是抽象的,只有抽象的时空,才能使我们在头脑中建立一幅统一的、井然有序的宇宙画面。对于我们来说,这两个范畴已然具有独立的特点,我们可以在不涉及具体事件的情况下,把它们当作工具自由地使用。

即使是在古代,在中世纪,在文艺复兴时期,也存在着对时间 28
流逝的不可倒转性这一问题进行深思熟虑的思想家;但是似乎完

全可以这样说：如果我们把社会看作是一个整体的话，那么，过去的人们从来没有把时间看得像现在这么重要，过去的人们也从来没有对时间给予这么大的关注。现代人是“匆忙的人”；他的自我意识完全是由他与时间的关系来塑造的。时间将人牢牢地束缚：人的整个一生都在时间的世相下（*sub specie temporis*）展开。一种“对时间的崇拜”已经建立起来了。[①] 甚至社会制度之间的对抗现在也被理解为时间上的竞争：谁将创造时间上发展最快的纪录？时间为谁服务？带着无情的秒针的表盘可以看作是我们这个文明最好的标志。

同样，我们对空间的理解在现时代也已经改变了：我们已经发现，空间可以被压缩。不用说与遥远的过去相比，就是与几年前相比，新的交往工具和旅行工具就能使我们在单位时间里所跨越的距离要远得多。结果，地球变得比以前小多了。人们已经认识到提高效率的无比重要性，即：把时间和空间概念联结在一起的速度这一范畴的无比重要性。整个生活节奏已经发生了根本的变化，对此，我们已经渐渐地习惯了，但是，在过去的人类历史中，人们却从未听说过。

我们当代的时空范畴与生活在其他历史时代的人们所认识和

---

① R. 亚历山大（R. Alexander）：《空间、时间与神》（*Space, Time and Deity*），伦敦，1947 年，第 1 卷，第 36 页；W. 刘易斯（W. Lewis）：《时间与西方人》（*Time and Western Man*），波士顿，1957 年，第 x 页、第 xii 页、第 211 页及以下各页；H. H. 帕克赫斯特（H. H. Parkhurst）：《对年代学的崇拜：纪念约翰·杜威论文集》（*The Cult of Chronology. Essays in Honor of John Dewey*），纽约，1929 年，第 294 页；W. 魏舍德尔（W. Weischedel）：《在时间与空间之间的当代思索》（“Das heutige Denken zwischen Raum und Zeit”），载《大学》（*Universitas*）总第 22 卷全年合订本，第 12 册，1967 年，第 1234 页及以下诸页。

体验到的时空基本上没有什么共同之处。在所谓的原始意识或神话意识中，这两个范畴，由于其十足的抽象性，根本就不存在，因为古代的思维方式主要是具体地、直接地针对各个特定的、显而易见的事物。他们同时从其历时和共时两个方面去理解世界；也就是说，他们的思想是“超越时间的”。怀特罗写道：“因此，我们所面临的是一个似是而非的局面”，“当人类第一次自觉地意识到时间的时候，人们本能地试图超越它或消灭它”。[①] 也许我们完全可以说：企图通过回归神话原型，回到原始的那个时间（*illud tempus*）来取消时间的推移，只不过是想摆脱个人存在的孤立性和局限性？ 29
古代文化，通过其时间再生的神话，使人们感觉到有可能克服人生的暂时性和一次性。人们通过把自己无论是在思想上还是在行为上同祖先的社会机体紧密地结合在一起，来设法逃脱死亡。在这个意识系统中，过去、现在和未来似乎被排列在同一平面上，而且在某种意义上，他们是“同时代的”。时间已被“空间化”了，人们像体验空间那样体验时间；“现在”没有从“过去”和“未来”所构成的时间主体中分离出来。古代人所看到的在他周围延伸的过去和现在，是相互渗入而且相互彰显的。在古代人的意识中，正在发生的事件和以前发生的事件可以被看作是处于同一平面上，在同一段时间中延伸的现象。对于现代人来说，原始人的时空观也许是无序的。原始社会的时间定位只能延伸到不久的将来，最近的过去和当时正在发生的活动，只能延伸到最近范围内出现的现象，超出

---

① 怀特罗（G. J. Whitrow）：《时间的自然哲学》（*The Natural Philosophy of Time*），第2版，牛津大学出版社，1980年，第55页。

这些界限范围，原始人对事件的认识就是模糊的，不具备确切的时间关系。尽管原始人能够很好地确定自己在空间中的位置，但是他们对自己实际需要以外的空间几乎一无所知。

重要的是要记住：原始社会成员不是把时空理解成一套中性的起坐标作用的范畴，而是把它们理解为一些能够统治一切事物——人的生活，甚至神的生活的神秘而强大的力量。因此，无论是空间，还是时间，它们都带有价值判断和情感性的含义：时空可能是善的，也可能是恶的，对某些种类的活动可能是有利的，对另外一些活动就有可能是危险的或是有害的。此外还有神圣的时间，这是人们欢庆，献祭，重演有关“初始”时间再次返回的神话的时间；同时也存在着一个神圣的空间，存在着神圣的场所，也存在着受特殊力量支配的整个世界。①

只有当把时间看作是线性的，看作是不可倒转的这一概念在社会意识中起主导作用的时候，才能把过去、现在和未来完全明确
30 地区分开来。这并不是说，古代社会完全缺乏对时间的划分：古代人自己的日常经历毕竟能够使他们认识到他们活动中的连续性以及自然现象中的连续性。但是，在原始人的意识中，他们的日常生活所遵循的年代顺序与神话中的周期时间是脱节的；他们的祖先和他们的后代居住在不同的时间领域内。节日和宗教祭典构成了

---

① 卡西勒(E. Cassirer)：《符号形式的哲学》(*Philosophie der symbolischen Formen*)，第2卷，柏林，1925年，第103页及以下诸页；A. 哈洛韦尔(A. Hallowell)：《文化与经验》(*Culture and Experience*)，费城，1955年；B. L. 沃夫(B. L. Whorf)：《语言、思维与现实》(*Language, Thought, and Reality*)，纽约，1956年；O. F. 博尔诺(O. F. Bollnow)：《人与空间》(*Mensch und Raum*)，斯图加特，1963年。

联结这两种时间观、这两种认识现实的标准的回环。因此,线性时间观在原始意识中不起主导作用;它从属于重要现象的循环观,原因是循环再现的时间是神话意识的基础,而原始人的世界观恰恰是由神话意识形成的。

在整个历史发展过程中,我们可以发现人们用各种各样的形式,把线性时间同循环时间——经过神秘的诗意般的和“梦幻式的时间压缩”(托马斯·曼)——结合在一起;问题是,这两种领悟时间流逝的不同方法是如何联系在一起的呢?许多古代文明的伟大创造者们的思维过程,无论采取什么方式,都摆脱不掉循环论。“现在”是一种保持永久持续,并与过去不可分割地联系在一起的时间概念,这种对“现在”的认识是建立古代东方文化价值体系的基础。传统的古代中国的时间观是时代、朝代、王朝循环往复的更替,这种更替用礼仪固定下来而且保持一种不变的节奏。[①] 古代印度人用车轮当作表达时间概念的标志。宇宙秩序的车轮永远不停地转动,这是不断进行自我更新的生与死的周而复始的轮回。埃及的金字塔是古代近东文明“悬置”时间的雄伟的纪念碑。不错,时间仍旧在日常生活中流逝,但是,这只是与可见世界的外观有联系的时间;真正的时间是永远不会变化的更高一层实在的永恒。在古代埃及人眼中,这个世界是他们从造物主手中接过来的现成的世界;过去的时间和未来的时间都存在于现在之中。[②]

---

① 葛兰言(M. Granet):《中国人的思维》(*La pensée chinoise*),巴黎,1934 年,第 86、90、97、103 页。

② H. 富兰克弗特(H. Frankfort):《近东文明的诞生》(*The Birth of Civilization in the Near East*),伦敦,1951 年,第 20 页。

古代东方文明世界的时间观的特征很难被归结为一个单一的
31 公式。在这方面,应该牢牢地记住李约瑟的警告:不要在古代的中国文化中制造出太多的静态因素。李约瑟特别提到伟大的中国历史传统。① 在另一方面,我们还应该看到,在古代东方文明的某些其他国家中,完全缺乏历史文献的现象也是显而易见的。在我们准备做出概括性的表述之前,较具体地研究一下每一个古代文明,似乎更为明智一些。在此,我们必须牢记:这种人或那种人的时间观的特点必将以某种方式出现在他们关于自然界的理论中,出现在他们的历史编纂学中,或者以另外一种方式出现在更能直接表达大众思想的神话、迷信、宗教仪式中。

古典古代一直被理所当然地视为近代欧洲文化的摇篮;在中世纪,尤其在文艺复兴时期,古典古代遗产对欧洲文化产生了强大的影响。但是,也许只有在分析了古代人的时空观以后,才能更清楚地揭示出古代文化与近代文化之间那种具有深刻含义的隔阂。尽管矢量时间观在现代意义中处于支配地位,但是,它对古希腊人的思维方式却影响不大,用神话解释现实仍然深深地影响着古希腊人的时间观。在古希腊,时间既不是同质的,也没有年代顺序;它像空间一样,还没有变成抽象的事物。② 古希腊人不是用变化和发展的范畴,而是用静止和循环的范畴来认识和体验世界。世

---

① 李约瑟(J. Needham):《时间与东方人》(*Time and Eastern Man*),格拉斯哥,1965 年,第 44、45 页。

② J.-P. 韦尔南(J.-P. Vernant):《希腊人的神话与思想,历史心理学研究》(*Mythe et pensée chez les Grecs. Etudes de psychologie historique*),巴黎,1965 年,第 22、71、99 页。(英文版,《希腊人的神话与思想》[*Myth and Thought among the Greeks*],劳特利奇出版社,伦敦,1983 年。)

界上发生的事件并不是彼此毫无关联的：相互更替的时代还会重复出现，过去存在的人和曾经发生过的事情将会在“大年”——毕达哥拉斯时代——结束之后再次出现。人们设想了一个完美和谐的宇宙——“一个塑造成形的整体，就像一个巨大的塑像或雕像，甚至像一个精心制造出来的、能发出特殊音响的乐器”[①]。

A. F. 洛谢夫甚至写到“历史的雕塑风格”。在古希腊人的头脑中，宇宙是一个“由物质构成的、具有世俗性质的、活生生的、永久旋转的物体，它时而从难以名状的混乱中出现，进而成为一个和谐、对称、有节奏的组织，焕发出一种平静而高贵的尊严；时而全部崩溃，失去其和谐的结构，重又使自己变成一片混乱”。[②] 古代的 32
造型艺术将这种时间观与非凡而又强大的即时性结合在一起。古代艺术对人体的处理证明了这样一个事实：古代的艺术家在现时的一瞬间之中看到了其自身的充分的完整性，而且永远也不会改变；“过去”“现在”和“将来”都是“时间对永恒的模仿，遵循数的法则，在一个圆圈中循环运转”（柏拉图的《蒂迈欧篇》[*Timaeus*]）。古希腊人的意识是向后看的，他们认为世界是由命运支配的，不仅人要服从命运，而且神也要听从命运的安排，因此，根本就不存在历史发展的余地。古典古代是“天文学式的”（洛谢夫），因此，也就是没有历史的，是静止不变的。古希腊人所想象的“黄金时代”是

① A. F. 洛谢夫（A. F. Losev）：《古典古代美学史（早期古典著作）》（*Istoriya antichnoj estetiki*[*rannaya klassika*]），莫斯科，1963 年，第 50 页。

② 同上书，第 38、55 页；参见 A. F. 洛谢夫：《古典古代美学史 · 诡辩派，苏格拉底，柏拉图》（*Istoriya antichnoj estetiki. Sofisty, Sokrat, Platon*），莫斯科，1969 年，第 598—600、612—613 页等。

在我们的背后，是在过去。世界并不是由于质变才出现的。古希腊人好像“厌恶未来”，他们不是面向未来，而是“背向未来”。[①] 这种对古希腊人来说是很自然的、神话与诗性的、静止与循环的世界观，在罗马时代发生了变化：古罗马的历史学家们更善于接受线性时间观，他们不再用神话与诗性的范畴来认识历史进程，而是站在确定的实际历史发展阶段上(例如罗马建立时期)来认识历史进程。但是，尽管在哲学思想上发生了巨大的变化，在古代世界里仍然没有产生出一种能摆脱当时普遍存在的历史悲观主义的历史哲学：古代人并没有把历史理解为一场戏剧，也就是说，他们还没有把历史看成是一个能够实现人类意志自由的活动领域。[②]

在古典古代，人类还没有能力摆脱自然对人的束缚而站起来同自然环境做斗争。他们认为：人这个“小宇宙”和世界这个在结构和组成因素上与人相同的“大宇宙”之间具有内在的类似性。他们所想象的“宇宙”人是这样的：形状还不完善，还没有从与它融为一体的周围环境中完全摆脱出来，“宇宙”人与“大宇宙”是相通的，并把它吸收到自己的体内。古代人的这种观点和想象是他们对自然环境的依赖在文化上的反映，是因为他们没有能力把自然环境

① 范·格罗宁根(B. A. Van Groningen)：《在过去的控制之中，论希腊思想的某个方面》(*In the Grip of the Past, Essays on an Aspect of Greek Thought*)，莱顿，1953年。

② W. 登布尔(W. Den Boer)：《与圣经思想和现代思想有关的古希腊罗马历史编纂学》(“Graeco-Roman Historiography in its Relation to Biblical and Modern Thinking”)，《历史与理论》(*History and Theory*)，第7卷，第1期，1968年，第72页；参见E. Ch. 魏斯科普夫(E. Ch. Weiskopf)：《对古代社会进步的思考》(*Gedanken über den gesellschaftlichen Fortschritt im Altertum*)，第十三届国际历史科学大会，莫斯科，1970年。

理解为人类可以从外部施加影响的对象。巴赫金把古代人所想象的这个宇宙人称为“怪诞身体”(grotesque body),它在古典古代和 33
中世纪的文化中都扮演了一个重要的角色。巴赫金在分析它的时候,说明了它是怎样长期地保留在大众的头脑中,一直到文艺复兴时期,因为文艺复兴是人们向另外一种世界观转变的标志,即人们开始意识到自我(个人主义和把人体视为“独特的”并从世界“分离”出来之物的观念)。[①] 我们可以推断:在古代人奇怪荒诞的想象中,与他们这种认识世界的特殊方式相适应,他们与时间之间也存在着一种特殊关系。

康拉德曾著书专门评价波利比乌斯和司马迁,他指出,这两位杰出的古代历史学家生活在完全不同的社会文化背景之中,但是,令人惊异的是,他们都把历史解释为循环往复的过程。的确,他们俩都得出了如下的结论:循环往复并不是纯粹而单一的重复,而是在某种程度上包含着新内容的重复。“事物的回归并不必然意味着是对旧事物的绝对重复。”[②]但是,中国历史学家也好,古希腊历史学家也好,他们都不能超越自己那个生活时代和文化环境所固有的时间观和世界观的局限性:对于历史学家和他们的同胞们来说,历史永远只是把相同的政治形态在一个规定好的秩序中再现出来的过程。

因此,时间的不可逆性对我们来说似乎是自然的,不证自明

① 巴赫金(M. M. Bakhtin):《拉伯雷和他的世界》(*Rabelais and His World*),麻省坎布里奇和伦敦,1968 年。

② N. I. 康拉德(N. I. Konrad):《东方与西方》(*Zapad i Vostok*),莫斯科,1966 年,第 79 页。

的，时间如没有这个性质就将是不可思议的，但是，一旦我们跨出现在的历史条件以及与其相伴而生的心态的界限，我们的看法就不会是这样的了。线性时间只是社会时间存在的一种可能形态，但线性时间观已经取代了其他时间观，如今毫无疑问地在欧洲文化圈内，成了人们推断时间的唯一方法。但是，线性时间观的确立经历了一个漫长而复杂的发展过程。

这个发展是怎样产生的呢？中世纪欧洲人是怎样认识时空的呢？在研究这些人类意识的基本范畴的过程中，我们发现在我们这个世界与古代世界之间存在着一片荒原，一块“无人居住的地区”。我们所得到的是这样一种印象：在介于古代和现在之间的这
34 段历史时期中，人类思维仍然沉浸在一种原始的、未成熟的状态之中。这恰恰符合那些主张人的个性在中世纪是缺失的，只是在文艺复兴时期才开始表现出来的作家们的思想。随着文艺复兴时期人类新个性的产生，时空观也出现了更新，由于人在文艺复兴这个新世界中处于中心地位，因此，人类在自己身上找到了判断事物的新标准。但是，关于欧洲早期历史阶段的人格结构，我们能够有些什么样的发现呢？对于这个问题，尽管斯宾格勒曾经竭尽全力去寻找，[①]但至今还没有现成的答案。在探索表现一定社会的人类活动各个方面的“世界模型”的同时，我们也在探索人的个性，它与世界的关系，以及它的自我意识是怎样以包含着时空范畴的“世界观”的形式表现出来的。

但是，在此，我们还要重申一下前面所提到的条件和限制。我

① 斯宾格勒：《西方的没落》(*Decline of the West*)，第1卷，伦敦，1929年，第15页。

们能不能提出一个与整个中世纪，与中世纪时期整个欧洲有关的始终如一的时空范畴呢？这显然是不可能的。即使是在同一时期的同一国家内部，不同的社会阶级和群体，对这些范畴也会产生不同的看法。这也是不可否认的。但是，我们可以用另外一种方式来提出这个问题，即是否有可能在这些范畴中找到一个它们所共有的内涵？这个共同内涵的意义就在于它是产生后来出现的一切差异的基础，无论这些差异多么重要。我们把以下推断当作出发点：中世纪人体验时空时，在某一时刻，到了某种程度上，就会发现这个带有普遍意义的内涵。这是我们在开始认识那些差异之前，必须阐明的一点。

我把中世纪晚期作为历史的分水岭，它标志着人们在认识和理解这些范畴时发生了至关重要的变化。在中世纪晚期，市民阶级兴起，他们的经济活动、生活方式和生活节奏都与中世纪社会的农民阶级产生了区别。时空范畴就是在这一时期开始发生变化；
开始失去了它们的传统内涵。从“圣经时间”向“商人时间”（用勒 35
高夫的话来说）的过渡开始了。但这是一个长期而缓慢的过程，直到中世纪结束，这个转变过程还没有完成。因此，为了更好地理解这一过渡时期，首先，我们有必要在头脑中搞清楚在中世纪之前的那段历史时期中所流行的时空“模型”。与商人和手工业者的活动、与科学探索的出现等事件密切相关的新的时空范畴，仍会在中世纪“世界模型”的结构中保持相当长的一段时间，尽管从其内部来改变它变得越来越明显。城市文化的兴起并不意味着中世纪的结束和“凋零”，但它在传统的世界图景中带来了一种日益深刻的分化，而传统的世界图景先前对整个社会来说一直是相对统一的。

我前面说过：在社会中起作用的所有符号体系都体现了这个世界图景或者是它的某些个别要素。由此可见，我们最好在这一时期的文学作品和手工业产品中去寻找它的痕迹。然而，在我看来，用这种材料来研究时空观必须小心谨慎。因为，根据艺术来认识和再现世界这一过程会导致艺术自身时空范畴的产生，因此，我们必须时刻牢记艺术自身时空范畴的一般特点。我们在文学作品和绘画中所遇到的艺术时空具有特殊的性质，它主要不是从生产这个艺术品的那个社会所特有的认识世界的方式和那个社会的历史中直接产生的，而主要是从作家、诗人和画家所面临的具体的意识形态方面的和艺术方面的问题中产生的。例如：我们假设中世纪人热爱并且崇拜自然（此刻这只是一个假设，我们不去深究它的准确性），诗人或画家并不一定要反映出这种情感，而是用一个完全传统的、人们惯用的画面来装点他所刻画的人物周围的环境，这是为了满足用宗教符号来解释世界的需要。对于中世纪人来说，
36 最高的、最可靠的真实并不是世界的表象而是其神圣的本质；因此，他们感到有形世界的各个特点不值得再创造，如果非要表现它们不可，那么求助于那个传统的、人们惯用的老套子就足够了。在现实生活中，人们完全能够意识到空间的限制，也能够认清位于他们眼前或视线远处的物体在体积和规模方面的大小，他们肯定也会意识到比例上的差异；但是在中世纪艺术中，情况就不同了，艺术品要么是单一平面，要么是运用“逆透视”原则。要想解释中世纪是怎样用艺术来表现世界的，可以参照中世纪时期艺术家所必须接受的确定的美学和思想原则。当然，中世纪艺术家所共同具有的这些特点可以被解释为与日常现实生活的一种特殊关系的标

志，因此，我们必须找到能够产生这种美学原则的世界观和相关的思想倾向。此外，我们可以作出这样的假设：就社会的时空观而言，中世纪艺术时空观所具备的独立性程度并不像现代绘画和现代文学中所表现出来的独立性程度那样高。我们能够认为中世纪人对现实的认识比现代人更完整吗？就艺术认识和现实认识之间的差异而言，我们能说中世纪所表现出来的差异性或许比现在的差异要小吗？然而，从分析中世纪艺术家和作家所使用的诗歌和绘画的表达手段到思考中世纪世界观这一转变是一个十分复杂的过程。这并不是说不分析中世纪的文学艺术品就可以重建那个时期的世界观，分析中世纪的文学艺术作品当然是十分必要的，但是我们必须记住与艺术创作研究密切相关的一般问题。

西欧中世纪文学中所表现出来的艺术时空范畴已得到许多专家的研究，利哈乔夫对旧俄材料作了类似的分析，他正确地强调对这些范畴作特殊的“艺术”处理。[1] 但是在不同时代不同文明中人们在认识事物方面所表现出的具体特点问题，比艺术审美范畴变化的问题更为宽泛，即使是把这种变化与社会政治思想的变化联 37
系起来考虑，也是如此。这种对某一文化的研究意味着不仅要分析思想观念领域，而且要分析社会心理网络和人们的行为方式。

我们想揭示中世纪思维方式的基本范畴，就必须利用史诗和神话。但是史诗和神话只能反映比较根深蒂固、比较古老的文化层面。除了史诗和神话之外，我们还必须研究历史、编年史、圣徒

① Д. С. 利哈乔夫（D. S. Likhachev）：《俄罗斯古代文学的诗学》（*Poetika drevnerusskoj literatury*），列宁格勒，1967 年。

传、商业文件、信件、赞美诗和其他材料,因为这些材料的作者并不总是——或至少不像诗人和作家那样——过多地考虑艺术的媒介手段,而是更直接地表达自己的思想。这些材料才是时代的真正写照,研究者们可以从这些材料中找到在它们所反映的那个时代中正在起作用的具体的时空观。

当然,我们可以通过研究语言、术语、经常出现的固定词组、惯用法和词的合成来更多地了解中世纪世界模型的范畴。仪式和程序在中世纪人们的社会文化生活中起十分重要的作用。显然,通过研究书面文献,历史学家可以更容易地揭示出这些模式。但是,与此同时,我们绝不能忘记雅克·勒高夫那句精辟的话:“封建社会是个打手势的世界,而不是一个用笔写的世界。”[①]文献记录并不能使我们全面地获得中世纪人们认识和表达他们那个世界的特殊方式。大量材料已无可挽回地失去了。

正因为如此,从这个角度对中世纪的艺术进行分析就变得十分重要。绘画艺术在中世纪几乎完全是不具名的。但是,即使是有名的艺术家,也仍然把按传统的、固定不变的模式进行复制,把表达陈旧、正统的观念和思想视为自己的首要任务。他的个性即使有所表现,也是在他表达既定主题和形象的过程中,创造性地运用这些被继承下来的艺术技巧中表现出来的。这不仅适用于野蛮
38 时代,而且也同样适用于中世纪的艺术。中世纪宗教艺术(中世纪的艺术大部分是宗教艺术,为宗教仪式的需要服务)方面众所周知

① 雅克·勒高夫(J. Le Goff):《中世纪西方的文明》(*La civilisation de l'Occident médiéval*),巴黎,1965年,第126、440页。

的权威人士埃米尔·马勒写道：在中世纪，无数代的人们都是通过艺术家来表达自己的想法，尽管人们的个性并没有被否定，但也必须服从于“神圣算术”的需要。任何艺术品，艺术创作中的关键因素都被解释成宗教符号了；艺术家不能自由地发挥自己的想象力，因为他的首要任务是为“艺术神学”服务。[①] 这不仅仅是由于艺术家依赖于神学，这种依赖性是对艺术进行严格控制的教会培养起来的；还由于艺术只能使用中世纪人明白易懂的语言同中世纪人对话。因此，弄清构成中世纪艺术语言基础的范畴，能够（即使是在以上提出的那些条件下）大大地有助于我们理解中世纪人们认识世界的方式，特别是他们对时空的理解。

在研究中世纪文化作品的时候，我们必须牢记：长期以来，在真实和想象之间一直没有一个明确的界限。中世纪作家和诗人讲述的一切，在很大程度上被他们自己以及他们的听众和读者认为是对事实的真实描述。中世纪的时候还没有严格地使用“真”与“假”这样的范畴。即使是在历史著作中，也掺杂着大量的童话故事和传奇。就如同宗教文学与世俗文学之间没有明确的界限一样，“诗”与“真”（指实际发生的事情）也没有明确的界限。以叙述真实的历史事件为目的的历史著作既不能从功能上，也不能从风格上，从以主观虚构的历史事件为背景的历史著作中区分出来。因此，中世纪历史学家的著作对于我们理解中世纪人的时间观来说，与史诗、抒情诗，或优雅的传奇文学具有同样的意义。关键问

① E. 马勒（E. Mâle）：《法国13世纪的宗教艺术》（*L'art religieux du XIIIᵉ siècle en France*），巴黎，1925年（第6版），第1—5页。

题在于:在一切文学(广义上)和艺术作品中,文学家和艺术家们在使用时间范畴时,就像使用构成“世界模型”的某些其他范畴那样自然,那样得体。

39 现在让我们更细致地考察一下中世纪的西欧是怎样表现时空的。

第三章

大宇宙和小宇宙

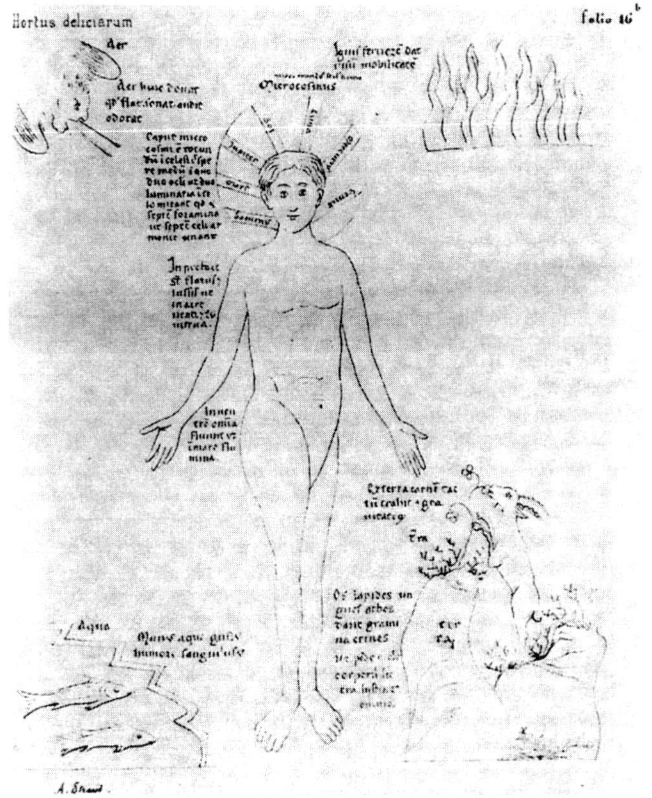

影响中世纪人形成理解他们周围空间的特定方式的，有这样几个因素。首先是他们与自然的关系，这包括他们对自然的利用，即他们的生产方式。其次还包括他们分布的状况，即从一个居住点到另一个居住点的距离，这为他们理解其周围的世界在心理上和物质上规定了一定的范围。而这个范围的大小反过来既取决于人们的居住中心之间的交往状况，也取决于在中世纪人的共同体中居于统治地位的信仰和观念的情况。

在中世纪早期，西欧和中欧的自然景观与今天有很大的差别。那时，地面的大部分被森林所覆盖，直到很久以后，随着人口的膨胀和对自然资源的开发，这些森林才消失了。那时，没有森林的地区则是一片泽国，在森林被辟为农田和沼泽变为牧场之前，经历了一个十分漫长的时期。人们的居住点通常散布在相距遥远的一个又一个林间空地上。这些居住点大都是仅有几幢房屋和不多的农田的小村庄。大的居住点很少见到，它们只坐落在那些特别有利于人类生存的地区，如河谷、海边，或土地特别肥沃的南欧地区。通常，居住点都建在茂密的森林中间。森林对于人们是有诱惑力的，森林可提供人们所需要的资源，如燃料、猎物、水果。但另一方面，森林又使人感到恐惧，因为其中隐藏着许多危险，如野兽、强盗和其他不法之徒、妖魔鬼怪和“狼人”(werewolves)，人们想象这些危险物都住在人们居住地周围那个神秘的世界里。森林景观一直存在于大众想象、民间传说和诗意的遐想中。

43 人们的各个居住地之间的联系是很有限的，主要是一些不定期的、浅层次的来往。自然农牧业经济的特点就是自己生产所有基本的必需品。在那时,实际上没有任何大路可言。有一些非常简陋的小路,也经常无法通行。一些地区还存留着的古罗马时期的大道也日益破败。新修的道路很少维护,因而也很难保存下去。地方当局对交通问题给予一些关注,也只不过是为了去获取他们自己急需的那些有限的物品。然而,即使仅满足这些极有限的需要,也绝非易事。盎格鲁-撒克逊的国王们在授予教会组织和大乡绅们免税权,并给予他们对农民的广泛权力的同时,保留了征召人民去修筑要塞和道路的权利。修筑道路和桥梁被认为是上帝所嘉许的工作。瑞典残存下来的碑刻中特别提到,修筑桥梁是对社会的一种重大贡献,它往往被作为对已故亲属的一种纪念。传奇的瑞典国王奥南德(Onundr),因为对修建新的居民点和联接这些居民点的道路颇有贡献,为自己赢得了"筑路者"的称号。

在中世纪早期,旅行是一件危险和费时的事情。说危险是因为盗匪几乎是道路上的常客;说费时则是因为交通工具也和道路状况一样的糟糕。骑马是最快的旅行方式,但一天也不过是走几十公里,而在破败不堪的道路上步行则要慢得多。从博洛尼亚*去阿维尼翁**要用两个星期,从尼姆***到香槟****集市要用24天,甚至从佛罗伦萨去那不勒斯也要用十一二天。教皇格列高利七世(Pope Gregory Ⅶ)1075年12月8日寄自罗马的一封信,在1076

* 博洛尼亚(Bologna),意大利北部城市。——译者

** 阿维尼翁(Avignon),法国东南部城市。——译者

*** 尼姆(Nimes),法国南部城市。——译者

**** 香槟(Champagne),法国东北部的一个地区。——译者

年1月1日才到达哈茨的戈斯拉尔[*]。有两个例子可以说明重大事件新闻传播的速度：腓特烈·巴巴罗萨[**]毙命于小亚细亚的消息在4个月之后才传到德国；狮心王理查[***]在奥地利被关入监
44 狱的消息传到英国，已是4个星期之后。这类消息由特别信差传递。这些信差从罗马去坎特伯雷[****]一般要用7个星期。一些特别紧急的消息则可用4个星期送到。[①]

海上交通要比陆上交通快捷，但海上航行的危险要比陆地上更大，风暴和其他自然灾害，以及海盗威胁着旅行者。在中世纪早期的欧洲，造船业刚刚开始发展，所造之船还不适于在浩森无际的大海上航行，而只能沿海岸行驶。例外的情况是那些维京人。这些无所畏惧的海盗驾船走遍欧洲的所有海域——从黑海、地中海到北海和白海，他们甚至敢横跨北大西洋。但我们不知有多少这样的海盗快船为海上的风暴所吞没，那些维京人又为驶往白海、格

---

* 哈茨的戈斯拉尔(Goslar in the Harz)，位于德国中部。——译者

** 腓特烈·巴巴罗萨(Frederick Barbarossa，1122—1190)，神圣罗马帝国皇帝，1155—1190年在位。——译者

*** 狮心王理查(Richard the Lion-heart，1157—1199)，1189—1199年在位。——译者

**** 坎特伯雷(Canterbury)，英国东南部城市，有著名的教堂，为中世纪英国的宗教圣地。——译者

① O. A. 多比亚什-罗日杰斯特文斯卡娅(O. A. Dobiash-Rozhdestvenskaya)：《中世纪的西方朝圣》(*Zapadnye palomnichestva v srednie veka*)，彼得格勒，1924年，第49页及以下诸页；H. 哈斯金斯(Ch. H. Haskins)：《中世纪文化研究》(*Studies in Mediaeval Culture*)，纽约，1929年，第101页；M. N. 博伊尔(M. N. Boyer)：《中世纪法国一日游》("A Day's Journey in Mediaeval France")，《宝鉴》(*Speculum*)，第26卷，1951年；《剑桥欧洲经济史》(*Cambridge Economic History of Europe*)，第3卷，剑桥，1963年，第128页。

陵兰和北美海岸付出了什么样的代价。甚至诺曼人都尽量避免在航行中远离海岸或岛屿，因为那时的远海救援工作是极为原始的。

在中世纪早期的欧洲，农村人口占绝大多数，这就告诉了我们关于人们——无论他是属于哪个社会阶级的——与他们周围世界的关系，因为农民观察世界和对这个世界作出反应的方式，一般说来是可以代表其他社会阶级的。农业劳动把农民紧紧地和土地拴在一起，农民的全部身心都沉浸在农业生产中，他们把自然看作是与自身不可分割的一部分，而不是简单地把它作为纯粹被他们所操作、利用或处置的对象。然而，农民与土地之间的这种关系，并不意味着农民长期不变地被固定在他的份地上。历史学家们曾不止一次地强调，在中世纪的欧洲，人口流动性是很高的，甚至在民族大迁徙和蛮族最终完全占据欧洲之后的时期也是这样。人们总是在寻找好的居住地和易于耕作的土地。卷入这种国内范围的迁移的农民是很多的。然而人口的流动并没有减少农民对土地的依附，因为促使他们迁移的恰恰是获取一块属于自己的土地进行耕种的愿望。
清理出可耕作的新土地，烧掉灌木丛，拔除地面上的树桩，这是中世 45
纪建立农村公社时最重要的几项工作。在国内范围的人口迁移进行之前，这样的农村公社是一种很松散的组织，因为农民们都居住在自己的地产上或很小的居住点中，与其他的居住点相距很远。

文化，可以说是“第二自然”，它是人们在社会实践过程中创造出来的。在中世纪，这“第二自然”的创造，受到人们与自然的关系的深刻影响(这与古代的情况是一样的)。人们与他们所处的自然环境的这种关系，在野蛮时代非常强烈地表现出来。蛮族人对自然环境的依赖程度仍是那样的深，以至于他们的世界观的许多特征都清楚地表明，他们不能把自身与他们所处的自然环境明确地区分开来。在斯堪的纳维亚古老的诗歌中，人的身体的各个部分常用来与自然现象相比拟，同样的，自然环境中的有机物或无机物也常被比作人体的某些部分。人的头是“天”，手指是“树枝”，水是“大地的血液”，岩石和河流是“大地的骨骼”，草和树木是“大地的头发”。这些后来成为约定俗成的比喻，但在当时，这些比喻却反映出蛮族人还没有把自身和他们周围的世界清楚地区分开，这种一物与另一物的比喻，所跨越的是一条流动的、不确定的界限。

人和自然的这种关系在蛮族人的意识中是起决定性作用的。作为单个的人或某个集体（家庭、氏族或公社）的成员的人的属性，和他在那个集体的范围之内所耕种的土地的属性，这两者是区分不清的，在社会意识中仍然是混在一起的。在斯堪的纳维亚，一个自由人被称作 óđalmađr，即 óđal（家庭遗传地产）的所有者。但 óđal 这个词不仅指土地，也指这块土地所有者所拥有的全部权利，这个词意味着某人对遗产的权利和对土地的不可改变的所有权。
46 这种权利作为一个整体是不可损害的，甚至在让渡出了部分财产之后，仍是如此。即使在将遗产分割成三份的情况下，这种主要的权利也仍为 óđal 的所有者所保有，他甚至可以交付赎金将几代前让渡出去的那部分土地和财产赎回来。关键的问题在于，在对 óđal 的权利中起作用的，不是土地本身的大小，而是对它的所有权。从无法追忆的时代起，“从与这块土地相关联的库尔干人*的

* 库尔干人，最原始的印欧人，居住在里海北部靠近伏尔加河的草原地区。——译者

时代起”，情况便是如此。óđal 的所有者是生而自由之人。óđal 一词在语源上与 ethel（edel）一词有关系，ethel 意为出身贵族的人，而出身贵族意味着他属于自由的家族。土地所有者本身的这种性质，也被传移到他所拥有的土地上，这些土地也被认为是“自由的”和“高贵的”。allod（自主地）这个词看起来也与 óđal 一词有关系，它也含有我们前边指出的 óđal 一词所含有那种意思。法兰克人和其他一些欧洲大陆上的日耳曼部落都用 allod 这个词来指对土地的完全的所有权。[①]

在这几个词中，我们看到了在两组概念迄今未遭破坏的统一中存在着密不可分的联系。这两组概念，一组涉及人所世袭而来的特性，他的出身以及他是属于哪个氏族或家族的成员，一组涉及地产和它的归属关系。

一般说来，一种物品可以融入它的所有者的品质，不仅土地是这样，剑、马、船、珠宝等也是这样。然而，正是这种与土地的关系把个人、他所属的集体和自然统一在一个特殊的有机体中。只有作为某一个集体（家族或氏族）的成员，他才能占有一块土地和它的果实，才能享有由某些明确规定了的特权所带来的利益。eigen 一词的原意，不是指拥有某种物质财富，而是指一个人属于某个公社，这有很重要的意义。只是到了后来，这个词才引申出拥有物质

---

① O. 塞迈雷尼（O. Szemerényi）：《日耳曼语 Adel 的语源》（“The Etymology of German Adel”），《词语》（*Word*），第 8 卷，1952 年；W. 克罗格曼（W. Krogmann）：《Handmahal》，《萨维尼基金会法律史杂志（日耳曼法分支）》（*Zeitschrift der Savigny-Stiftung für Rechtsgeschichte. Germanistische Abteilung*），第 71 卷，1954 年；O. 贝哈格尔（O. Behagel）：《“Ođal”》，《研究与进步》（*Forschungen und Fortschritte*），第 11 卷，第 29 期，1935 年，第 369—370 页。

财富的意思。甚至到了很晚的时期，地产，即对土地的所有权仍然是财产所有者的特征。[①]

因此，将中世纪早期一个人对土地的关系，解释为他对一种个人财产的占有，认为就如同以后那种主人对财产的可随意处置的
47 主体-客体关系，那是危险的。与动产相比，土地是不可以随意让渡或处置的财产。人，特别是人的群体，与地产之间存在着一种十分牢固的关系，这种关系本质上是不可改变的。

这种某些土地属于某一家族的特殊的土地所有关系，也决定了它在中世纪早期的宇宙结构中起着中心的作用。土地所有者的庄园提供了一种宇宙的模型。斯堪的纳维亚的神话中保留了很多人们对这个问题的认识和观念。可以说，这也反映了所有日耳曼人部落的情况。在这些神话中，人类的世界是 Miđgarđr，字面的意思是“中间的农场”，是整个世界空间中被人类开垦、耕种的地方。Miđgarđr 的周围是与人类敌对的巨兽鬼怪的世界，被称为 Útgarđr，意思是“位于围墙外边的世界”，是一个未开垦的、混沌的世界。我们在斯堪的纳维亚人关于两类土地的法律中，找到了与 Miđgarđr 和 Útgarđr 这两个世界的差异相同的差异：这个法律把土地划分为“在圈围之内的”（innangarđz）和“在圈围之外的”（útangarđz）两类。从这一对比中产生了关于个人使用的土地和

① O. v. 东格恩（O. v. Dungern）：《论中世纪的财产自由》，《萨维尼基金会法律史杂志（日耳曼法分支）》，第 53 卷，1933 年，第 291 页；H. 埃布纳（H. Ebner）：《自由民的财产》（*Das Freie Eigen*），克拉根福，1969 年，第 129 页及以后诸页，第 227 页；F. 梅茨格尔（F. Mezger）：《自由与和平的早期史》，《日耳曼语言学领域中的论题与研究》（*Fragen und Forschungen im Bereich und Umkreis der germanischen Philologie*），1956 年，第 15—16 页。

集体使用的土地的法律的基本概念，以及这个宇宙的基本结构的概念：人类世界、庄园、基督徒的世界，是 Ásgarđr（北欧神话中众神之居所）的摹写本，并由此发现了它的神授的权利；但是，这个人类的世界，受到周围黑暗的、充满恐怖和危险的未知世界的威胁。①

值得注意的是，斯堪的纳维亚人把他们所居住的地方视为世界的中心，认为世界的其余部分分布在他们的周围。这从他们给自己的居住地所起的名字中明显地表现出来：Međalhus，Međalland，Međalfell，Miđgarđr，Miđhús，Miđá，Miđberg（意为“中间的城镇”“中间的房屋”“中间的山”等等）。同样值得注意的是另一类地名：Bø，By（“居住地”“家园”）。古代的人们是不需要给这些地方以更准确的地名的，因为对他们来说，实际上只有一个家园存在，就是他们自己所拥有和居住的这一个。在挪威，有一百多个带有反映出这种封闭性和狭隘性的宇宙概念的名字的庄园。

地理志在斯堪的纳维亚人的心目中是有很大作用的。向陌生
人提的第一个问题是你叫什么名字，你从哪里来。因此，在北欧的 48
英雄故事中，每提到一个人，即使是一个不重要的人物甚或一个一笔带过的人物，也都要述说他的来历：谁的儿子，家住何方。这种情况不仅出现在描写人的故事中，关于神灵和巨怪的故事，也都要说明其家居何处，姓甚名谁。在《老埃达》* 中，有一首题为《格里

① V.格伦贝克（V. Grönbech）：《我们古代的民间法律》（*Vor Folkeaet i Oldtiden*），第 2 卷，哥本哈根，1912 年，第 6—9 页；R.库默尔（R. Kummer）：《中土世界的毁灭》（*Midgards Untergang*），莱比锡，1927 年。

* 《老埃达》（*Elder Edda*），古冰岛诗体传说和神话。——译者

姆尼尔之歌》(*Grímnismál*)的诗,其中几乎记述了所有神灵和降凡人世的那些英雄们的居所或家园。所有这类记述的根本之处,在于表明这样一个确定不移的信念:所有的人和神灵都必须拥有地产。这些居住地与它的所有者之间的"共生"关系是那样的紧密,二者谁也不能离开谁。一个人的全名,包括他自己的名字和他所生活的庄园的名字,而居住地的名字又可来自它的所有者的名字。在其他一些场合,地名中有这一地区的保护神的名字。我们还发现,在一些地名中,有表示生活幸福和繁荣的词,人们希望这样的情况在他们的地区出现。庄园的名字对于这里的居民及他们的生活来说绝非小事,这是他们的财产的名字、他们的家的名字:这份地产不仅是一个家庭不可让渡的财产,而且还是他们的"家"。正如一个人拥有家园一样,家园反过来也"拥有"他,家园把自己的印记印在他的人格上。

在斯堪的纳维亚的神话中,世界就是这个由人、神灵、巨人和矮人所拥有的庄园的总和。当处于最初的混沌状态时,世界还没有形成,还没有居住地。天地分离,昼夜分开,日月星辰出现,这个使世界秩序化的过程,也是人们拓殖定居,建立家园,划分地域的过程。这个过程既已开始,亦将永远持续下去。在这个世界的每
49 个节点——它的中心、地上、空中,在彩虹飞架之处,从人间到天堂,在大地与天空的交汇处——都有居住地,有庄园,有城镇。

斯堪的纳维亚的地理志所记载的,并不是基于纯粹的自然地理坐标,其中还包含有情感和宗教方面的意义,自然地理上的某个空间,同时也代表着宗教信仰和神话中的某个空间。而且,一个词很容易地就从表示这个意义转到了另一个意义。混沌状态存在于

世界和世界上的人类产生之前，故被称为 *Ginnungagap*，意为“大空”，但是这个“空”所表示的并不完全是否定的概念，并不是简单地与“实”相对，它所要表示的是一种充满潜在性的状态：这种状态是产生这个世界的前提条件，其中充满着神奇的力量。① 在中世纪早期，斯堪的纳维亚人就居于北部的 *Ginnungagap*，那是一个冰海的世界。神话中的 Miđgarđr 是神灵们所创造的人的世界，是一个能保护人们免遭巨怪攻击的堡垒。但正如我们已知道的，实际上在斯堪的纳维亚的地理志中，这个词是用来作为庄园和居住地的名字的。

当然，这是神话中的空间，它不可避免地缺少任何地理志上的准确性。13 世纪初，冰岛作家斯诺里·斯蒂德吕松* 在《新埃达》(*Younger Edda*)(斯蒂德吕松关于斯堪的纳维亚神话的著作)中，不止一次地提到，众神的家园在天上。但有时也出现矛盾：既说 Ásgarđr 在天上，又说在地上；英灵殿显然被认为在天上，但我们又在 Ásgarđr 所在的地方发现了它。在这本书的开头，斯诺里讲述国王古尔菲(Gulfi)去 Ásgarđr 旅行的故事。古尔菲去那里是为了得到智慧和知识。他在从瑞典去 Ásgarđr 的路上所克服的障碍，并不涉及要离开大地的困难，它们存在于梦境中众神给他的幻影里。斯诺里进一步告诉我们，Ásgarđr 建在“大地的中心”，“那个时候，它称为特洛伊(Troy)”。确认了 Ásgarđr 在特洛伊，众神的住所就从天上落到了大地上。“欢乐之宫”就建在 Ásgarđr 的中

---

① J. de Vries,“Ginnungagap”,*Acta Philologica Scandinavica*,V,1929.

* 斯诺里·斯蒂德吕松(Snorri Sturluson，1178—1241)，冰岛作家、历史学家。——译者

部，斯诺里告诉我们，这是“大地上最大最好的住所”。[①] 为了证实
50 巴德尔(Balđr)的地产布雷扎布利克(Breidablik)是在天上，斯诺
里引了《格里姆尼尔之歌》中的句子：

巴德尔的居所，
建在被称为布雷扎布利克的地方，
在那片土地上，
据我所知，
没有一点邪恶的事情。[②]

斯诺里看来竟没察觉他自己的话与诗中所特别指明的地点之间存在着矛盾，这太奇怪了！

在《英灵格萨迦》(*Ynglinga saga*)中，我们得知，传说中的“伟大的瑞典”位于欧洲东部。这是“众神的居住地”，在它旁边是“人类的居住地”。“众神的居住地”又被分为两部分，一部分是阿萨神族(Aesir)的王国，一部分是瓦尼尔神族(Vanir)的王国。[③] 雷神索尔(Thor)离开阿萨神族的居住地，继续向东前进，去与神灵和人类的共同敌人——怪兽和巨人作战。一般说来，Ásgarđr 与 Miđgarđr 是很相似的，它也是由堡垒围绕起来的人们所居住的田园，它和其他田园的区别仅在于其规模和所拥有的财富方面。在斯诺里后来

① Snorri Sturluson, *Edda*, c. 14, utg. av Anne Holtsmark og Jón Helgason, Copenhagen, Oslo and Stockholm, 1965.

② 《格里姆尼尔之歌》(*Grímnismál*)，12，《斯诺里·斯蒂德吕松的散文埃达》(*The Prose Edda of Snorri Sturluson*)，J. I. 扬译，伯克利，1971年，第51页。

③ 斯诺里·斯蒂德吕松：《海姆斯克林拉》(*Heimskringla*)，第1卷，Bjarni Ađalbjarnarson gaf út，雷克雅未克，1941年，第22页。

所写的神话故事中，这些异教的神成为了瑞典和挪威王族的祖先，这些人是这两个王朝的第一代。这就是说，异教神被降到了人间。但没有理由相信古代斯堪的纳维亚人曾经认为他们的神灵是居住在某种更高的天界。

根据斯诺里的说法，Ásgarđr 既位于大地中的顿河（塔奈斯河）地区即中土世界（the Middle Earth），而又在天上。这种矛盾的说法，不仅反映了神话传说中固有的地理概念的不准确性，而且表现出具有很不相同的空间概念的两种宗教信仰之间的冲突。不应忘记，我们能见到的古斯堪的纳维亚神话是保留在 13 世纪以前的文献中。虽然基督教对斯堪的纳维亚人的异教信仰的影响程度 51
还难以确定，但基督教对这些文献的影响是不能否认的。这些古老的神话故事的改写，涉及对空间概念的重新解释。斯诺里在描写奥丁（Ođinn）之死和根据异教的礼仪，在干柴堆上焚烧他的尸体的情况时写道："人们相信，焚尸的烟升得越高，被焚烧的人在天国里就升得越高，因此，越是被认为高贵的人，与他一起被焚烧的财富就越多。"[1]这里，基督教的影响就十分明显。斯诺里提到的这条升向天空的"力量线"（lines of force），看来就是来自于基督教的。

世界的各个部分都与一定的神话概念相连：邪恶精神的领地位于北部和东部，那里是"黑暗之地"（*Nidavellir*），是死者的王国——赫尔（*Hel*）（虽然根据其他的记载，赫尔位于地下）。斯堪

---

① 《海姆斯克林拉，挪威列王纪》（*Heimskringla, History of the Kings of Norway*），李·M. 霍兰德（Lee M. Hollander）译，纽约，1964 年。

的纳维亚人所想象的世界的大致形状是一个“圆形的大地”(*kringla heimsins*)。用诗体写的法律准则对此有多彩而生动的描述。根据这个准则,一个违背了和解协议的人将不受法律的保护:

> 他将成为一个流浪汉,成为一匹狼,到处漫游,那里基督徒在祈祷,那里异教徒在举行崇拜仪式,那里火焰熊熊,那里大地生机勃勃,那里孩子们在喃喃地呼唤母亲,那里母亲抚育着孩子,那里男人们燃起火堆,那里航船扬起风帆,那里星座眨眼,阳光普照,白雪覆盖,那里芬兰人在滑行,那里枞树在生长,那里苍鹰飞过长空,和煦的风在它的翅膀下吹过——那里天堂在运行,大地上在耕作,那里微风将云雾吹向大海,那里庄稼已经播种……①

天穹之下的圆形大地,在异教时代是人和神的世界。世界是“圆形的大地”这种形象,在斯诺里的《新埃达》和挪威国王们的传奇故事中均可以见到。在《英灵格萨迦》的《大地圆圆》(*kringla heimsins*)的开篇词中,这一形象就被冠以“海姆斯克林拉”(Heimskringla)的统称。

52 人与周围世界的紧密相连,排除了人与自然之间建立审美关系的任何可能性,也排除了对自然“不偏不倚”的赞美。人作为这个世界的有机组成部分,受着自然节奏的支配,人对自然几乎不能持超然的立场。在蛮族的诗歌中,自然界的许多现象被看作是活跃的力量。大海、岩石、鱼类、野兽、飞鸟都是这场世界戏剧中重要

① 《强壮者格雷蒂尔萨迦》(*The Saga of Grettir the Strong*),第72章,G. 沃格特(G. Voght)译,P. 富特(P. Foote)编,伦敦和纽约,1965年,第189页。

的角色，与这个世界其他奇妙的存在——众神和他们的仆人、女武神（Valkyries），以及与所有这些都有着密切关系的人，有着同等的地位。日耳曼人的艺术作品中缺少对于美妙的自然的赞美，则出于另一种不同的感情，显示出他们与周围的世界存在着一种比美学的欣赏更为复杂和更难以区分的关系。冰岛的关于古代英雄的传奇故事，特别详细地描述这些英雄的种种冒险遭遇，但却完全忽略了任何超出场景设置最低要求的自然特征。这个论断也许与《尼亚尔萨迦》（*Njáls saga*）中关于居纳尔（Gunnar）因杀人被判处3年流放，离开他在冰岛的家，那一段为人熟知的描写有些矛盾：

> 他们骑着马向马尔卡河（Markar River）进发，正在这时，居纳尔的马被绊倒，他不得不从马背上跳下来。他无意中朝他的家赫利达伦迪（Hlidarend）的山坡望了一眼。他说："那山坡多可爱，比我以前所见到的样子显得更可爱，金色的田野，还有新收获的草垛。我要回到我的家，决不再离开。"[①]

这是一个送掉了他的生命的决定，他死于敌人之手。居纳尔的这段话被认为"也许是在冰岛萨迦中所发现的唯一一个表现人与他周围的自然环境的感情关系的例子"。[②] 但在我看来，这段话很容易解释，这段话表现的是居纳尔对自己的家乡、自己的田园房屋的依恋之情，表现的是他不愿屈服于敌人，准备接受等待着他的任何命运，而不是居纳尔对自然环境的美丽的赞美。

---

① 《尼亚尔萨迦》（*Njáls saga*），M. 马格努松（Magnus Magnusson）和 H. 帕尔松（Hermann Palsson）译，伦敦，1960年，第166页。

② 《尼亚尔萨迦》，第75章，《冰岛传说》（*Islandskie sagi*），M. I. 斯捷布林-卡缅斯基（M. I. Steblin-Kamenskij）编辑、注释和导读，莫斯科，1956年，第778页。

53 日耳曼人的宇宙观,与其他蛮族有很多共同之处,而在一些方面与基督教的世界观存在着显著的差异。然而,我们对基督教统治之下的中世纪关于空间的概念了解得越多,越是可以清楚地判定,其中的一些内容来自于蛮族的“世界模型”。

而且,在基督教中世纪开始的时候,人类的生命还不过是自然界的角落中断断续续、摇曳不定的火光,还几乎不能凭借自己的能动性取得活跃的生命力。中世纪早期的农民仅与和他居住在一起或住在周围地区的有限的几个人相识,他们不得不融入其中的这个社会关系网是简单的和持久的,而他与自然的关系在他的生活中所起的作用,则要更大一些。

只要有大量的人把自己的生活建立在自然农牧业的基础之上,将自然作为自己全部生活必需品的主要来源这种状况存在,人与自然只能部分地分离这种状况就将持续下去。将人(包括单个的人和集体的人)与大地连接为这种紧密无间的关系的,是一种对“怪诞身体”(grotesque body)的想象,我们在那些图像艺术中,在文学作品中,在民间传说中,以及在中世纪和文艺复兴时期民众的节日和狂欢节中,都可以发现对这种“怪诞身体”的夸张的表现。人常常被描绘为自然的一部分:人样的野兽、人样的植物、有着人一样头的树、神人同形的山脉、多手多腿的生物,这些在整个古代和中世纪一次又一次地出现。在勃鲁盖尔(Brueghel)和博斯(Bosch)的作品中,有关于这些情况的最完备的表现。[①]

---

① J.巴尔特鲁沙蒂斯(J. Baltrušaitis):《奇幻的中世纪》(*Le Moyen Âge fantastique*),巴黎,1955年。

M. M. 巴赫金提到了“怪诞身体”的各种特征，例如，一个“躯体的臂部”，其外凸和内凹部分突出到正常的部位和范围之外，与自然界的其余部分连接在一起，以此夸张地表现肛门-性器和胃的功能，强调生与死、走向衰老与新生的转化，强调生殖和自然界的繁殖力量。所有这些意味着那些崇高的理想的东西下降为尘世的和物质的东西。“怪诞身体”被表现为非个体化的不完整的形象，它与大地总是互相缠结在一起，大地给予它生命而又再次将它吞 54
没。这个永在更新着的生物体是无限广大的、不朽的，这与现代文学和艺术作品中成为准则的有严格界限、个体化的形体，形成了鲜明的对比。如果说“怪诞身体”本身表现的是宇宙的特征，另一方面，在中世纪民间传说和神话中，广阔的大地则呈现出躯体的形态并被想象为一个“怪诞身体”。铲平身体与世界之间的所有障碍，使二者可以互相流转，这是中世纪的大众文化，也可以说是大众想象的特点。[①]

这样一幅世界图景是由人与作为人的自我延伸的自然的关系所产生的，也与由个人和社会集体结合而成的类似的有机整体紧密地结合在一起。这样一种对待世界的态度，随着历史向近代的过渡而同步地逐渐消失了。在近代，工业的发展使人与自然形成了一种新的关系，自然成为人的技术的施压对象；而在中世纪，人与其周围的世界不可能形成那样一种主体与客体的关系。当时缺少的是能使人利用自然而同时又不为自然所困扰的一个中间环节，这是一套由人创造的复杂多变的新的工具系统，它是人与自然

① M. M. 巴赫金：《拉伯雷和他的世界》，第5、6章。

之间必不可少的连接物。中世纪的农业生产工具没能取代人的体力，而只是对人的体力起到一种补充作用。因此，中世纪的人没有为自己提出改造自然的任务，他们对自然采取的是消费者的态度。

当然，也不能用一成不变的观点把中世纪人与自然的关系看作与原始人的情况没有两样。中世纪的人即使还不能有意识地站在自然的对立面上，但也不再把自己与自然融为一体，他们正视自己周围的世界，以在自己身体上和生活中发现的尺度来衡量这个世界。

在这些情况下，最自然的当然是用人的身体及其活动，用人作
55 用于物质世界的能力，来衡量空间。这里，人本身成为衡量一切事物——首先是大地——的尺度。长度、宽度和面积的大小，并不是由从现实中固定不变的东西中得来的一种绝对的或标准的单位所决定的。例如，人们以一个人迈一步的长度来度量距离（由此产生了“英尺”）。正方形的丈量对于不懂几何学的农民来说，意义很小。肘、手指、拇指尖至小指尖伸展时的长度，这些是他们最自然的、用途最广的度量单位。时间的计量是以劳动者对他劳作的土地数量的估计为基础的。可耕种的土地以摩根（morgens）为丈量单位。这是一天可耕种的土地的面积。面积的丈量单位不仅一地与另一地不同，而且任何人也不去想是否需要一种更准确一点的丈量单位。这些被广泛使用并为大家所接受的土地丈量单位，已使中世纪的人完全满意了，对于他们来说，仅仅这些才能成为丈量单位，实际上，只有这些才是可为他们所相信的。

顺便说一下，对于那些极力要弄清中世纪农场和地产面积的历史学家来说，这是具有十分重要的意义的：有关封建地产的清单

和官方记载中的那些有关数量的材料，对于进行数字统计，看来是现成的，但是如果不谨慎地使用，它们只会给我们造成对于实际情况的错觉，因为这些不明确的数据，使用了各种各样的度量单位。中世纪时使用的度量单位——特别是土地的度量单位——是各种各样的，这和近代所使用的度量单位存在着很大的差别。正如英国历史学家梅特兰正确指出的："如果我们要回到早一些的时代去，我们对那些'肤浅的计量'考虑得越少越好。"[①]另一位专家承认，中世纪对土地的计量令现代统计学家们大失所望。[②]

在这一时期的文献中，记载地产"面积"的通常办法是写明这一地产产出的收入、耕种它所需要的犁的数量（或驾轭的牛的数量），或在这一地产上播种所需种子的数量。我们在中世纪的文献中可以找到关于一块地产四周的边界和所有有价值的资产（如河流、沟堑、山坡、灌木丛、树林、道路、十字路口等），以及与之相邻的 56
地产情况的相当详细的描述，然而却找不到一处以相称的、普遍适用的单位来**精确**标明土地实际面积的记载。中世纪对每一块土地面积的丈量，都针对这块土地的情况使用一种特定的方法。在取得一块新的土地的过程中，我们也可以看到同样的情况。在很多情况下，一个人能圈占的土地，以他从日出到日落能绕行的面积为限。经常有这种情况：定居者不得不随身携带火把，沿着他所要求

① F. W. 梅特兰（F. W. Maitland）：《末日审判书及其他》（*Domesday Book and Beyond*），剑桥，1907 年，第 371 页。

② L. 缪塞（L. Musset）：《对土地丈量问题的历史观察：自由民》，见《纪念路易·阿尔方中世纪史论文集》（*Mélanges d'histoire du Moyen Âge dédiés à la mémoire de Louis Halphen*），巴黎，1951 年，第 541 页。

得到的土地周边点燃篝火，以此使他的要求变得神圣而不可侵犯。在冰岛的法律中，一个妇女可以得到她牵着一头牛在一天内能立上木桩圈占起来的土地。在挪威，准许一个人从公有地中得到一块土地，这块土地的大小以他抛出一把刀所能达到的地点或用大镰刀割草能达到的地点为界。这些规定的根本原则在于一个人进行劳动所需的土地，即一个人为自己所能要求得到的土地面积的大小，是由他进行劳动所需土地的大小来决定的，也就是说，由他的体力所及来决定。

中世纪人对事物的计量的这种不准确的、近似的特征，不仅表现在度量空间方面，正如我们将要看到的，在计算时间方面这种特征显得更为突出。一般说来，关于数量的名词——重量、容量、人数、日期等——的随意性和不准确性是常见的现象。人们对于数量问题的一般态度是促成这种现象的原因：他们不是把数量作为一种计量的手段，而是视之为统治这个世界的神圣的和谐的一种启示，因而将数量看作是一种神秘的形式。

因此，中世纪人与自然的关系不是一种主体与客体的关系。相反，他是在外部世界中发现了他自己，同时把宇宙视为主体。人们在宇宙中发现了与他意识到的自己身上所具有的同样的力量。他们划不清人与外部世界的界限：在外部世界中发现了自我的延伸，而在自己身上又看到了与外部世界的相似之处。这一个反映出了那一个。

正因为不存在人与其周遭的自然环境的基本对立，所以也没
57 有自然与文化的对立。在近代，自然被解释为经验世界，被视为人之外的事物，人类文化可以利用和操作的对象。但是在中世纪，人

们没有意识到这两者之间有这样明确的界限，或者在最好的情况下，也只意识到两者之间有一条模糊不清、变动不定的界限。因此，甚至 *natura* 这个词也不能完全译为今天意义上的“自然”。中世纪人心目中的自然是上帝所造之物。在 12 世纪富于哲理的寓言中，人格化了的自然是上帝的婢女，是上帝的思想和设计在物质世界中的具体体现。对于中世纪的人来说，自然是一个“象征符号的大仓库”。[①]

中世纪文明中流行着划分小宇宙和大宇宙（或宏观宇宙[megacosm]）的范畴，对这些范畴加以研究，可以使我们更为清楚地理解远离我们时代的人们的世界和空间观念。[②] 小宇宙并不是简单地指整个宇宙中小的那部分，它不是这个宇宙的一部分，而是这个宇宙的一个缩小的复制品，再现了大宇宙的全部情况。神学家和诗人断言，小宇宙本身是完整和完全的，就如同我们所生活于其中的那个大宇宙一样。这个小宇宙被认为就是人，那种仅仅在与大宇宙之间相互对应的结构中才能被理解的人。在古代东方和古典希腊的思想中可以发现这种思想。这种思想在中世纪特别是自 12 世纪以后流传极广。人们坚信，组成人体的成分与组成世界的成分是完全一样的。人的肌肉是土，人的血液是水，人的气息是空气，人的体温是火。人体的每一部分都相当于世界的某一个部

① 雅克·勒高夫：《中世纪西方的文明》，第 405 页。

② A. 迈尔（A. Meyer）：《微观和宏观世界的理论精髓及演变过程》（*Wesen und Geschichte der Theorie vom Mikro- und Macrocosms*），伯尔尼，1900 年；G. P. 康格（G. P. Conger）：《哲学史中关于大宇宙与小宇宙的理论》（*Theories of Macrocosms and Microcosms in the History of Philosophy*），纽约，1922 年；R. 阿勒斯（R. Allers）：《小宇宙》（“Microcosmos”），《传统》（*Traditio*），第 2 卷，1944 年。

分，人的头相当于天，胸相当于空气，胃相当于海，足相当于地，骨头相当于石头，血脉相当于树枝，头发相当于草，人的感情相当于动物。这不仅仅意味着人与这个世界的其他事物是由同样的成分组成的，中世纪人对大宇宙与小宇宙安排方式的构想归结为这样一个基本原则：上帝造物的法则可以在类比之中发现。将世界作为独一无二的统一的整体加以把握的努力，贯穿于整个中世纪的“大全”(*summae*)、百科全书和语源辞书之中；从上帝、《圣经》、礼
58 拜仪式，到人、动物、植物以及烹饪、驾牛、耕地，每一种事物都被认为是这样的。

但是，如果要想把握“小宇宙”这个概念的确切含义，我们就得考察一下“宇宙”这一概念从古代到中世纪所发生的变化。古代的人认为，这个世界是完整的、和谐的；而中世纪的人则将世界看成是二元的。古代人眼中的宇宙，包含有自然的美丽、高贵和秩序性，而这些在基督教的世界观里都丢掉了，“世界”变为用来指“人类世界”(*mundus* 这个词在中世纪的意思是“人类”)，也再没有高尚的伦理和审美的含义了。基督教的世界也不再是“美丽”的了，这个世界充满了罪恶，只能服从上帝的审判。基督教的禁欲主义根本鄙弃这个世界。根据奥古斯丁[*]的学说，真理不应在外部世界中去寻找，只能在人本身的精神中去寻找。上帝最奇妙的作用不在于创造了世界，而在于为它赎罪，在于使生命成为永恒的存在。唯有基督把世人从尘世拯救出来(“Christus mundum de mundo liberavit”)。这样转变的结果，“宇宙”这个概念被剖分为

* 奥古斯丁(Augustine，354—430)，早期基督教神学家。——译者

两个完全对立的概念："上帝之城"(*civitas Dei*)和"地上之城"(*civitas terrena*)。后者与"魔鬼之城"(*civitas diaboli*)的概念密切相关。人站在一条既可以通向灵魂的圣城(即神圣的耶路撒冷或锡安),也可以通向反基督之城的道路上。

从古代起,宇宙的概念中就含有"秩序"的意思。在亚略巴古的伪狄奥尼修斯(Pseudo-Dionysius the Areopagite)的教义中,特别强调了世界的等级秩序。但是,这个世界是神秘的,其中的等级是一种神圣的灵魂等级。在那样的情况下,这个有形的世界几乎不能独立地发挥作用。古希腊的宇宙之美在基督教堂的辉煌灿烂面前显得衰微暗淡了。[①]

对世界和自然的这种"重建",实际上只是到了12世纪才真正开始。从那时起,人们能够比中世纪早期更好地影响和操控他们所居住的这个世界。人们开始更多地注意他们周围的环境,研究 59
和解释自然的兴趣在不断地增长。但他们有兴趣的还不是那个自然本身,而是上帝所创造的那个自然:那个自然不是独立的,它只是表明上帝的荣耀。12世纪的哲学家们认为研究自然是必要的,因为人们在深入地认识自然内部情况的过程中,可以发现自己本身,并经过这些认识,更进一步理解这些事物的神圣秩序,实际上是进一步理解上帝本身。这些论点和想象的基础,就是确信世界是一个统一的整体,确信世界是美的,而且确信上帝创造的这个世界的中心位置是属于人类的。

---

① W.克兰茨(W. Kranz):《宇宙》("Kosmos"),《概念史档案》(*Archiv für Begriffsgeschichte*),波恩,1958年。

中世纪的思想家总是力图把大宇宙和小宇宙的思想用一个图表的形式表现出来。在为宾根(Bingen)女修道院院长希尔德加德(Hildegard)的著作所绘的寓言式图解的画作中,大宇宙被一个表示永恒的符号——一个圆圈来表示,"自然"将这个圆圈把握在自己手中,而"自然"又由神圣的"智慧"给她戴上王冠。人的形状——小宇宙被置于这个圆圈之内。希尔德加德认为,小宇宙本身包括天和地,其中隐涵着所有的东西。[①] 在装饰阿尔萨斯女修道院院长兰茨贝格的赫拉德(Herrad of Landsberg)著作的一幅微型画中,人这个小宇宙被行星和宇宙的四大元素——火、水、土、空气——包围着。小宇宙与大宇宙是相似的这种观念是中世纪象征主义的根基。象征主义把自然看作是一面镜子,人们可以在这面镜子中想象上帝的形象。[②] 如果世界的所有基本特征都可以在人的身体上找到,那么自然本身也就可以被想象为如同人的形象了。12 世纪里尔(Lille)的诗人阿兰(Alan)将"自然"想象为一个戴着王冠的女人,王冠上刻有黄道星座,她穿着一件绘满飞鸟、树木、野兽和其他各种生物的外衣,衣上所有这些都按照上帝的安排各就各位。人的头和形体被比喻为风,而大地则被描绘为妇女的形象。阿兰在"自然"的口中写上关于人与"自然"的相似性的词句。[③] 在

① 圣希尔德加德(Sanctae Hildegardis):《神之功业书》(*Liber Divinorum Operum Simplicis Hominis*),J. P. 米涅(J. P. Migne):《拉丁教父集》(*Patrologia Latina*,后文简作 PL),第 197 卷,巴黎,1855 年,第 862 栏。

② M.-M. 达维(M.-M. Davy):《论罗马式的象征体系(12 世纪)》(*Essai sur la symbolique romane*[*XIIe siècle*]),巴黎,1955 年,第 103 页。

③ 里尔的阿兰(Alani ab Insulis),《自然的哀歌》(*Liber de Planctu Naturae*),《拉丁教父集》,第 210 卷,巴黎,1855 年,第 443b 栏。

奥诺里于斯·奥古斯都顿尼西斯(Honorius Augustodunensis)(欧坦的奥诺里于斯[Honorius of Autun])所著《理解自然的钥匙》(*Clavis physicae*)一书的图解中,宇宙的力量、世界的元素,甚至因果概念都 60 被描绘为人的形象和人的身体。空间和时间也被人格化了:时间是一个老年男人,地点是一个女人。这些比喻性的形象并没有阻止这位哲学家去谈论空间和时间的无形性和可理解性。[①]

在古代,“世界树”的形象曾在许多人中间广泛传播。这个“树”,在他们关于宇宙的观念中起着很重要的作用,是他们的神话中的空间结构的一个主要成分。互相对立的概念,如上与下、左与右、天与地、清洁与肮脏、男与女等等,按照“世界树”的观念,是互相联系的。我们在中世纪作家的著作中,发现了这种形象的一种有趣的变形。这些作家中的许多人描写了一种“倒长的树”(*arbor inversa*)。这种树从天上向地下长,它的根在天上,树枝在地上。这个树的形状成为一种信仰和洞察力的象征,并体现了基督的形象。但同时,这个树还保存有一种更古老的意义——代表人的小宇宙和世界的大宇宙。[②]

中世纪的象征符号通过可见的、物质的东西来表达不可见的和理想的东西。这个可见的世界与它的原形——那个具有最高本质的世界(*archetypus mundus*)——是和谐统一的。由于二者之

① M.-Th. 达尔韦尼(M.-Th. D'Alverny):《12 世纪象征性的宇宙》(“Le cosmos symbolique du XIIe siècle”),见《中世纪教义与文献历史档案》(*Archives d'histoire doctrinale et littéraire du Moyen Âge*),第 28 年刊,1954 年。

② C.-M. 埃德斯曼(C.-M. Edsman):《倒长的树:救世主、世界和人类作为天堂的植物》(“Arbor inversa. Heiland, Welt und Mensch als Himmelspflanzen”),见《纪念瓦尔特·贝特克文集》(*Festschrift Walter Baetke*),魏玛,1966 年。

间的这种关系，所以有可能越过某个事件或物体所具有的字面上的和实际的意义，而领悟到那种象征性的、神秘的意义，即探求到信仰的奥秘。这种象征性的解释和寓言式的比喻系统，为尽可能广泛的事物和事件，以及它们与永恒的关联建立一个通用的分类系统，提供了一种手段。

中世纪的诗人、艺术家、神学家津津乐道自然与人同形的问题，这既不是为了做出一种继承传统的姿态，也不是出于因循的天性，而是反映了一种人与自然的特殊关系。这种特殊关系在中世纪以后的时代消失了。人类意识到在他们自身的结构与宇宙结构之间存在一种类似的或更确切地说亲缘的关系。他们将自然看成
61 是一本可以从中学到智慧的书，同时又是一面可以反映出人的面貌的镜子。里尔的阿兰写道："世间存在的所有造物对我们来说就是一本书、一幅画、一面镜子。"[①]人们将自己视为世间的主宰，人是以上帝的形象创造出来的，世间所有其他的事物都是为人而创造的。但是，这种对人的尊崇与文艺复兴时那种对人的尊崇是截然有别的。在中世纪基督教的宇宙论世界观中，人并没有取得独立的地位，人们把自己本身的存在看作是上帝荣耀的表现。

人与宇宙的这种统一性体现在它们互相渗透的和谐中。人和世界都受宇宙音乐的支配。宇宙音乐体现了整体和它的组成部分的和谐，渗透到从天国到人世的万事万物之中。人的音乐(*musica humana*)与世界的音乐(*musica mundana*)是完全一致的。每一种用时间衡量的事物都与音乐有着密切的关系。音乐从

① 《拉丁教父集》，第 210 卷，第 579a 栏。

属于数字，因此，大宇宙与人这个小宇宙都是由那些界定它们的结构和决定它们的运动的数字所支配的。[1] 世界和人都可以借助于象征着上帝创造物的完美无缺的几何图形来表现。这个世界如此美妙，其秘密即存在于这些数字之中。在中世纪人的心目中，“美”“秩序”“和谐”“平衡”“适宜”“适当”等概念，即使不是相同的，也是十分接近的。

世界的这种和谐有序性，也扩展到了政治领域。如在古代那样，国家被认为类似于一个有机体，公民是它的四肢（索尔兹伯里的约翰[John of Salisbury]语）。这个政治的有机体要求内部的各个阶层之间协调一致。正如中世纪的思想家们所见到的，各阶层之间的矛盾和冲突威胁着整个世界秩序的和谐。

人们一再断言，中世纪的人对自然的“审美”享受是很不够的，他们不能“欣赏”自然的美，他们无法选择自然的某些方面加以赞赏而对其他方面予以排斥；而且，自然本身不是他们探寻、研究的对象。有一则流传的关于格莱福的伯尔纳铎（Bernard of Clair-
vaux）的故事可以被用来证实这一点。伯尔纳铎沿着日内瓦湖走 62
了一整天而没有注意到这个湖。由此表明，对上帝的内省能在多么大的程度上转移中世纪人对其周围世界的注意力。但以这个故事为依据的论点并不很有说服力，因为我们不能以这样一个狂热的信教者和遁世倡导者的情况，作为推断那个时期一般人的情况的标准。无论伯尔纳铎和其他禁欲主义者以及教会改革者有多么

① L.斯皮策（L. Spitzer）：《古典古代和基督教时期对世界和谐的看法》（“Classical and Christian Ideas of World Harmony”），《传统》（*Traditio*），第2卷，纽约，1944年，第434页及以下诸页。

大的影响，他们也很难支配中世纪普遍流行的对世界特别是对自然的态度。[①] 但也还有其他一些证据可以支持这个论点。中世纪作家在描写某地的自然景物时，其描写从不具有地方的特色，所用的都是陈词滥调，令人难以卒读，这种情况也是司空见惯的。这种现象在史诗中尤为突出。如在《罗兰之歌》中，自然没有任何独立的作用，关于星辰、太阳、日光、黎明的描写无不是一套陈词滥调，而关于牧场、草原、树木、岩石、峡谷的描写，又无一例外地与圣骑士的事迹相关。一些可怕的自然现象（如大雨倾盆、电闪雷鸣、旋风大作、冰雹骤降或一片黑暗），都被视为某种政治激变的预兆，或自然对罗兰战死疆场的一种悲哀的表达。在这种关于骑士的史诗中，英雄们都是一些生活在“空白空间中的人物”。[②]

中世纪绘画中的风景有多么抽象，这是尽人皆知的。德国学者奥托·劳费尔（O. Lauffer）认为，在中世纪早期，人们的注意力都集中在他们直接接触到的那些周围的事物上，如野兽，以至于对那些风景注意较少，对自然缺乏敏锐的感觉。[③] A. 比泽（A. Biese）认为，这一时期人们对自然的感情，比古代和近代都淡漠，人们对外部世界的观察也比古代和近代都少，而把注意力投在了不切实际的幻想之中。但是，随着诗歌竭力要表现人们内心生活中深刻

① E. 吉尔松（E. Gilson）：《中世纪与古代的自然主义》（“Le Moyen Âge et le naturalisme antique”），见《中世纪教义与文献历史档案》，第7年刊，1933年，第22页及以下诸页。

② L. 基尔辛鲍尔（L. Kirchenbauer）：《中世纪早期德意志史诗中的空间概念》（*Raumvorstellungen in der frühmittel-hochdeutschen Epik*），海德堡，1931年，第17页。

③ O. 劳费尔：《加洛林王朝时期德国的风景画》（*Das Landschaftsbild Deutschlands im Zeitalter der Karolinger*），哥廷根，1896年。

的体验与感受，人们也开始对自然产生兴趣，自然景色成为人的精神生活的一种表征。特别是普罗旺斯*的抒情诗具有这种特色：诗人们以纯熟的技巧把他们的内在心情与外部世界联系起来。但 63
即使在这个地区，关于自然的描写，也主要是一些简单的现象罗列。请看下面贝特兰·德·博恩(Bertran de Born)诗中的例子：

> 如果四月，花朵和嫩绿的草木，
> 美丽的黎明和灿烂的黄昏，
> 没有带给我渴望的巨大欢乐；
> 如果爱情和我听到的夜莺之歌，
> 带来愉悦和甜蜜的令人快乐的嫩绿色的季节，
> 以及充满生气的复活节喜庆，
> 没有给我的女郎以勇气，
> 也没有减少她的恐惧，
> 我的幸福就不会来临。①

中世纪的文学作品，没有给我们提供对风景的有个性的描写，人们描述的自然景物，总是按一个模型铸出的样子，再掺进作者的抒情诗意。大自然和人们的情感在春天欢快地苏醒，漂亮的女郎犹如明丽的五月，悲伤好比自然界的秋天或冬天——这样的描写

---

* 普罗旺斯(Provence)，法国东南部的一个地区，中世纪时以诗歌及武侠故事著称。——译者

① 引自R. A. 弗里德曼(R. A. Fridman)：《法国南部游吟诗人的爱情诗及其诠释》("Lyubovnaya lirika trubadurov i ee istolkovanie")，载《梁赞国立师范学院学报》(*Uchenye zapiski Ryazanskogo gospedinstituta*)，第34卷，Trudy Kathedry literatury，莫斯科，1965年，第288页。

在诗歌中比比皆是，而这很快就变成了一种模式化的套语。比泽认为，甚至法国南部、西班牙东部以及意大利北部那些最有才华的游吟诗人或恋歌诗人（*Minnesänger*）也不能跳出这个窠臼。这样，作为具有独立价值的自然本身，在中世纪的文学作品和绘画作品中都没有取得应有的地位。①

但是，一些圣徒传和各种年代记提供的证据表明，在中世纪，人们实际上是有能力欣赏树木和森林的美并从中找到慰藉的。G. 施托克迈尔（G. Stockmayer）引证了一个关于班堡的奥托（Otto of Bamberg）主教，那位“波美拉尼亚天使”的故事。奥托命令砍倒斯德丁（Stettin）的一棵云杉树，因为异教徒认为他们的神灵住在这棵树上，当他们经过那里的时候，他们对这棵树鞠躬致敬。人们乞求主教不要砍倒这棵树，并发誓再也不对这棵树作异教徒式的敬拜，因为他们觉得这棵树很美，并且能为他们遮阴，他们很喜欢这棵树。施托克迈尔还认为，中世纪人们也认识到了花的美，但是人们一见到花就把目光转向别处，害怕把精力浪费在这些悠闲的尘世事情上会危害自己的灵魂。僧侣们选择修道院的位置，考虑
64 的不仅是它的幽静，而且还有它的自然美，这些因素也吸引着他们。皇帝亨利四世（Emperor Henry Ⅳ）传记的匿名作者，在他的著作中有一个小故事包含了对自然的描写。施托克迈尔说，那些富于想象的文学作品的作者，能够很好地从整体上抓住一处风景

① A. 比泽（A. Biese）：《中世纪和近代自然感知的发展》（*Die Entwicklung des Naturgefühls im Mittelalter und in der Neuzeit*），莱比锡，1888 年；另见 E. 庞斯（E. Pons）：《盎格鲁-撒克逊诗歌中的自然主题和感知》（*Le thème et le sentiment de la nature dans la poésie anglo-saxonne*），斯拉特斯堡和巴黎，1925 年。

进行描写,虽然在绘画中表现这些要更困难一些。在施托克迈尔看来,中世纪早期的人们并不比后来的人缺乏对自然的欣赏能力。而中世纪的人没有被自然"强烈地吸引"则是另一回事。毕竟,他们没有远离自然,他们就生活在自然之中。对自然的留恋,最早是出现在近代的那些大城市中。[①]

W. 甘岑米勒(W. Ganzenmüller)批评他的前辈们在研究"中世纪人们对自然的感情"问题时所用的方法,他认为,不能把中世纪的人与古代或近代的人进行比较来研究这个问题,而应努力去探求使中世纪的人以他们的那种方式对自然作出反应的内在因素。在中世纪,人们对自然的态度,首先和最主要的是由他们的宗教感情决定的,宗教感情在中世纪人的世界观中是基本的成分。对于中世纪的人来说,上帝和人类的灵魂有绝对的价值,而自然只有相对的价值。而就它对人们了解上帝无所助益而言,自然没有任何价值;如果它妨碍了人们接近上帝,那么它就被视为一种邪恶,一种魔鬼的力量的表现。中世纪人对自然的主观反应,势必与完全以《圣经》为依据的思维方式相抵触。因此,在感知和再现自然方面出现了大致相似的方式。就形式而言,文学艺术作品表现自然的大部分方法是从古代继承而来的。自然被视为神的象征,人们感知和理解自然的表现形式,但不是为直接理解其本身,而只是把它作为一种进行譬喻或道德说教的材料。对自然的这种"超自然的"体验,在 12 和 13 世纪那些著名的神秘主义者,特别是阿

① G. 施托克迈尔(G. Stockmayer):《论 10 和 11 世纪德国对自然的感知》(*Über Naturgefühl in Deutschland im 10. und 11. Jahrhundert*),莱比锡和柏林,1910 年。

西西的圣方济各(St. Francis of Assisi)的著作中,得到了最充分的表现。圣方济各认为人与自然有着直接的关系,他把所有生物
65 都看作是自己的兄弟姐妹。但我们一定不要因此而看不到他对这个世界深刻的宗教体验,甚至对他来说,自然本身并没有什么价值,他在其中看到的是"上帝的形象"。①

在我们弄清楚中世纪的人们实际上是如何理解自然这个问题之前,我们必须首先弄清我们所说的人们与自然的"审美"关系指的是什么。让我们先来看一看我们关于中世纪的人对世界的描绘和对自己的描绘之间存在着密切联系这个论点。中世纪的人把自然作为一面镜子,他们在自然中看到了自己,同时又在自己身上发现了自然。这种自我与周围自然环境之间未分化的关系,并不排除他们赞美和艺术地表现自然的可能性。恰恰相反,中世纪的人观察人与自然的关系,实际上并不是从完全独立的、有意识的审美观点出发,而是把它作为一种更为错综复杂的关系中的一个方面。只有当这样的关系解体,相对彼此区分的实用价值和审美价值才能显现出来。但以中世纪人的世界观来看,它们仍是基本相同的。所以,自然可以唤起中世纪人的赞赏、恐惧和其他种种感情,但是,这些感情又很难与他以牺牲自然为代价来满足自己纯粹的实际需要的努力分开。② 据说,野蛮人"他们不摘花"(去做花束)。但是,

---

① W. 甘岑米勒:《中世纪对自然的感知》(*Das Naturgefühl im Mittelalter*),莱比锡和柏林,1914 年。

② K. 维雷尔(K. Wührer):《中世纪的传奇故事:尤以 10 和 11 世纪来看对自然感知史的贡献》(*Romantik im Mittelalter. Beitrag zur Geschichte des Naturgefühls, im besonderen des 10. und 11. Jahrhunderts*),巴登、维也纳、莱比锡和布尔诺,1930 年。

有这样一个例子：安达曼群岛(Andaman Islands)上居民的日历是根据各种花的不同香味制定的，因为不同的花在一年中不同的时间开放。

每当我们在中世纪的文本中发现一些似乎是关于人们与自然的审美关系的内容时，我们要非常仔细地考虑到中世纪人在这种情况下的思想感情的特定的复杂性。我们不否认中世纪人对大自然的美的欣赏能力，但一定不要忘记，自然本身还不能成为他们赞美的最终目标，因为自然在当时是那个看不见的世界的象征。对整个可观察到的世界的思考，是为了在一个更高的水平上去揭示一个不能直接接触到但具有本质性的世界。引导人们对自然的这种理解的道路，是一条从可见的世界走向看不见的世界(*per visibilia ad invisibilia*)的道路。神学家们认为，人类的智力不能掌握真理，除非通过物质的东西和想象的中介。在圣但尼(Saint- 66
Denis)修道院教堂的正面，有一段指导修建这座修道院的修道院院长叙热(Suger)撰写的铭文："……通过感官感觉到的美，灵魂升华到真正的美，然后，灵魂从地上……升到天堂……。"对可见世界的这样一种理解提高了它的价值；它把有限的事物与不灭的本质联系起来，同时，又不使这些事物被错误地理解为某种本身即有价值和具有不依赖于超验范畴的意义的东西。对自然这种二元的态度，表明了中世纪时对自然知识的限制——无论是科学的还是艺术的知识，只有在这个范围内才能发展。

此外，我们必须时时记着，在"对自然的感情"和这种感情在文学艺术作品中的表现这二者之间,还存在着区别。① 中世纪的审美原则像是一个过滤器,对人的情感的更直接的表现很难穿过这个过滤器进入诗歌或绘画。中世纪的诗歌中对自然的表现通常要服从传统的规范。起源于古代的对风景常见的修辞性描绘贯穿于中世纪的文学作品之中。在中世纪的诗歌和传奇故事中,我们反复遇到一系列同样的套语(如完美的“树林”“花园”“永久的春天”等等),通过这些套语,自然现象得了某种描述。虽然其中一些细节的描写可能是符合本来面貌的,但是这种艺术化了的自然景观总的来说是不真实的,带传奇色彩的。② 因此,近年来致力于分析中世纪西欧对自然和空间的表现的著作,并没有着重分析当时那些作家观察自然景观的方法,而更多地分析的是当时艺术作品中有关景观和自然现象的描写所要达到的象征功能。③

在诗歌的结构中,关于空间的描写所起的作用是非常独特的。中世纪的诗人对于一处景观实际上的特点和特有风貌不是很敏感,他们一般都局限于进行纯粹地理位置的描述。只是需要描述
67 人物的活动背景时,才特别提到一些地方。在宫廷传奇中,树林只

---

① L. 施奈德(L. Schneider):《德国中世纪宫廷抒情诗中的自然诗歌》(“Die Naturdichtung des deutschen Minnesangs”),见《新德国研究:德国语文学部分》(*Neue deutsche Forschungen, Abteilung Deutsche Philologie*),第 6 卷,柏林,1938 年。

② E. R. 库尔提乌斯(E. R. Curtius):《中世纪对自然的修辞描写》(“Rhetorische Naturschilderung im Mittelater”),《罗曼语研究》(*Romanische Forschungen*),56,1942 年,第 221 页及以下诸页;M. 格斯泰格(M. Gsteiger):《特鲁瓦的克雷蒂安的传奇故事中对风景的描写》(*Die Landschaftsschilderungen in den Romanen Chrestiens de Troyes*),伯尔尼,1958 年。

③ I. 哈恩(I. Hahn):《戈特弗里德的〈特里斯坦〉中的环境和风景:对该作品的一种解读》,见《中世纪:语文学研究》(*Medium Aevum. Philologische Studien*),第 3 卷,慕尼黑,1963 年,第 7 页及以下诸页。

是骑士们游逛的天地，花园是爱情冒险或一场对话的发生地点，田野只不过是一对一决斗的场所。作者对于其中的景观本身并没有兴趣。作者描写空间关系的方法是不断变换视角和比例，给人以传奇故事中的人物在不断地跳跃移动的感觉，就像象棋盘上的棋子那样。远处的景物被描写成好像是在咫尺之间所观察到的。这与中世纪晚期的绘画风格相似，在中世纪晚期的绘画中，远处被渲染成前景的缩小版。这种相似当然是不言自明的。①

这样，空间不仅围绕着传奇中的英雄，而且是他活动的凭借，与他紧密结合在一起。中世纪诗歌中的英雄都有自己的活动空间，对于他们来说，这些是与生俱来的，本来就存在。英雄们在这个空间里发挥着自己的力量，反过来，这个空间也以一种特别的方式定义了这些英雄。空间环境与居于其中的英雄互相渗透，相辅相成。此外，时间本身也是以空间的形式来解释的（见后文）。②

这些观点是否互相矛盾呢？一方面，我们毫不怀疑中世纪的诗人们在描写风景方面没有什么区别，他们不愿给这些自然景物任何独立的价值；另一方面，诗中人物与他们所占据的空间又"混合"在一起。我们的看法是，这正是前面所说的中世纪人理解世界的独特方式的两个方面。人们不把自己与自然景观完全分离，而是仍作为它的一部分，也正是出于这个原因，他们不把自然现象作

---

① R. 格林特尔（R. Gruenter）：《宫廷叙事诗中的风景描述问题》（"Zum Problem der Landschaftsdarstellung im hofischen Versroman"），*Euphorion*，第 56 卷，第 3 期，1962 年。

② E. 科贝尔（E. Kobel）：《关于中古高地德语诗歌中生活空间的探析》（*Untersuchung zum gelebten Raum in der mittelhochdeutschen Dichtung*），苏黎世，1950 年。

为“从外面”加以观察的对象；在他们能够把自然现象作为观察对象之前，他们与自然环境之间的距离将不得不扩大。

中世纪的人们看不到世界的多方面特征和多姿多彩的内容。他们满足于从自己所处的狭隘角落来观察这个世界。对人们所能直接观察到的范围之外的物质世界，他们最多也只不过能取得一些偶然性的、支离破碎的，并且往往非常可疑的信息。商人和旅行
68 家们讲述的有关遥远的异国他乡的见闻，被写进传奇，加进了幻想式的夸张。这些见闻又和古代作家的记载混在一起。因为中世纪时不仅人与自然之间无法区分，而且人们关于这个世界的概念与这个实际的世界之间也没有区别，所以这个时期地理学的思想很容易受到这种情况的影响。关于大地是圆的描述，既含有真正属于地理学的一些零星资料，也含有《圣经》中关于天堂位于大地中央的想象。《动物寓言集》中关于野兽的描写，证明这些寓言的作者们有良好的观察力，但是甚至在这里，也有大量的材料证明，中世纪的人们并不注意对他们自己的实际体验与神话故事中奇异的描述加以区别。对于他们来说，更重要的是对自然现象的象征性的解释，以及能从中学到的道德方面的训诫。《动物寓言集》(“bestiaries”)——象征性动物学手册[①]——为这种解释提供了具有启发性的指南。

中世纪作家们这种仅根据自己所知的很小的一部分世界，去推断整个世界的情况，和用自己所知的小天地去代替大宇宙的嗜

---

① Ch.-V. 朗格卢瓦(Ch.-V. Langlois)：《中世纪对自然和宇宙的认识》(*La connaissance de la nature et du monde au Moyen Âge*)，巴黎，1911 年，第 xii 页。

好，还可以在当时历史学家的著作中发现。他们打算写作世界历史，但是事与愿违，写出的只是眼界狭隘的编年史。他们所提供的情况，只要不是来自《圣经》或其他资料，主要都是涉及作者自己的国家或地区。11世纪著名的法国史学家拉乌尔·格拉贝(Raoul Glaber)是一个很好的例子。格拉贝指责他的前辈保罗执事(Paulus Diaconus)和可敬者比德(the Vanerable Bede)所写的历史没有超过他们自己国家的范围，宣称他要描写“发生在大地之上各个角落的事情”。实际上，格拉贝关于历史的观点都是勃艮第(Burgundy)的克吕尼(Cluny)当地的观点，他在那里度过了一生中的大部分时光。这些狭隘的观点被大胆地运用来解释整个历史。同样，另一位历史学家——沙巴讷的阿代马尔(Adhémar of Chabannes)写了一部法国史，而实际上也只不过是阿基坦地区(Aquitaine)的编年史而已。

正如P. M. 比齐利(P. M. Bitsilli)巧妙指出的，中世纪的思想
家和艺术家都是“伟大的乡下人”*，他们不能超出他们本地的水 69
平，看到比他们教堂的钟声所能达到的更远的地方。这样呈现在他们面前的世界不外乎就是修道院、封建庄园、农村公社或大学校舍。总之，

> 中世纪人的世界是很小的，是易于观察和理解的，这个世界上的每一种事物都恰当地排列着，井然有序，每一个人都有自己要干的事情，都有自己的尊严。没有空旷地方和空白的处所；没有什么东西是多余的或不需要的；每一种声音都是那

* 原文为“great provincials”。——译者

> 样的和谐，每一种动物甚至魔鬼和邪恶的异教徒穆罕默德，也是在扮演着由上帝为他们预先排定的角色，正确无误地履行上帝赋予的职责。在这个世界上，没有不为人所知的地方，天国和大地一样为人们所熟悉，在那里绝不会迷路。旅行者不论是从哪条路降到大地上，或是升入天国，他们都能发现熟悉的地方、熟悉的人们。人们可以轻而易举地将这个世界的各个方面——它的帝国、它的财宝、它的奇观——一览无余地加以观察，并且把它们全部复制出来，把这些都展示在“世界地图”和百科全书中，展示在大教堂的墙壁上雕刻着的成千上万的密集的小雕像中，以及饰有黄金和其他绚丽色彩的壁画中……所以，对中世纪文化的总体进行初步的研究，可资利用的现成的材料是很多的：我们知道中世纪人在总体上是如何想象这个世界的。这些材料并不很复杂，中世纪人的宇宙不仅很紧密狭小，而且非常单一，尽管其表现上显得纷繁不一。①

比齐利对中世纪人的世界所作的这个精心描绘，显然也需要做一个重要的修正：这个空间很小的世界，虽然能够从整体上加以观察，却是安排得非常紧密的，除了尘世事物和现象以外，还包括另一个由宗教信仰和迷信创造出来的世界。从我们的观点来看，可将中世纪人的世界称为“二重世界”，虽然在他们看来这是一个
70 整体。从范围上说，中世纪人关于世界的知识并不比现在少很多，

① P. M. 比齐利（P. M. Bitsilli），《萨林贝内》（*Salimbene*），奥德萨，1916 年，第 300—301 页。

但在内容上是根本不相同的。伴随着那些关于物质世界的知识(虽然这是很有限的),还有另一种知识——关于这些物质所象征的意义的知识,关于这些物质在人的世界与神的世界之间关系的各个方面所具有的意义的知识。因此,要完全同意比齐利关于中世纪人的世界是一个单纯的世界的论断是很困难的。恰恰相反,由于中世纪人认为各种物质都具有象征意义,使得这个世界极端复杂起来,使每一种事物都能——实际上是不得不——被以不同的方式去解释和理解。透过表面现象去"看"其隐匿在物质外表后面的实质,是十分必要的。这个象征性的世界是无穷无尽的。

而且,关于中世纪思想家们的地方偏狭性的看法也只能有保留地接受。当时那种把修道院的记录与人类从诞生之日起至今的进步统一在一个历史框架内的企图,完全超出了"地方主义"的范围,那无异于把一些地方性的特殊事件说成是具有世界意义的。中世纪史学的这种以局部概括整体的做法,是与其救世说难分难解地联系在一起的。

随着从异教向基督教的转变,中世纪人的空间概念也发生了结构上的急剧转变。宇宙空间、社会空间和思想空间都被赋予了等级结构。地上的封建制度是上帝所造之物和天使们的等级秩序的同构体。在领主同封臣关系的词汇里,充满了宗教的术语,宣扬神学的小册子中的词汇,经常与封建制和君主制的词汇混在一起。[①] 所有的关系都是垂直的,都是从上至下的;所有的人都根据

① W. 霍穆特(W. Homuth):《封建制度和骑士制度对法语词汇的影响》("Vom Einfluss des Lehnswesens und Rittertums auf den französischen Sprachschatz"),见《罗曼语研究》(*Romanische Forschungen*),第 39 卷,第 2 期,埃尔兰根,1925 年。

他们的等级——这种等级是依据他们与上帝亲近的程度确定的——而被安排在各种不同的位置上。

关于天使等级制的思想可以追溯到亚略巴古的伪狄奥尼修斯，他的论著在公元 9 世纪被约翰·斯科特斯·爱留根纳(John Scotus Eriugena)译为拉丁文。这本书在中世纪中期流传极广。
71 (他认为)上帝制定了天堂的等级秩序，也制定了人世间的等级秩序，赋予天使和人各自的任务。天堂和人间都按照等级制度运转。天堂中九级天使[*]的等级秩序是地上的等级秩序的原型，地上的等级秩序，包括牧师的等级秩序和领主与封臣的世俗的等级秩序。而宇宙的一般结构与天堂和人世的社会秩序是相一致的。[①]

这个宇宙的象征是大教堂，它的结构被设计得与宇宙的秩序在每一个细节上都一模一样。它的内部有圆的穹顶，有祭坛和侧堂，意在使教堂中的人感受到一个完全的宇宙结构。大教堂不仅在总体设计方面，而且每一个细节都充满着象征性的意义。在大教堂内做礼拜的人可以体验上帝所创造的美妙与和谐。帝王宫殿的设计也与这种想象中的、充满神圣秩序的宇宙有关，天堂被想象为堡垒的样子。在广大群众目不识丁，不会用文词描绘事物的时代，这种象征主义的建筑为他们提供了理解宇宙结构的一种途径。这种对宇宙结构的想象，表达了一种宗教-政治的意义。大教堂和教堂通向大厅和殿堂的大门呈拱形，被视为“通向天堂之门”，这些

---

* 这九级天使依次是：seraphim，cherubim，thrones，dominions，powers，authorities，principalities，archangels，angels。——译者

① Sancti Dionysii Areopagitae, *De Caelesti Ierarchia*，Ⅰ，7-9，PL，t. 122，Paris，1865，col. 1050-1058.

庄严的大厦被视为“上帝的住所”或“上帝之城”。[①] 大教堂的空间结构还体现出时间的意义：世界的未来（“世界末日”）在西门，它已然在那里，所有人都能看到；而神圣的过去被保存在东门。

在中世纪，宇宙被想象为一系列同心圆的区域，但对这些区域的数目，各有不同看法。可敬者比德在一定程度上借鉴了古代的材料，认为这个世界为七个环形区域所包围：空气、以太、奥林匹斯、火、恒星层、天使们的天堂，以及圣父圣子圣灵三位一体的天堂。在12世纪，奥诺里于斯·奥古斯都顿尼西斯在三种天界之间做了区分：身体的或可见的、精神的或天使的，以及智力的。受上 72
帝福佑的上帝的选民们从其中理解三位一体。烦琐迂腐的学究们还求助于亚里士多德，提出有55个区域，此外，他们还加上了上帝这个第一推动者。但是，这个地上的世界由于以这种或那种方式与在它之上的那个世界发生着关系，所以它往往会失掉本身独立存在的价值。关于这一点，在中世纪画家的作品中有生动的例证。在这些绘画中，和地上的人们在一起的，往往还有天堂中的圣父、基督、圣母玛利亚和天使们。在中世纪绘画中，这两个层面是互相重叠、并行出现的，在天上的那些人物可以下到地上来。公元9世纪，法兰克的诗人将上帝描绘为加洛林王朝国王们的宫殿和城堡的统治者，这些城堡与上帝的城堡的唯一不同是，上帝的城堡是在天上。

---

① J. 绍尔（J. Sauer）：《中世纪观念中教堂及其陈设的象征意义》（*Symbolik des Kirchengebaüdes und seiner Ausstattung in der Auffassung des Mittelalters*），弗莱堡，1924年；G. 班德曼（G. Bandmann）：《作为意义载体的中世纪建筑》（*Mittelalterliche Architektur als Bedeutungsträger*），柏林，1951年；E. 鲍德温·史密斯（E. Baldwin Smith）：《罗马帝国和中世纪建筑中的象征主义》（*Architectural Symbolism of Imperial Rome and the Middle Ages*），纽约，1956年。

中世纪的二元论将世界分为这样两个完全对立的部分。世界的这两个部分是垂直的——天堂在人世之上,上帝在地狱的统治者魔鬼之上。“上升”一词与高贵、纯洁、美好等概念相联,而“下降”一词则带有卑贱、粗鄙、肮脏、邪恶的意味。物质与精神的对立,肉体与灵魂的区别,也都含有高下不同的意味。空间概念与宗教和道德的概念紧紧地联在一起。雅各[*]在幻梦中所看见的那个天使们上上下下来往于天堂和尘世之间的梯子,在中世纪的空间概念中是一个有决定性作用的梯子,这在但丁的诗中也有独特的表现。它不仅是另一种世界的结构,在那里物质的和邪恶的东西都集中在地狱的最底层,而精神的、美好的东西都装饰在天堂的最高处。但丁诗中描绘的整个运动也都是垂直的。地狱深处有峭壁和岩缝,人们被自己深重的罪孽拖下来,那些姿势、那些目光,甚至但丁所有的那些词汇——所有这些引起了人们对于“上”和“下”这两个不同范畴的注意,对高贵与卑下之完全对立的注意。实际上,这些是中世纪世界观的决定性的坐标。

73 对于这个宇宙的这种宗教和道德的解释,往往导致大地上的空间关系十分不准确。在“基督教地理志”中,实际的地理情况与《圣经》中提到的混杂在一起。确凿的知识与带有道德和象征意义的内容搅在一起;地上的道路与通向上帝的道路搅在一起,宗教的和伦理道德的价值被置于纯粹的认识价值之上;对中世纪人来说,地球表面的知识很难与拯救他们灵魂的知识相提并论。“基督教地理志”轻而易举地就把人们从尘世的居所带到了流经天堂的那

---

* 雅各(Jacob),亦称 Isael,《圣经》中的亚伯拉罕之孙,犹太人的祖先。——译者

四条河的岸边。《圣经・旧约》的《以西结书》(第五章,第五节)中写道:"主耶和华如此说,这就是耶路撒冷;我曾将她安置在列邦之中,列国都在她的周围。"据此,耶路撒冷在中世纪的地图上被挪到了大地的中央,被认为是"宇宙的中心"。从古代继承下来的一些地理学的知识,与《圣经》中一些象征性的地理描述以及关于异国他乡*的幻想性描写交织在一起,描绘那些国家的人如何不遵守基督教的习俗和规定,实行一夫多妻制,食人习俗盛行,以人作祭品,那里还生活着一种半人半兽的奇妙生物。

古典世界的地理学和它在中世纪的继承者(可敬者比德、不来梅的亚当[Adam of Bremen]、孔什的威廉[William of Conches]、圣奥梅尔的朗贝尔[Lambert of Saint-Omer])承认地圆说;另一些人则担心地圆说与《圣经》的描述相矛盾,他们更愿意接受地球是一个圆形平面的说法(卡西奥多罗斯[Cassiodorus]、塞维利亚的依西多禄[Isidore of Seville]);还有些人(圣巴西略[St. Basil]等)则极力协调这两种观点。依西多禄认为,圆形的大地四周都受到海洋的冲刷,大地圆形的平面本身被 T 形的地中海分为三部分——亚洲("闪**的土地")、欧洲("雅弗***的土地")和非洲("含****的土地")。《基督教风土志》(*Christian Topography*)是一部在中世纪流行极广的书,其作者科斯马斯・印第科普莱特斯(Cosmas Indicopleustes),为自己提出了驳斥那种认为大地是一

* 原文为"exotic countries"。——译者

** 闪(Shem),《圣经》中挪亚的长子。——译者

*** 雅弗(Japhet),《圣经》中挪亚之三子。——译者

**** 含(Ham),《圣经》中挪亚之次子。——译者

个球形而不是如《圣经》所说是一个平面的异端邪说的任务。这些
74 “基督教地理志”与古典的宇宙志相比是一个退步，但它满足了中世纪人要了解“神圣的宇宙”的情况和寻找拯救自己的灵魂的道路的急迫需要。[①] 朝圣在中世纪是常见的事情，是最有价值的旅行。朝圣所走的不是一条通向圣地的物质形态的道路，而是一条通向上帝的精神的道路，是一种“对基督的仿效”。根据陶勒(Tauler)的观点，“旅途中的人”(*homo viator*)从“人的”基督走向“神的”基督，在途中寻找真理的“肥美牧场”，这条“路”被理解为一种精神的追求之路。[②]

对于中世纪的人来说，“天和地”这一组对照物具有宗教和伦理的意义。天是高尚的、永恒的、理想的生活之所在。相形之下，地是“泪谷”，在那里，有罪的人困苦地度过他们的一生。坟墓那边的世界也被想象为一个像尘世那样的真实的存在，而且，因为它是永恒的，所以实际上更加真实。因此，一直在黑暗的森林中徘徊着的但丁，在地狱的大门口发现了自己。在人世间有神圣的地方、公正的地方，也有充满罪恶的地方。中世纪时，人们的旅行主要是去圣地朝圣，这被认为是在走出罪恶的地方。人们努力使自己在道

---

① 中世纪的比喻地理学，作为“神学的婢女”，把《圣经》中的故事和世俗社会的历史故事结合在一起。“世界地图”上绘有亚当和夏娃的伊甸园、《圣经》中的重要人物、特洛伊(Troy)、亚历山大大帝的征战、罗马帝国的行省、基督教的圣地、基督教国家，以及最后的审判。见 A.-D. v. 登・布林肯(A.-D. v. den Brincken)：《〈世界图绘〉：中世纪的世界制图学》(“‘ut discriberetur universus orbis’, Zur Universal-Kartographie des Mittelalters”)，见《中世纪科学和艺术的方法》(*Methoden in Wissenschaft und Kunst des Mittelalters*)，柏林，1970 年。

② W. 哈姆斯(W. Harms)：《处于十字路口的旅人》(*Homo viator in bivio*)，慕尼黑，1970 年。

德上达到完美的境地，这也涉及地理位置上的转换——离开这个“世界”而居住到荒野，或进入修道院。取得一个神圣或尊贵的身份，也被认为是一种空间的运动。圣徒可以被升入天堂，正如罪人可以被投入地狱一样。人所占据的地方必须与他在道德上所占据的地位相一致。在中世纪人的心目中，这个世界和这个世界之外的那个世界总是混合在一起的。① 不仅每一个人都一心想得到拯救，而且整个基督教会也被想象为一个被魔鬼追逐的女香客的形象。

对西欧中世纪时期文献的研究使我们感到，在移动这个概念发展的两个阶段上，空间位置的转换和人们内心状态的转变这两种情况是同时发生的。在中世纪早期，一般认为人四周被各种诱惑物和邪恶力量所包围，在这些东西的威胁下，人抛开了家庭和朋友逃离这个世界，在这个阶段，几乎没有寻求新的经历和从事冒险
活动的痕迹。在 12 世纪以后的文献中，这种描写则比比皆是。在 75
第二个阶段，过渡的观念、空间位置转换的观念，激发了传奇作者们的想象力，他们写了亚瑟王（King Arthur）和圆桌骑士* 的故事，写了关于爱情的寓言以及灵魂归向上帝的故事。当然，在十字军东征时期，空间位置的转换又有了新的含义。参加第一次十字军东征的普通人在进入欧洲的任何一座城镇时都要问：“这是耶路

---

① Я. M. 洛特曼（Я. M. Lotman）：《中世纪俄罗斯文献中的地理空间概念》（“O ponyatii geographicheskogo prostranstva v russkikh srednevekovykh tekstakh”），载《符号体系丛刊》（*Trudy po znakovym sistemam*），第 2 辑，塔尔图，1965 年，第 210—216 页。

* 亚瑟王为古不列颠传说中的国王，他为避免争席次的尊卑，与他的骑士们围圆桌而坐。——译者

撒冷吗?”对于他们来说,耶路撒冷不是地理上的某一点——他们也并不知道耶路撒冷实际的地理位置——而是基督受难的地方:基督是在任何一个地方都可以找到的。他们所需要的只是达到圣洁的必要阶段。[①]

中世纪宗教上的空间概念,还表现在对世界的这样一种划分中:人世被划分为基督教的世界和非基督教的世界,也即异教徒的世界。根据基督教关于从此以后没有希腊人,也没有犹太人的教义,基督教在关于人的概念方面比以前有重大的进步。以前,人的概念仅限于指部落(属于野蛮人)、天选的民族(犹太人),或那个独一无二的政治集体(罗马人)。然而,中世纪的人类学只将所有非基督徒和至少是部分地将持异端的基督徒或教派分裂者,从完全的人的行列中排除出去。只有当这个世界都信奉了基督教,都服从于基督教会的领导之时,这个世界才能被认为是教化昌明、秩序井然的世界,上帝的恩泽才会有增无已。在这个基督教世界之外,空间失掉了积极的性质,那里是野蛮人的丛林和荒芜的土地,上帝的和平和人类的制度也不能惠及和运用于那里。这种出于宗教标准的对世界的划分决定了十字军在异教土地上的行为,各种在基督教的土地上不能被允许的方法和手段,在对付异教徒时都成为合法的了。由于基督是为所有的人——甚至包括异教徒——而死,基督教会认为,使非基督教徒归向真理是十字军使命的重要部分,即使违反他们自己的意愿,即“强迫皈依”(*compelle intrare*)。

① P. 阿尔方德里(P. Alphandery):《基督教徒与十字军思想》(*La Chrétienté et l'idée de Croisade*),第1卷,巴黎,1954年,第7页。

因此，基督教和非基督教世界的界限是可移动的。中世纪的基督 76
教是一种“开放式的”传教性宗教，由于教会的努力和拥有雄心勃勃的教会人员，基督教世界的空间随着从邪恶力量手中夺回的空间在道德和宗教上的转变而同步得到了扩展。

空间的不同部分根据其神圣尊严的程度而互有区别。神圣地区——大小教堂、在主要道路交汇处的耶稣受难像——被置于神圣的保护之下，如有人在此或附近地区犯罪将会受到特别严厉的惩罚。一个地区不仅可以被认为具有程度不等的神圣性，而且也像一个人一样，可以被赋予高贵的地位，享有特别的权利。正如人被分为贵族、自由人和农奴一样，尘世上的领地也可以获得类似的法律地位。这甚至使这些领地的持有人也尊贵起来。居住在“自由”土地上的农奴，可以被减轻服役的条件，或改变其农奴的地位。这样，一个地方像一个人一样，也拥有它的权利。公社、国家和帝国是由人民和土地构成的。

由于基督教的影响，中世纪的人们观察他们当地的环境与世界其他地区的关系的方法发生了一些变化。以前，绝大多数人一直生活在相当闭塞的环境中，然而现在他们开始对他们眼界之外的那个大世界有了一些了解。这就是基督教世界，无所不在的基督教会统治着这个世界，把散布在这个世界内的各个地区在思想上和组织上结合在一起。在中世纪，统一的基督教世界这样一个普遍的概念，是中世纪经济上和政治上的封建孤立主义和分离主义的必要的联系环节。关于这个问题，把史诗和典雅爱情对空间的处理作一比较是有益的。《罗兰之歌》中的世界是单一的，其地点只是概略地指出，诗中的英雄对于这个世界是非常熟悉的。那些骑士们的活动范围仅是法兰西西部地区，他们是在为自己的君主忠诚服役，为基督教献身的观念的影响下成长起来的，他们要与之作战的敌人仅是撒拉逊人。而另一个十分不同的世界却出现于关于亚瑟王的“圆桌骑士”的传奇故事中。这里的世界从英格兰一
77 直到君士坦丁堡，在这广阔的世界里到处都潜伏着危险。这是一个变幻无常、神秘莫测的世界，在这里，失恋的英雄们为寻求爱情使出了浑身的本领。[①] 地理上的空间延伸了，情况复杂了，同时又加上了人的灵魂这个内在的空间。这无疑表明了此时人们关于空间的观念更丰富了。

我们澄清中世纪人的空间概念的努力，引导我们进一步进入了一系列问题，这些问题似乎与空间的范畴没有什么关系。这是因为并不存在抽象的“空间”这种事物，空间本身在各点上的地位也不是平等的，也不可能有相称的分割。中世纪人的空间概念是与当时他们对自然的认知联系在一起的。当时人们与自然有着特别密切的关系，这使得人们还不能对自然采取清醒的、超然的态度。而且，他们把自己的特征与品质都与自然联系起来，把自己想象为在每一个细节上都是与自然相同的。人们认为自己身体的内部与外部世界的某个特定的区域有联系，这个区域属于他们，或者说这个区域是他们的“家”。我们在前边曾看到，日耳曼部落把祖传的地产视为自己的“家乡”或“故乡”。日耳曼人信仰中的“地方

---

① R. W. 萨瑟恩(R. W. Southern)：《中世纪的形成》(*The Making of the Middle Ages*)，纽黑文，1953 年，第 241—245 页。

化的小宇宙”是与建立在这种模式上的世界图景联系在一起的。基督教教义把地上的路与天上的路混在一起，把这个世界与这个世界之外的那个世界、本地的世界和《圣经》中的世界融合在一起。这些观念也灌输到了蛮族人的观念中。

这一切表明，中世纪人的空间观念具有高度的象征性。在他们看来，生与死、善良与邪恶、正确与错误、神圣与世俗这些观念都同上与下的概念，与这个世界一些主要地区以及空间的某些部分统一在一起：它们都有地理上的坐标。但是，中世纪空间概念中的象征主义并不限于道德和宗教信仰方面，它还有其他一些方面的特征。这些象征物并不是简单地代表和指示某个实际的物体或某种观念的符号或标志。符号不仅代表现实，而且同时自己本身也就像是附着在现实物体上。当一桩土地交易达成时，光写一张必要的文件还不够，还需要举行一个仪式，仪式包括土地的前所有者 78
公开地将一块地上的草皮献给这块土地的新主人。这块草皮象征着整个地产，转递草皮则表示这块土地正式地“从一只手交到了另一只手”。当一个画家描绘一座教堂或修道院被交付到它的主保圣人手中时，画家和观者都不会认为这只是一个惯例：图像参与到了原型中。在某种程度上，象征物具有了被象征物的特质，而象征物的特质也被转移到了被象征物身上。在中世纪人的心目中，这种想象本身与被想象的那个事物是内在地结合在一起的，物质的特质被赋予了精神的特质，部分可以代表整体。

中世纪象征主义的独特性质与中世纪人理解空间的方式有着直接的关系。一块土地存在于一定的界限之内，但同时，它又可用一块草皮作为象征，在法庭上从一个人手中转移到另一个人手中。

一座教堂的位置与它的面积和容量一样为人所熟知，但同时，这个教堂也掌握在它所供奉的主保圣人的手中。这两个例子是有差别的，从中可以看出中世纪象征主义两个十分不同的来源。第一个例子（通过草皮从一个人手中交到另一个人手中来象征地产的转移），来源于蛮族的象征主义；第二个例子（教堂被交付到主保圣人手中的图像），来自于基督教的象征主义。让我们再更仔细地分析一下这些理解空间的象征主义形式。

日耳曼部落的艺术自始至终都是象征主义的和遵循传统的。日耳曼人在公元第一个千年中所刻画的动物形象与自然界中真实的动物形象相去甚远。刻在石头上、木头上、金属上和骨头上的动物形象完全是离奇怪诞的。这些动物属于神话的世界，与真实的动物毫无相似之处，尽管毋庸置疑，雕刻这些动物形象的人远不是缺乏观察力。这些动物形象的一个最大特点是全都没有任何共同
79 的参照标准。动物的腿都被分别对待而各自独立，这种比例上的随意性，造成了大与小、部分与整体、主要与次要的混乱。动物的头与躯干相比显得太大，有的大得与躯干不成比例。最显著的情况是，对动物各个部位的处理是自然主义的，而动物的整体却是奇异和古怪的。形象看起来既不自然又有些做作。

这种对整体与部分的关系采取幻想的、变幻无常的态度的情况，在古老的斯堪的纳维亚诗歌中也可以发现。冰岛或挪威的诗人并不对他的诗歌所涉及的所有事件和主要人物的性格的各个方面给予同等的注意，而是集中全力描写一个细节、一个特别的事件、英雄人物的某种性格或某个情节中的一个插曲，用这种特殊性来代表整体。在蛮族人的这些艺术作品和诗歌中，部分象征着整

体，一个情节成为整体的代替物。以部分代表整体更能在观者心中激起对整体情况或形象的想象。这某一部分看起来好像与整体在空间上可以是完全相合的。整体和部分在空间上不能相合的原则在蛮族人的心目中是不明确的。

当时蛮族人是以一种特别的方式来划分世界的，与我们今天划分世界的方式是很不相同的。使我们感到十分矛盾的，对于他们来说并不感到矛盾，反之亦然。自然、有生命的物质和无生命的物质、人和动物或鸟类、海和陆地等，对于我们来说，这些属于不同的种类。而对于蛮族人来说，这些东西彼此没有很大的区别。看来，他们是根据与我们十分不同的标准来对事物进行分类的，因此在斯堪的纳维亚诗人的诗歌中就有一些特别的象征——海被等同于陆地（“鱼的大地”“海豹的大地”“鲑的大地”），陆地又被等同于海（“鹿的大海”“云杉的湖”“灌木的狭湾”），房子被说成是“船”，鱼则是“大海中的蛇”。如同蛮族人的那些装饰画一样，在斯堪的纳维亚人的诗歌中，比例也是混乱的。因为在他们看来，大与小等同，特殊与一般无异，不能活动的东西与能活动的东西相同。他们心目中不同事物之间这种神话般的联系，给予我们这样一种印象， 80
这些诗人是以一种基本上无区别的形式来理解这个世界的。但是，这样说也许更公平——我们在这里看到的是一种与我们不同的事物分类学，它使我们感到奇怪，仅是因为它与我们对于外部世界的分类方法是那样的不同。

在斯堪的纳维亚诗人的眼里，没有抽象的、一般的概念，只有具体而实在的限定和“此地此时”的具体形象。斯堪的纳维亚诗人进行艺术概括的唯一方法，是把一个特殊的情况与神话般的想象联系起来。这种方法把小宇宙放进了大宇宙之中，其结果是，在诗歌的听众们（当时，这些诗歌的创作和表演都是以口头形式进行的，几个世纪之后它们才被写下来）的想象中，伴随着活动着的真实的人与发生着实际事件的世界，出现了神与巨怪的世界和神与巨怪战斗的场面。在这里，社会现实生活要求有外界的共鸣，这种共鸣于是采取了一种大于实际情况——实际上是一种神话——的形式，英雄们和他们的敌人的战斗与神和其他超自然的力量在宇宙间发生的冲突混在一起。人们是这场战斗的参加者，这场战斗在北欧诗作中被描绘为一场世界性的灾难。

中世纪早期斯堪的纳维亚人绘画和诗歌艺术中的这些特征反映了蛮族象征主义的一些特点，这些特点甚至可以追溯到远古时代，我们可以在古代斯堪的纳维亚语中发现同样的特点。这种语言出现于很古老的认识层次中，我这里要特别指的是所谓的部分所有格结构，在这里，部分用整体来阐释，或者整体用部分来说明。这包括人的名字和某些人称代词，这两类词在部分和整体上是同格的，就是说部分和整体没有一个清楚的区别。在《老埃达》和北欧的传说中，这样的例子是很多的。如 *vit Gunnar*；*peir póri*，它们不能根据字面的意思被译为“我们——居纳尔（Gunnar）”，“他们——托尔（Thorir）”，这在英语中就没有什么意义了。我们应把它们译为“我和居纳尔”，“托尔和他的人民”。在这样的一种句法中，这个名字起定语的作用，它被用来限定这个被代词不适当地限
81 定着的集合名词。与这种情况相类似的，是在家庭中使用复合语，包括用复合语称呼家庭的成员：*feđgin*（父亲和母亲）、*feđgar*（父亲和儿子；父亲和儿子们）、*maeđgin*（母亲和儿子）、*maeđgur*（母

亲和女儿[们])、*sys(t)kin*(兄弟们和姐妹们)。这里,家庭关系的表达是片面的:以父亲代表父母,以父亲代表父亲和儿子,以母亲代表母亲和儿子们及女儿们,以姐妹代表兄弟们和姐妹们。

按卡兹涅尔森(S. D. Katznelson)的观点,在这类句法中,*Peir Egill* 所表示的不是人们偶然性的集合体,而是人数稳定的一个集合体。这种集合体用来指那些被视为单个人的集合体——一对夫妻、父母亲和他们的孩子们、亲族、包括侍从在内的家庭、领袖人物和他的亲兵、行进中或航海时的伙伴们,总而言之,是指社会集体。这样的一个集体总是以一个领袖人物——国王、父亲、领航人等为中心结合起来的,这就使以这个领袖人物的名字来代表这个集体成为可能。一般认为,以这种方式决定的这个集体是为听众和读者们所熟知的。[①] 一般说来,如果脱离了传奇故事和诗歌的上下文,那样的词是不能被翻译出来的。例如,在传奇故事中,*vit Guđmundr* 的意思是"Guđmundr 和 Skapti",*vit Broddi* 的意思是"Broddi 和 porsteinn"。[②] 在当时人们的心目中,那样的集体内部之间的关系是非常紧密的,以至于只要一提这个集体的领导者的名字,人们就知道指的是整个这个集体。看起来,属于那样一个集体的单个人也总是把自己视为这个集体的一部分,而绝不想独立于这个集体之外。

根据卡兹涅尔森的看法,这种古老的部分所有格结构的特殊意义在于,表示部分的词在整个结构中不是这个特定行为的直接

---

① C. Д. 卡兹涅尔森:《历史语法研究》(*Istoriko-grammaticheskie issledovaniya*),莫斯科和列宁格勒,1949 年,第 80—81、91—94 页。

② *Bandamanna saga und Qlkofra Páttr*, hrsg. von Baetke, *Altnordische Textbibliothek*, N. F., 4Bd, Halle(Saale), 1960, S. 52, 54.

主语或宾语，而表示整体的词可以指代这个行为，词可以和谓语连用。换言之，在为数量所决定的那个单位的界限之外，部分既不被
82 认为是一个独立的单位，也不被认为是可以与某他单位发生联系的事物。整体中各个部分的属性被转为整体的属性。反之，那些以复数形式存在于整体中的属性也可以转到构成整体的各个部分中。

代词与一个适当的名字相联的这种省略用法，是古冰岛语中特有的，在其他日耳曼人的语言中实际上是闻所未闻的。我们在其他一些民族语言发展的类似阶段上也发现了前边提到的日耳曼人艺术作品和诗歌中的那些特点——整体与部分的结合，以部分代表整体。但是这种象征主义并没有随着古老的斯堪的纳维亚文化的消失而消失，在中世纪社会生活中找到它的痕迹并不是困难的事。这套体系，涉及各种仪式、客套语、典礼、法庭的程序、正式场合的礼仪等等，内容广泛，错综复杂，规定着中世纪整个社会生活和文学艺术作品的主要内容，其中蕴涵着许多可以追溯到过去蛮族人那里的象征主义的东西。

中世纪对空间的象征主义的理解和解释的第二个来源，是基督教的新柏拉图主义哲学。这个学派认为，真实的存在不是大地上的万事万物，而是在他们神圣的天堂上的原型之中，大地上的事物只是这个原型的复制品和象征物。

基督教的象征主义，通过赋予空间一个外加的、肉眼看不见但可以通过一套解释系统而接近的空间，把这个世界分为两个。这种多重的语义解释来源于圣保罗的一句话："那字句是叫人死，但精义是叫人活。"（《哥林多后书》第三章，第六节）据此，《圣经》的每

一段文字都既可作字面上的解释，又可作精神上的或神秘的解释。
这种神秘的解释依次从三个方面进行，如此，一段文字就有四种解
释了。第一，从历史的实际来解释这段文字（“历史的”解释）。第
二，一些事件被解释为是对其他事件的比喻。《旧约圣经》中叙述
的事件在本身的直接意义之上，还有另外的意义——一个假托的、
寓有其他意思的意义，认为这个事件是在喻指《新约圣经》中的事
件（“借喻”的解释）。例如，《旧约圣经》中关于约瑟（Joseph）被他
的哥哥卖给埃及人，被监禁及后来又有升迁的故事，被解释为是在 83
喻指基督被他的门徒背叛、出卖，被钉死在十字架上，而后又复活
的经历。第三，从道德上来解释，一个事件被认为是有关道德行为
的一个训诫（“比喻”的解释）。例如，善良的撒玛利亚（good
Samaritan）救助遭到强盗攻击的人，顽强反抗的押沙龙
（Absalom）终于获救的故事，就是在训诫基督徒应该怎样做和不
该怎样做。第四，在任何一个故事中都暗含着宗教的神圣真理
（“神秘的”，即崇高的或神圣的解释）。如摩西律规定第七天休息，
被解释为符合基督教的信仰，因为这时天堂正处于永久的宁静状
态。下面的两行对句对这四种解释做了总结：

> Littera gesta docet, quid credes allegoria,
> Moralis quod agas, quo tendas, anagogia.
>
> （“字面的意义告诉你发生了什么事；比喻的意义告诉你要相信什么；道德的意义教导你如何去做；神秘的意义揭示你的希望。”）

拉巴努斯·毛鲁斯（Hrabanus Maurus）把人的灵魂比喻为一

个建筑物，他写道，“历史的”解释——字面上的解释——提供了基础，其他三种解释是这座建筑物的墙、屋顶和内部设施。在《〈圣经全书〉中的寓意》这部著作中，这位加洛林王朝时代的神学家将《旧约圣经》和《新约圣经》中有关的词列了一个长表，并说明每个词的几种解释：寓言式的解释、比喻（“改变所谈论的方向”）的解释和借喻的解释。[1] 每一个概念都有四种解释。耶路撒冷的字面意思是大地上的一座城市；在寓言式的解释中，它是一个教堂；在比喻的意义上，它是正直的灵魂；在借喻的意义上，它是天堂之所在。按照相应的解释，整个《旧约圣经》可以被看作基督诞生和作为救世主执行他的使命的宣告和预示。

84 神学家仅将这种解释方法用于《圣经》，而拒绝用这种方法解释世俗作品。然而，仍有人将这“四种解释”的方法用于文学作品。在给坎·格兰德的信中，但丁说，《神曲》应被理解为“polisemos”：“nam primus sensus est qui habetur per litteram, alius est qui habetur per significata per litteram”（“一种含义是字面的意思，另一种含义是这封信所包含的实际的意义”）。为了说明这种解释方法，但丁从《诗篇》（第 114 篇 1—2 节）中摘出一段：“以色列出了埃及，雅各家离开说异言之民。那时犹大为主的圣所，以色列为他所治理的国度。”但丁对这段文字做了如下解释：

> 如果我们仅看字面的意思，这里说的是以色列人的后裔在摩西时代离开埃及；从寓意上解释，则是我们通过基督得到拯救；

---

① Beati Rabani Mauri..., *Allegoriae in Universam Sacram Scripturam*, PL, t. 112, Paris, 1852, col. 849-850.

> 道德解释的含义是，灵魂从悲哀和负罪感中转到了优雅平和的状态；神秘解释的含义是，神圣的灵魂从当前的腐败状态的奴役中解救出来，获得了永久光荣的自由。虽然这些神秘的解释方法可冠以不同的名称，但它们都可以称为寓意式的解释，因为它们都是从不同于字面意思和历史含义的角度来进行解释的。[①]

如果说《圣经》内容的象征意义的解释对于俗人来说是非常难于理解的，而且始终只是“神学家的食粮”，然而教堂的象征意义，包括它的结构和内部的布置，教堂中的每一个细微之处，以及在教堂中举行的宗教仪式，都是为基督教徒们设计的，意在向教徒们阐明基督教信仰的奥秘。[②]

中世纪的现实主义——特别是当我们不是以神学家和哲学家的解释去看待它，而是以面向“普通人”的世俗化的形式去看待它的时候——是一种被贬损了的柏拉图主义。它与柏拉图主义只是
在表面上相像。中世纪的人惯于把精神事物的秩序与物质事物的 85
秩序混合起来，而且倾向于把观念的东西解释为物质的。他们不是把抽象的概念理解为可见的具体体现物之外的某种东西。精神本质与它们在世俗世界的象征符号和反映被客体化，并且被理解为实际的事物，因此，那些实际的事物也可以以同样精确的自然形态作为象征性的表现。

当重心从世俗事物移向那个本质的世界的时候，世俗事物的

① 但丁：《致斯科拉的坎·格兰德》，7；另见《飨宴》，第2卷，第1章。

② 有关中世纪基督教建筑中的象征主义的详细解释，见奥伯（Auber）：《基督教之前和之后宗教象征主义的历史与理论》（*Histoire et théorie du symbolisme religieux avant et depuis le Christianisme*），第3—4卷，巴黎和普瓦提埃，1871年。

范围和位置以及它们之间的距离，这些与数量有关的因素，失掉了所有的准确性。中世纪的人认为可以在眨眼之间跨越巨大的距离，圣徒能够在 3 天内走完 30 天的行程。圣布里吉德（Saint Bridget）从爱尔兰走到意大利仅用眨一次眼的时间，圣艾丹（Saint Aidan）从英格兰走到罗马，再回来，只用了 24 个小时。[①] 萨凯蒂（Sacchetti）相信："伟大的魔法师"阿伯拉尔（Abelard）能够用一个小时从罗马走到巴比伦。灵魂"走得那样快，它从离开在瓦伦西亚[*]的一个人的身体到走进富瓦[**]的一个村庄的（另一个）人的身体，在两地之间下着大雨的情况下，那个灵魂上几乎还没沾上雨点"[②]。灵魂就像天使，同一时刻既在此又在彼。当你在大地上徘徊时，堕入地狱的可能性绝不能排除。坟墓那边的世界对于你既是遥远的，同时又是很近的，实际上，空间上的"近"和"远"的概念在这里完全不适用。中世纪的世界是用某些"力量的线"连接着的。当一个人在他的活动范围内发现自己的时候，他就好像是不受地球的那些定律（包括空间的和时间的）束缚似的。中世纪人经过他的感官和意识所了解的和他所想象的许多事物，都不可能确定其空间位置。

人们观察世界的方法也反映了他们观察自己的方法，因此，人们对空间的理解与他们对自身的评价有密切的关系：他在空间占

① 弗兰科·萨凯蒂（Franco Sacchetti）：《文集》（*Opere*），第 1 卷，佛罗伦萨，1857 年，第 87 页。

* 瓦伦西亚（Valencia），西班牙东部城市。——译者

** 富瓦（Foix），法国西南部城市。——译者

② I. 德林格（I. Dölinger）：《中世纪教派史研究》（*Beiträge zur Sektengeschichte des Mittelalters*），第 2 卷，慕尼黑，1890 年，第 151 页。

据着什么位置;在这个空间里,可以把什么作为参照点。大家知道,在文艺复兴中,人的个性打破了传统的集体和因袭惯例的束 86
缚,宣布自己是自由的力量。这时,空间的概念变化了,人们认识到自己是中心点,世界上其他一切事物都围绕着自己运动。文艺复兴时期艺术家们重新发现的透视画法的原则是,假定观察者从一个不动的点观看一幅图景的各个部分,这样,看每个部分都是从一个特定的角度。正是这个观察者将这幅图景中的所有细节结合在一起,从而把图画中描绘的现实结合起来。图景中的所有成分被想象为在同一个既定的时刻被观察者所见到,这个观察者对它们来说是一个中心点,他起着通过这幅画的前景观察这个无边无际的空间范围的基准点的作用(见阿尔贝蒂的《敞开的窗户》[*fenestra aperta*])。

这种以人为中心的主体位置,这种依靠可见的、视觉印象的唯理主义,与中世纪人的观念是格格不入的。中世纪人的"世界模型"是以神为宇宙的中心。上帝不仅是这个由他安排的和围绕着他并依赖于他的世界的中心,而且在所有事物、所有地方和他所有的创造物中,他都是无所不在的。这个圆体被视为圆满和完整的象征,圆和球的概念被用作为上帝和世界的形象。在但丁、圣托马斯·阿奎那和那些诗人、神学家看来,宇宙是球状的。关于上帝的定义,包括12世纪一个匿名的手抄本中的定义,是这样的:"上帝是一个清晰明了的球体,它的中心无所不在,而它的周边却无处可寻。"[1]

---

① G.普莱(G. Poulet):《圆的蜕变》(*Les métamorphoses du cercle*),巴黎,1961年,第iii页。

与这种以神为中心的“世界模型”相吻合的空间表现方式，在整个中世纪时期的图形艺术中是十分突出的。这个时期的绘画缺乏线性透视感，一幅画中处于远近距离各不相同的各个部分，没有运用透视法把它们互相联系起来；一幅画作为一个整体缺乏深度，它的内容看起来完全是分布在同一个平面上。这种单
87 调的图像展现出一个模糊的表面，遮掩着图像的内部空间。中世纪画家并不为他们的作品中明显地缺乏比例而感到困窘。树木和山脉可以与人物同样大小；一座房屋被画得不成比例，以至于它的所有结构上的细部都能容纳在一幅画的框架中。重要的人物总是被极尽详细地表现在画面中，他们常常是位于突出的位置，其后是一片总的装饰性背景。很明显，空间中那些无关紧要的地方被置于附带的位置上。中世纪的审美观念要求画家不是去画看得见的这个世界的图景，而是遵照新柏拉图主义的教导去表现“精神的幻象”，[①]而许多可以表达那种“幻象”的东西是肉眼观察不到的。因此，中世纪的绘画将观察者置于一个特殊的位置，这个位置可以被形容为“两个世界的交汇场所”：这个可感知的物质的世界，与那个超出感官之外的世界在这里连接起来。中世纪的绘画、偶像和雕塑的观察者没有意识到要防止从一个世界随意地向另一个世界转移。[②]

---

① A. 格拉巴尔（A. Grabar）：《普罗提诺与中世纪美学的起源》（“Plotin et les origines de l’esthétique médiévale”），《考古学手册》（*Cahiers archéologiques*），I，1945年，第22页。

② E. 特鲁别茨科伊（E. Trubetskoj）：《俄罗斯古代圣像画中的两个世界》（*Dva mira v drevnerusskoj ikonopisi*），莫斯科，1916年，第17、23页。

我们几乎毫不怀疑，中世纪的人像我们一样，能够区分开远处的物体和近处的物体，并知道它们实际的大小。但是这些纯粹经验主义的观察没有运用到绘画中去，没有被赋予美学的价值。上帝是中心，中世纪的画家认为世界是围绕着这个中心运转的。因此，具有真正意义的不是那些用人的肉眼所观察到的东西，而是那些用精神的眼睛所理解的东西。中世纪的绘画，把可见的世界看作是没有独立性的，是附属于一种更高的力量的，并且认为人的世俗的观察事物的方法是不可靠的。中世纪绘画的观察者不是一个可以从那里审视现实的某一部分的中心点，一幅图景设定的观察点不止一个，而是若干个或许多个。这就是图景“扩散”、缺乏比例和“远近倒置”的原因。这样的画面可以画上属于两个或者更多的故事阶段的形象。总的来说，这种绘画不是按照单一的规则画出来的，而是在一种综合的基础上画成的。88
空间既不清晰分明，也不能以个人的理解来度量。其总的结果是：这样的画面不是把观者引进画中，而是要把观者从画中“赶出去”。①

然而，中世纪绘画的这些特点并不能说明这个时期的画家“取消”或“抹煞”了空间。恰恰相反，古典绘画与中世纪绘画的比较表明，中世纪绘画中产生了一种新的空间概念。古典古代的绘画作

① 见П. А. 弗罗棱斯基（П. А. Florenskij）：《逆向透视法》（“Obratnaya perspektiva”），载《符号体系丛刊》，第3辑，塔尔图，1967年，第397页；另见Л. Ф. 热金（Л. Ф. Zhegin）：《彩画作品的语言》（*Yazyk zhivopisnogo proizvedeniya*），莫斯科，1970年。

品是知道运用透视方法的，[①]但是没有注意到统一体的联系，没有把那种联系作为内在的纽带，把绘画或浮雕中的各种元素组合在一起。潘诺夫斯基(E. Panofsky)认为，古典古代艺术的特色不在于像现代艺术那样，在空间的安排上有条不紊，而是在于把空间中的各种事物集聚在一起，这种对空间的感觉并不要求画面中各种景象井然有序地联系在一起。[②] 在从古代向中世纪的过渡中，我们看到了旧的艺术形式和艺术规则的衰落。艺术家们只根据平面来思考。各种物体之间的联系在绘画中依靠色彩有规律地变化来表现，在浮雕中则用明亮部分和阴影部分的交错来表现，各种物体之间的关系变得模糊不清了。新柏拉图主义哲学与这种表现原则有相似之处。普罗克洛斯[*]说："空间不过是光线最明亮之处。"在罗马式的艺术中，物体和空间都被简化为平面，结果是真实的世界和艺术化的空间被理解为是一个连接着的整体。画家们不去画空间的景象，而是用光线去表现同性化的艺术空间。[③]

---

① 有关古代、中世纪和文艺复兴时期对透视方法的各种理解，见 M. 希尔德 · 布尼姆(M. Schild Bunim)：《中世纪绘画中的空间和透视画法的先行者》(*Space in Medieval Painting and the Forerunners of Perspective*)，纽约，1940 年。关于中世纪绘画中的"灵魂透视法"，见 W. 梅塞雷尔(W. Messerer)：《中世纪艺术表现的若干原则》("Einige Darstellungsprinzipien der Kunst im Mittelalter")，《德国文学研究和思想史季刊》(*Deutsche Vierteljahrschrift für Literaturwissenschaft und Geistesgeschichte*)，第 36 卷，第 2 期，1962 年。

② E. 潘诺夫斯基：《作为一种象征形式的透视》("Die Perspective als symbolische Form")，《艺术史基本问题论文集》(*Aufsätze zu Grundfragen der Kunstwissenschaft*)，柏林，1961 年，第 110 页。

* 普罗克洛斯(Proclus，410?—485)，古希腊哲学家。——译者

③ E. 德布鲁因(E. de Bruyne)：《中世纪美学研究》(*Etudes d'esthétique médiévale*)，第 3 卷，布鲁日，1946 年，第 1 章。

随着哥特式风格的出现，表现空间的艺术手法进入了一个新的阶段。哥特式教堂的空间作为“一种理想的载体”，被非物质化而具有精神上的意义。它是无限的，同时又有具体的结构和分明的韵律。古代的雕像独立地站在神庙中或广场上，无论在哪里都很适宜。中世纪的雕塑把各个独立的雕像组织在一个和谐的整体中，这些雕像是不可分割的整体——哥特式教堂这个宇宙中的组成部分。在各个人物形象与他们的空间环境之间，存在着一种内在的统一。哥特式教堂中的雕像被放置在穹顶之下的壁龛中。雕塑者认为这种拱形的屋顶，是使雕像与教堂中其他众多的设置互 89
相联系起来的一种手段，是规定和划分自由空间的一种方法。但是在这个划定的空间内，这些哥特式的雕塑却代表了其他一些东西——它们是无边无际的世界中的成分。潘诺夫斯基[①]在哥特式建筑和经院哲学之间划了一条平行线（这种哲学对亚里士多德的空间理论重新做了解释：有限的、经验的宇宙是包含在具有神圣本质的无限之中的[②]）。哥特式大教堂像无所不包的百科全书式的、“高深的”经院哲学（包罗万象的大全，关于世界的无所不包的理论）一样，使基督教的全部理论体系具体化，表现了宇宙的“看得见的逻辑”。整个教堂在其中的每一个部分中被再现出来，因此，教

---

① E.潘诺夫斯基：前引书，第111—115页；同作者：《哥特式建筑与经院哲学》(*Gothic Architecture and Scholasticism*)，纽约，1957年，第44页及以下诸页、第58页。

② A.科伊雷(A. Koyré)：《14世纪的虚空与无限空间》(“Le vide et l’espace infini au XIVe siècle”)，《中世纪教义与文献历史档案》(*Archives d’histoire doctrinale et littéraire du Moyen Âge*)，第24年度刊，1949年，第50页；E.卡西勒(E. Cassirer)：《文艺复兴哲学中的个体与宇宙》(*The Individual and the Cosmos in Renaissance Philosophy*)，纽约，1963年。

堂中的每一个细节又是教堂的缩影。这正如经院哲学是建立在“体系中的部分可以代表体系”的原则之上的。

哥特式教堂的空间给人以运动的印象，它不是静止的，而是显现出在不断地创造：出现和变化。所有经验都是在富有多重含义的形式的流动性和丰富性中得到的，对于中世纪那些建造教堂和雕刻这些雕像的工匠来说，这是无穷无尽的想象的源泉。他们将空间和实体理解为在本质上是统一的整体，因为这些复杂的表现从概念上讲还无从得到清晰的逻辑的表达和井然有序的体现。空间被理解为一种真实的存在，它有自己的结构和秩序，哥特式教堂内在的统一就是由此得来的。在中世纪，空间被以一种特殊的方式来理解，我们今天所理解的空间概念在那时是不存在的，这可以从下述事实中得到证明：*spatium* 一词的意思是“范围”“间隔”，而 *locus* 一词的意思则是被某个特定的物体所占据的空间，而不是一般意义的关于空间的抽象概念。只是在伽桑狄（Gassendi）和牛顿创立的新的物理学之中，才出现了抽象的空间概念。[①]

中世纪工匠们的艺术思想和哲学家们经院哲学的理论，至少是在部分上反映了中世纪人们普遍的世界观。这种世界观是建立
90 在由建筑师、画家、诗人、哲学家或多或少是清楚地、充分地或系统地提出来的“世界模型”的基础之上的，他们各自提出来的理论成为大家共同的财产。

所以，我们看到，中世纪人所理解的空间既不是抽象的，也不

① E. 惠特克（E. Whittaker）：《空间与精神》（*Space and Spirit*），伦敦，1946 年，第 73 页及以下诸页。

是统一的，而是特殊的，性质各异的。他们不是将空间理解为先于事物的一种形式；他们认为空间就像上帝创造的其他东西一样真实。按照中世纪人的理解，空间是有着神圣的中心，其周围环绕着世俗事物的一个封闭的系统。新柏拉图主义基督教的宇宙是等级分明的。这种对空间的体验带有宗教和道德寓意。空间是一种象征。在长时期中，人们是用神人同形的观念去理解空间的，这反映了前工业化社会人与自然之间一种特别紧密的关系。

随着城市市民的新的、更富有理性的思维方式的发展，这种传统的理解自然的方式开始发生变化。随着人们的实践活动变得越来越复杂和人们对自然的影响更加直接，目的更为明确，并由于新的工具的发展和机器的发明（这些成为人和自然之间的中介物），人们发现他们面对着属于新的类型的问题。在人们以自己的聪明才智进行的研究和探索面前，自然界变得不那么神圣了，变得世俗化了。一些哲学家倡导把宗教与对自然世界的理解结合起来，责备一些人“像农民一样”只知道去信仰，而不去运用自己的推理能力。①

工业的兴起产生了以更准确、更标准的方法计量体积和面积的需要；商业活动给予人们来往于各贸易中心之间的速度以新的重要性；城市文明使人们对周围自然的节奏越来越不敏感，人们使自己越来越远离它而将它视为被自己所利用的对象。人们的眼界扩大了。

---

① Honoril Augustodunensis, *De Philosophia Mundi*, I, 23, PL, t. 172, Paris, 1854, col. 56.

在这一历史时代，对空间的控制和重构扩展到了社会-政治关系领域。社会对人们的束缚，在以前的历史阶段主要表现为人对
91 人的束缚，现在则变为"土地的"——从人对人的束缚转变为土地对人的束缚。这特别表现在，中世纪早期的封建国家，在统治者和臣民之间存在的是一种相对松散和流动的关系体系，一种没有划定界限的体系，现在则要求有固定的界限。与之平行的一个进程是，在政治空间内用国王的权威将各种权利合并在一起，在国家的整个领土范围内行使统一的立法权和司法权，实行共同的币制和统一的税制。[1]

随着向文艺复兴的过渡，西欧思想界开始形成了一种新的"世界模型"，一种在新的基础上构成的统一的空间在其中起着重要作用。[2] 当然，被重新认识的不仅仅是空间，而是这种模型中的所有基本的成分，特别是与空间-时间有着密切关系的那些成分。

---

① 《中世纪国家建构中的空间规划》(*Raumordnung im Aufbau des mittelalterlichen Staates*)，不来梅，1961 年；B. 格内(B. Guenée)：《中世纪晚期法国的空间与国家》("Espace et État dans la France du Bas Moyen Âge")，《年鉴：经济、社会、文明》(*Annales. Économies, Sociétés, Civilisations*)，第 23 卷，第 4 期，1968 年。

② A. 迪普龙(A. Dupront)：《空间与人文主义》("Espace et humanisme")，《人文主义与文艺复兴丛书》(*Bibliothèque d'humanisme et Renaissance*)，第 8 卷，巴黎，1946 年；J. 德吕茂(J. Delumeau)：《文艺复兴时期西方思维中组织精神与方法观念的发展》("Le développement de l'esprit d'organisation et de la pensée méthodique dans la mentalité occidentale à l'époque de la Renaissance")，《第十三届国际历史科学大会论文集》，莫斯科，1970 年。

第四章

时间是什么？

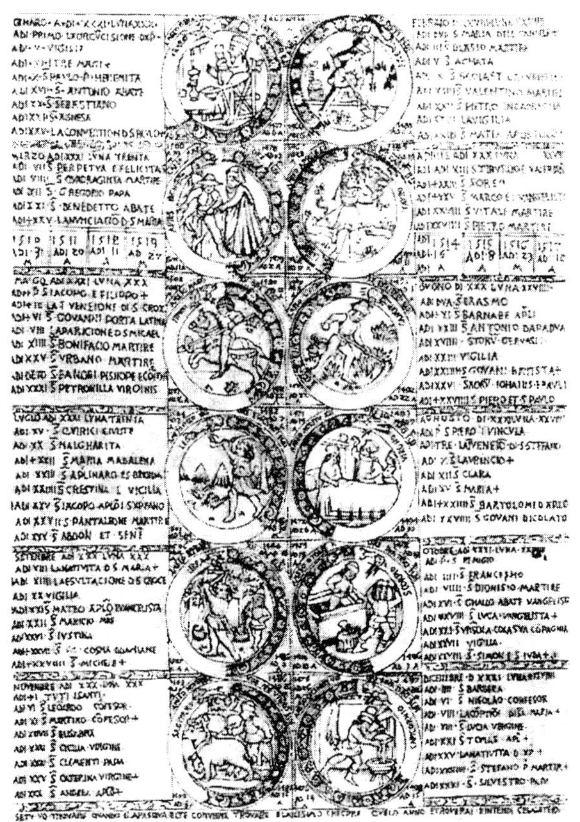

在一种文化中没有什么比计算时间的方法更能清楚地表达这种文化所展现出来的世界图景的基本性质了，因为计算时间的方法对人们的行为方式、思维方式、生活节奏以及人与事物的关系，有着决定性的影响。把支配着古代东方和古典古代文明的循环时间概念，与中世纪文化中关于世界从形成到毁灭的发展、时间与永恒合一的天启概念做一比较，我们就能发现古代文化和中世纪文化对待生命的态度是根本不同的。

这种比较表明了对历史文化中的时间问题进行彻底研究的重要性，但这对于我们了解中世纪人关于时间范畴的观念是没有什么帮助的。因为他们对于时间的态度的形成不仅受犹太-基督教的影响，而且还受到先前其他几种宗教文化的影响。要弄清这个问题，我们必须追溯到蛮族时代，看看蛮族人是如何理解时间和对待时间的。

在一个农村公社，时间首先是被自然界的周期所决定的。农民的历法反映的是年的转换和农业季节的交替。在日耳曼部落那里，月的名称指示着农业生产活动和其他应该干的事情："休耕月"(6月)、"收割月"(7月)、"播种月"(9月)、"酒月"(10月)、"打谷月"(1月)、"枝月"(2月)、"牧月"(4月)。在查理曼时代，想把这些名称引用于行政的历法，但是没有成功，因为这些名称在不同的日耳曼人地区并不总是指一年当中的同一个时间，如"耕月"在一
95 些地区是8月，而在另一些地区是3月或4月。[①] 在斯堪的纳维亚

① K. 魏因霍尔德(K. Weinhold)：《论德语的年代划分》(*Über die deutsche Jahrtheilung*)，基尔，1862年；K. 魏因霍尔德：《德语中的月份名称》(*Die deutche Monatnamen*)，哈勒，1869年；J. 格林(J. Grimm)：《德语语言史》(*Geschichte der deutschen Sprache*)，第1卷，莱比锡，1868年；M. P. 尼尔松(M. P. Nilsson)：《原始的时间计量》(*Primitive Time-reckoning*)，隆德，1920年。

人那里，5月被称为“收集鸟蛋的时间”和“赶拢羊和小牛的时间”，6月被叫作“阳光月”和“去夏天牧场的时间”，8月是“宰牛月”（这种叫法在瑞典语中仍保留着），12月是“羊月”或“配牛月”，[①]夏天则被称作“耕作和收获之间”的时间。[②]

在日耳曼人那里，*tíđ* 和 *tími* 这两个词并没有很明确含义，而仅指一年、一段不确定的时期和或多或少有些意义的时期，有时——虽然很少——这两个词也被用来指一段较短的时间，如一天。*ár* 这个词有两个基本的意思：“年”和“收获”或“丰富”。年——实际上，是一个一般的时间概念——并不被单纯地理解为一段时间，而更是指一个总有着特指和确定的实际内容的什么东西。这些概念反映的并不是从过去经现在到将来这样一个时间的直线运动，而指的是一种时间的循环。如 *tíđ*（参考英语中的“tide”）指的是潮水的涨落，或“气候”；而 *ár*（英语中的“year”，德语中的 *Jahr*）意为“收获”，因此是与一种周期性的重复活动清楚地联系在一起的。

蛮族人是以一种神人同形的方式去理解时间的，时间被“充填”的程度决定着时间表面上持续的长度。在这个意义上分析一下冰岛语中的 *öld* 是有启发的。这个词的基本意思是“时间”“时代”，但是，这不是一个按年代顺序排列的，包含有一定数量的相等

---

① G. 比尔芬格（G. Bilfinger）：《早期日耳曼部落历法研究》（*Untersuchungen über die Zeitrechnung der alten Germanen*），第1卷，《古北欧语时期》（*Das altnordische Jahr*），斯图加特，1899年。

② K. 魏因霍尔德：《古北欧语时期的生活》（*Altnordische Leben*），G. 西费特（G. Siefert）修订，斯图加特，1938年，第258页。

的时间阶段的“时代”，这个“时代”的内容中含有道德方面的特征。古冰岛的埃迪克诗歌(Eddic lay)《西比尔之歌》* (*Vǫlospá*)，描绘了一幅关于世界起源和历史的神话图景。下面是这首诗中关于世界末日到来之前情况的一段预言：

兄弟之间将互相开战
互相屠杀，
兄弟姐妹乱伦；
人们将饱受苦难；
96 通奸将屡见不鲜，
斧的时代，剑的时代，
盾将被劈为两半，
暴风的时代，豺狼的时代，
在世界毁灭之前。①

这个道德败坏、人性沦丧的时代是用 *sceggiöld*(斧的时代)、*scálmöld*(剑的时代)、*vindöld*(暴风雨的时代)和 *vargöld*(豺狼的时代)这些词来描述的。但 *öld* 一词在《老埃达》的诗句中却还有另一个意思：“人的世界”或“人们”。在《西比尔之歌》中，在侏儒名单的结尾处写着这样的话：“这个名册……只要人们活着将永久保存。”(*međan öld lifir.*)②同样，在《巨人言论集》**、《阿特利言

---

* 原文为 *The Song of the Sybil*。——译者

① 《斯诺里·斯蒂德吕松的散文埃达》，J. I. 扬译，伯克利、洛杉矶和伦敦，1971 年。

② 同上。

** 原文为 *The Words of the High One*(*Hávamál*)。——译者

论集》[*]和其他一些古代冰岛的埃迪克诗歌中，*öld* 一词也指“人们”。*öld* 一词（英语“old”，德语 *alt*）可能是与 *ala* 一词（拉丁语 *alere*）——意为“养育”“生育”——有联系，这又一次表明时间和有机的生命这两个概念之间的密切联系。

看起来，“时代”和“人的世界”这两个概念原先是紧密相联的，正如古代斯堪的纳维亚人认为的那样，时间不会在人的世界之外流动，时间中充满了人的内容。这可以从斯诺里·斯蒂德吕松在为《海姆斯克林拉》一书写的序言中得到证明，这位冰岛历史学家谈到早期斯堪的纳维亚世界里一个时代被另一个时代所取代的情况。那个时候冰岛被因格灵斯（Ynglings）王朝统治，他把因格灵斯王朝追溯到奥丁（Óđinn）女神之时。这些时代的第一个阶段是“火葬时代”（*brunaöld*），在这个时代，死者连同他的财物被放在举行葬礼的火堆上焚烧，纪念石竖立在人们的记忆中。这个时代之后是一个新的时代——“坟冢时代”（*haugsöld*），然而，“火葬时代在瑞典人和挪威人中间又延续了很长的时间”，斯诺里补充说。[1]当一个新的时代和旧的时代发生冲突时，这两个时代的特征同时存在，在这两个时代这种奇怪的关系中，我们可以看出 *öld* 一词的真实含义。这个“时代”指的并不是按年代顺序排列时间的范围，而是人们生存的、性质上起决定性作用的条件。因此从一个时代到另一个时代的转变依据的是人的活动。在关于生活在 12、13 世 97
纪之交的挪威王位篡夺者的故事集《斯韦雷萨迦》中，我们发现斯

* 原文为 *The Words of Atli*（*Atlamál*）。——译者

① 斯诺里·斯蒂德吕松：《海姆斯克林拉》，I，序言，bls. 4-5。

韦雷在对他的战友们致辞时说:“当一个人取得国王、贵族和大主教这三个地位的时候,一个伟大而奇妙的时代转变就到来了,我就是这个人。”①

在蛮族人的心目中,时间概念和人的血统的概念是密切相联的,这还可以从 *veröld* 一词(英语中的“world”一词就是从古代英语 *weoruld* 一词演变而来的)的语源上看出来。*veröld* 一词是由 *verr*(人)和 *öld* 两个词组合而成的。这个世界是“人的时代”。在这里,时间和生命这两个概念统一在一个词中。对于古代斯堪的纳维亚人来说,时间不是一个空的形式,而总是有它自己本身的内涵,有其不变的、质的内容。在挪威,某个国王统治英明的时候,粮食丰收,政治安宁,牲畜兴旺,渔业繁荣;另一个国王统治得不好,这时便纷争迭起,农业歉收,人民饥馑。为了取得丰饶的收获,人们就向神灵贡献祭品,并在节日宴饮时洒酒表示敬意。根据一个传说——民间有许多类似的传说——在古代瑞典,当事情变得越来越糟的时候,人们甚至用他们的国王献祭神灵。② 很可能,用国王献祭最初的意思不是单纯地为了保证取得好的收成,而是因为没有这个献祭仪式去推动将来,新的一年就不能开始。而国王则被看作是新的一年的开创者。③

根据古代斯堪的纳维亚人的认识,用这种方式可以对时间产生影

---

① 《斯韦雷萨迦》(*Sverris saga*),第 38 章,G. 因德雷伯编,克里斯蒂安尼亚,1920 年。

② 斯诺里·斯蒂德吕松:《海姆斯克林拉》,第一卷,《英灵格萨迦》,第 15 章。

③ Å. V. 斯特伦(Å. V. Ström):《古北欧宗教中的王神及其同献祭的联系》(“The King God and His Connection with Sacrifice in Old Norse Religion”),《神圣的王权》(*La Regalità sacra*),莱顿,1959 年,第 714—715 页。

响，在斯诺里所写的关于国王奥恩(Aun)的故事中可以找到这样的证据。这个国王为了保全自己的生命而把他的儿子们献祭给奥丁女神，他的每个儿子可以使他获得10年的生命。[①] 女神奥丁在盘子里放了一个苹果，当阿萨神族开始变老的时候，他们吃了一块苹果，很快便恢复了青春，“就这样一直延续到Ragnarök(‘众神的黄昏’)”。[②]

在农业社会中，时间的规则是根据自然的周期性变化所确定的，这不仅决定了人要根据季节的更替行事，而且也限定了人们的知识结构。自然中没有发展变化，或至少对于生活在这个社会中 98
的人们来说发展变化不明显。他们在自然中看到的是有规律的重复、循环，而他们没有能力去控制这些。这种永久不变的循环现象必然会在古代和中世纪人的心目中占据着中心的位置。仅是循环、重复而不变化，这是支配着他们的思想和行为的决定性因素。对于他们来说，唯一和新奇都没有独立的价值——唯一真实和现实的是被传统和有规律的循环所神圣化了的那些活动。[③] 古代社会反对个性和革新行为。道德的——实际上是善良的行为是像其他人或像前人那样去做。传统的行为本身就具有道德的力量和价值。因此对于一个生活在传统社会的人来说，生活包括一系列连续不断循环往复的、他的前辈们以同样的方式进行过的活动。不可避免地，这些活动和行为的一般方式被标准化，这往往归于他们的祖先、神灵或某个“有教养的英雄”。由于人们活动的这种重复性可以追溯到

---

① 《英灵格萨迦》，第25章。

② 斯诺里·斯蒂德吕松：《埃达》，第26章。

③ M.伊利亚德(M. Eliade)：《永恒回归的神话》(*Le mythe de l'éternel retour*)，巴黎，1949年。

神灵的原型,于是他们就与神联系起来,而现实性就在他们身上,就在他们的活动中。所有的人的活动——生产活动、社会活动、家庭活动、内心活动——都变得具有重要意义,都被认可进入了神圣的秩序之中,跟着便是"在时间的开端"建立一套仪式。这样,世俗的时间被剥夺了本身的价值和自主权,人们把自己投射到一种神话的时间中。这一点在节日和仪式中表现得尤为明显,这些节日和仪式都与神话建立了直接的关系,并体现了那种行为模式。这些神话并不是被简单地重复叙述,而是作为仪式性的戏剧那样进行再表演,从而也是对其全部崇高的真实性和巨大的影响力的再体验。这种神话的再表演"排除掉了"世俗的时间,而使神话的时间得以再现。[1]

"上古人的"思维方式是反历史的。对那些发生过的事件的集体的记忆是变了形的,随着时间的流逝,这些记忆就变成了神话,去掉了这些事件中那些带有个人特色的内容,而仅保留下适合神话模式要求的东西,各种事件被归纳为种类,不同的个人被归入一个原型。新奇对于这种思维方式是没有意义的,重要的是对已经发生
99 过的事情的重复,和对那些回到了时间开始之时的事情的重复。用这种理解时间的方式所认识到的是时间的"超暂时性"(extra-temporality)。过去与现实没有明显的界线,因为过去永远被再生和复归,成为现在的真实的存在的一部分。针对现实的独立价值的丧失,必须使现实完全获得非暂时性、非短暂性的特征,因为与神话般的过去有直接联系的是现实,而过去也并不被简单地理解

① Th. 芬肯施泰特(Th. Finkenstaedt):《古英语贝奥武夫史诗中的时代感》("Das Zeitgefühl im altenglischen Beowulf Epos"),《安泰俄斯》(*Antaios*),第 3 卷,斯图加特,1962 年,第 226 页及以下诸页。

为过去和消逝了的东西，而是一种永久的持续。生命也失去了它的偶然性和暂时性，而成为永恒的东西。

计算时间的一个重要方面表现在对于世代的记载。通过确定一个人属于哪一代，通过建立世代的顺序，人们可以对一系列事件发生的顺序以及事物发生的方式，得到满意的认识，而且还可以作为证明法律上的权利要求的依据。世代的概念使人们认识到作为有机体的人类集体的延续性，每个人作为连接过去与现在并将二者传向未来的一个环节，存在于这个集体中间。这种认识比仅仅把个人等同于一个抽象的以时间顺序排列的过程中的一个点更有意义和价值。但是以记载世代来计算时间的这种形式，有地方性的局限。这样的记载是以续写宗谱，讲述祖先的故事和传奇的形式进行的。祖先并不是要弄清楚人们、部落或国家的一代一代的年代表，而是要弄清家族、家庭内部的世代的联系。把列数祖先与跟家族关系圈无关的时间的流逝联系起来，这绝不是惯例。

这个与时间有关的形式——我们可以把这种形式称为“祖先的”或“家族的”时间形式——的意义，是由于家族或氏族集体的十足的内向性而形成的，这种形式使一个家庭或氏族的人们过着与外界隔离的生活，而在他们内部也仅仅是互相保持着一种表面的联系。在每一个农场或公社，时间都是一代接一代这样有规律地流逝，能给这个集体的生活留下一点印象的，也仅是很少的那么几个单调的事件。[①] 在冰岛的传说中，有很多例子可以证明这一点。

① M. 哈布瓦赫(M. Halbwachs)：《集体记忆与时间》(“La mémoire collective et le temps”)，《社会学国际手册》(*Cahiers internationaux de sociologie*)，第2卷，1947年，第8页。

100 这些传说以列数祖先(Langfeđgatal)的方式提供了按年代顺序的一些线索。有时,这种列数包括某个家族的族谱中的几代人,但在其他一些场合,作者仅提及这个家族的父辈或父辈和祖辈。确认传说中描述那些事件发生在某一个挪威国王统治时期,是企图给予这些故事一个准确的时间,这样就可以把这些故事按年代顺序归入“伟大的历史”事件。甚至像《赫拉芬克尔斯萨迦》[*]那样一个“非历史性的”传说,也以赫拉芬克尔斯的父亲在挪威国王金发哈拉尔(Harald Fairhair)在位时在冰岛定居作为故事的开头。作者利用这样的叙说表明哈拉尔是五代之前的人,虽然这些对每一个人来说都是熟悉的,完全没有必要在故事中这样反复地提及。在其他一些地方,当提到某个国王的时候,作者的意图是要表明历史事件对故事中的人物产生的影响(例如,哈拉尔统一挪威;传奇中的英雄的祖先的迁徙;基督教化及其所引起的一些冰岛人的争端和冲突)。此外,传说的作者们并不限于选择国家历史中的政治事件作为显示时间先后的线索,地方上的一些事件也被用作那样的线索,例如,“祖先”或“家族”时间中的事件(见前文),和那些在人们的心中留下了很深印象的事件(如家族间的血仇、一个冰岛人被谋杀、发生在阿尔庭[Althing][**]上的一次激烈的辩论等等)。

祖先崇拜在日耳曼人的生活中起着巨大的作用。对祖先的崇拜也与他们对时间的认识有密切的关系。正像实际发生的情况那样,祖先能够在其后裔中重生。在家庭中,名字是继承而来的,而

---

* 原文为 *Hrafnkels saga*。——译者

** 指冰岛议会,音译阿尔庭,约 930 年创立,是世界上最早出现的议会之一。——译者

且随之一起继承下来的还有这个名字所表示的人的身份。[①] 过去
被重复，过去在那些重复着他的祖先的角色和行为的人的身上再
现，这就是他们把祖先的墓地安置在居住地近旁的原因。不存在
互有区别的两个世界，只有一个世界，在这个世界中，过去、现在和
将来被视为互相联接，互相影响，共同存在。因此，我们上边提到 101
的祖先崇拜，很可能对人们关于时间——不仅是现在的时间，而且
是将来的时间——进程的认识产生影响。对于蛮族人，在某一方
面来说只有现在的时间是存在的，但这是一种非常宽泛、非常广阔
的现在，它不是从数学角度所说的现在那样一个短暂的时刻，而是
包括了其间没有明确界限的过去和将来。实际上，如果时间是一
个周期性的循环，过去可以重复，那么，将来也不过就是过去和现
在的又一次重复了。对于时间的这种“空间的”理解，[②]在多种语
言的古老形式中都可以发现，而且，实际上大多数关于时间的概
念，在最初都有关于空间的含义。[③]

返回过去并对事件将来的发展进程产生影响的这种能力可以

① K. A. 埃克哈德(K. A. Eckhard)：《人间之永恒：日耳曼人对部族再生论的信仰》(*Irdische Unsterblichkeit. Germanischer Glaube an die Wiederverkörperung in der Sippe*)，魏玛，1937 年。

② M. I. Steblin-Kamenskij，“Tidsforestillingene i Islendingasagaene”，*Edda*，Bd LXVIII，H. 6，1968，S. 358-359.

③ R. 格拉塞尔(R. Glasser)：《语言中隐秘和紧迫的时间》(“Verborgene und vordringliche Zeit in der Sprache”)，《罗曼语研究》(*Romanische Forschungen*)，第 56 卷，第 3 册，1942 年，第 386—387 页；E. 莱西(E. Leisi)：《语言中有关时间的描述》，《20 世纪的时间问题》，R. W. 迈尔主编，伯尔尼和慕尼黑，1964 年，第 17 页及以下诸页。在古俄语中，*mѣsto* 一词既指“地方”(地点)，也指“时间”(因此是暂时的)。И. И. 斯列兹涅夫斯基(I. I. Sreznevskij)：《古俄语词典资料》(*Materialy dlya slovarya drevnerusskogo yazyka*)，莫斯科，1958 年第 2 版，第 2 卷，第 247 页。

通过巫术而获得。预言未来(如同 Sibyl-Vǫlva 在《老埃达》里那些非常著名的诗句中所写的那样,预言这个世界的结束和复始),和在梦境中看到未来(预言性的梦境在北欧传说中起着重要的作用)是可能的。因为如我们前面强调过的那样,在蛮族人的心目中,时间并不是简单的一条抽象地延续的线,它如同人的生命,随着这些生命的变化,时间也在性质上发生变化。时间与人类的世代是同样的一种东西,人类社会世代转换,生死相继,就像每年的季节一样。未来也是由命运安排的。命运三女神之一的乌尔德(Urđr)住在宇宙树"尤克特拉希尔"* 的树根上,是天命、未来和命运的拟人化(试比较一下:命运一词,撒克逊语是 *wurth*,盎格鲁-撒克逊语是 *wyrd*,英语是"weird")。①

时间正如世界的其他东西一样,是一种真实的、有实在而具体的内容的存在。因此,时间可以被排列和分割,这是神灵们在创造这个世界时所做的事。神灵们创造了天和地,把时间分割开,而且制定了计算时间的方法。② 时间可以被预言,它的内容可以被改变。因此,对于古代的人来说,时间是与我们现在所说的时间一词所含内容完全不同的一种东西,它并不简单地是世界存在的一种抽象的形式,而是一种有具体内容的、客观存在的东西,是神灵们

---

* 尤克特拉希尔(Yggdrasill),北欧神话中根与枝连接天、地及地狱的大梣树。——译者

① W. 曼哈特(W. Mannhardt):《日耳曼神话:学术研究》(*Germanische Mythen. Forschungen*),柏林,1858 年,第 606 页。

② 斯诺里·斯蒂德吕松:《埃达》,第 8 章;M. 齐克拉米尼(M. Ciklamini):《古代斯堪的纳维亚神话中的年代概念》("The Chronological Conception in Norse Mythology"),《新语文学》(*Neophilologus*),第 47 卷年刊,第 2 册,1963 年,第 142—143 页。

在朦胧中编织出来的东西，命运女神割断了线——这些线是人们的生命。[①]

前边提到的蛮族人时间概念中的“超暂时性”（现代人所说的 102
时间的超暂时性，是指人们感觉时间是飞快地、不能倒转地向前流去的一种东西，仅是一种现在，“转瞬即逝”）反映了他们对存在持有的一种天生的完整性的感觉。存在还没有被分析的思维分解成一个个的范畴，那些范畴需要从具体的内容中抽象出来。日耳曼人所理解的时间和空间不是存在于经验之外、之前的一种先验的（*a priori*）概念。他们根据经验本身来理解，形成经验的不可分割的一部分，不能从他们的生活结构中分离出去，也就是说，时间只不过是被体验到的东西。

由此我们可以看出，对于这些人来说，时间总是有具体内容的，是与生活结合在一起的。没有什么工具来测定白天与黑夜的进程，知道太阳在天空中的位置就足够了。古代冰岛的法典《灰雁法》（*Grágás*）规定，诉讼案须在阳光洒满的庭院中提出，法官必须在阳光照射在峡谷的西部时登上“法石”。当太阳开始接近地平线时，或者更准确地说，当太阳距地平线一长矛高的时候，白天的活动就要停止下来。这个矛被放在“海潮涨落区的中点”（在海水最高线和最低线之间）。[②]

行程的长度也用时间（用在海上或陆路上的天数）来计量。对任何事情都没有再精确些的必要。没有人抽象地想象某个旅行者

---

① 斯诺里·斯蒂德吕松：《埃达》，第 15 章。

② 《〈灰雁法〉，I，10，A. Heusler 编》，《日耳曼法》（*Germanenrechte*），第 9 卷，魏玛，1937 年。

行程的两个端点。当提到一个长度的数量时，其实那些数量并不与任何一个固定的或标准的单位相对应。*röst*——这个词有时被译为“哩”(mile)——实际上是指两个停止的地点之间的距离(可比之于英语中的“rest”)。很明显，一个 *röst* 的实际长度，在不同的情况下是有变化的。这种变化的影响因素实际上是那样的大，以至斯堪的纳维亚人要在“短”和“长”之间区别出 *rastir*。例如，对于古代斯堪的纳维亚人来说，一段行程并不简单只是一段没有内容的长度，而总是一个有实际内容的空间。说得更准确一些，这
103 是人们在具体的、有实质性内容的空间的一种运动。一个人说到某两点之间的距离时，总是想象自己用某段时间所走的行程。当挪威的奥塔(Óttarr)——他在 9 世纪末访问过英格兰——对英王阿尔弗雷德[*]谈起斯堪的纳维亚的区域的大小时，他用在顺风的情况下从一个点航行到另一个点的天数来说明。①

神话或神话诗的世界概念是以空间和时间都非同质为特征的，正如空间的某些地区是神圣的，如庙宇、墓地、会场、奉献给某个神灵的地产，是处于神灵特别的护佑之下的，所以普通的、日常的时间也是被神圣的时刻或节日隔断的。

在古代社会，时间不是人们身外的、与他们的生活和工作无关的某种东西。恰恰相反，时间就存在于他们的生活和工作之中，因此，要影响它的进程甚至它的性质都是可能的。时间是人们的世

---

* 阿尔弗雷德(Alfred,849—899)，英国国王，在位期间为 871—899 年，号称阿尔弗雷德大帝。——译者

① 《阿尔弗雷德国王的奥罗修斯》(*King Alfred's Orosius*)，H. 斯威特(H. Sweet)编辑，伦敦，1883 年，第 17—19 页。

代的一系列环节。age这个词能包含“世代”和“人类”这两种意义，因为年岁(age)恰恰就是指一代一代人的寿命。永恒作为一个概念，对蛮族人是陌生的，他们只是通过基督教才接受了这个概念。[①]

与这种缺乏准确计量时间的方法并行的是人们对于早期发生过的那些事件和那些事件发生的顺序特别感兴趣。斯堪的纳维亚的文学作品最初都是以写史的形式出现就是一种证明。冰岛和挪威最早的书籍都具有讲述历史的特征。例如，冰岛最早的历史学家阿里・索吉尔松(Ari Þorgilsson)的著作 *Íslendingabók*(《冰岛人志》)中充满了关于欧洲历史事件的记载，他力图把冰岛历史上那些为人熟知的事件与这些事件联系起来。阿里与其他基督徒一样，以基督诞生为起点计算时间，同时又把圣埃德蒙德(St. Edmund)的遇害作为他计算时间的起点，他的著作还提到了各位教皇的统治，提到了发动十字军的国王鲍德温(Baldwin)的统治，提到了挪威和瑞典的国王、拜占庭帝国的皇帝和耶路撒冷的主教。另一些年代标志就是冰岛主教和“立法者”的名单。埃瑞企图建立他自己的族谱，把他的家族追溯到古代瑞典和挪威的因格灵 104
斯王朝和它的创建者——异教神 Njǫrđr 和 Freyr。《冰岛人志》处处显示出对历史年代的可靠性的关注。[②] 书中有一章专讲冰岛历法的改革。阿里在这章中讲道，当这个改革被提交阿尔庭

① W. H. Vogt，“Aldartryggđir ok aevintryggđir. Zur Entwicklung von germ. ald- und aiw-zu ‘immerdar’ und ‘ewig’”，*Beiträge zur Geschichte der deutschen Sprache und Literatur*，58Bd，1934.

② 阿里・索吉尔松(Ari Thorgilsson)：《冰岛人志》(*The Book of the Icelanders*)，H. 赫尔曼松(H. Hermannsson)编，绮色佳，纽约，1930 年(*Islandica*，第 20 卷)。

(Althing)时，当时的冰岛人对此表现出极大的兴趣。[①] 然而关于阿里对年代问题的强烈的兴趣，我们不得不承认，他主要是依靠他自己的记忆和他的前辈们的回忆。他援引波克尔·盖利松(Porkell Gellisson)的记载作为冰岛开始殖民的时间的权威性材料，阿里写道："他能记住很久以前的事情。"

在冰岛那些为人熟知的传说中，也有很多地方提到时间和年代顺序，但又几乎总是缺乏关于所记述的事件持续的时间的无可怀疑的材料。一般的情况是，关于事件持续的时间是不明确的，要说出从一件事到另一件事中间经过了多少年也是不可能的。这些传说的作者们可能显示出一些时间是向前发展的这种意识，但实际上传说中对时间的计算是不准确的和混乱的。[②]

在中世纪的欧洲，从异教到基督教的转变是与时间概念的急剧的重建相伴而行的。但是理解时间的旧的方法并不是那样彻底地连根除掉了，只是推到背后去了，在普通民众意识的"深层"中还继续存在着。例如，反映一年季节变化的异教历法被加以修改，以适应基督教礼拜仪式的需要。作为一年的转折点的教会节日，也被追溯到相应的异教时间；农事时间也是举行崇拜仪式的时间，用那些能使人们回忆起基督生活中一些事件的节日和圣日来对一年

① G. 比尔芬格：《关于时间计算的研究》(*Untersuchungen über die Zeitrechnung*...)，第38页及下页。

② M. C. 范·登·托恩(M. C. van den Toorn)：《萨迦中的时间和时态》("Zeit und Tempus in der Saga")，《北欧语言学档案》(*Arkiv för nordisk filologi*)，第76卷，1961年，第136、137页。

进行划分。在不同的国家，一年开始的时间也不相同，有的以基督诞生的时间为一年之始，有的以复活节的前一周为一年之始，有的以圣母领报节[*]为一年之始。相应地，时间以“距圣诞节”“过了圣诞节”多少个星期来计算，如此等等。在一个很长的时间内，神学家们反对以 1 月 1 日为一年的开始，理由是那是异教徒的节日；但 1 月 1 日也是基督徒割礼的日子。 105

对 24 个小时的这个周期也进行了划分，不是分成若干长度相同的小时，而是被分成白天（从日出到日落）和黑夜（从日落到日出）。这就是说，在夏天，白天的时间要比夜间的时间长，在冬天则正相反。直到 13 和 14 世纪，度量时间的仪器还是珍贵的奢侈品，甚至学者们也不是都能拥有那样的仪器。从事天体运动研究的英国人沃尔彻（Walcher）抱怨说，他对 1091 年月蚀情况观察的准确度，由于缺乏时钟而受到影响。[①] 在中世纪欧洲，时钟最常见的形式是日规（希腊日规）、沙钟或漏壶（水钟）。当然，日规在天气阴晦的时候是没有用的，漏壶也主要是一种稀有的奢侈品而不是准确计量时间的仪器。如果在日落之后还一定要知道时间，那就要靠燃烧火把，点燃蜡烛或油灯。在寻找计量时间的方法方面进展是多么的缓慢，这可以从这样一件事中看出来：9 世纪末的阿尔弗雷德就以燃蜡烛为计算时间的方法（当他进行横穿其国的旅行时，他所携带的蜡烛够他在旅行中一支接一支不断地燃烧，直到终点）；到法国国王路易九世（13 世纪）和查理五世（14 世纪）时，仍以燃蜡

---

* 圣母领报节（Annunciation），在每年的 3 月 25 日。——译者

① 林恩·桑代克（Lynn Thorndike）：《巫术和实验科学的历史》（*A History of Magic and Experimental Science*），第 2 卷，纽约，1923 年，第 68 页。

烛的方法计算时间。僧侣们则以阅读过的《圣经》的页数或在两次观察天气之间所唱赞美诗的多少计算时间，对于白天和黑夜的每一个钟点，都有专门的祈求和祷告。对于普通大众，教堂的钟声是主要的时间标志，钟声召唤他们按时作晨祷或进行其他宗教仪式。24 小时的时间被分为若干段，称为祷告时间（*horae canonicae*），一般分为 7 段，以教堂敲钟作为标志。[①] 这样，计算过去了多少时间的工作就被神职人员所控制。*campana*（钟）一词是由加兰德的
106 约翰（John of Garland）在 13 世纪初所创造的，从中世纪的求实精神来看，这个词是荒谬的，但是它自有自己的根据："Campane（钟）这个称呼来自于那些生活在乡下（*in campo*）的农民的生活，他们要想知道时间只能靠听教堂的钟声（*per campanas*）。"[②]中世纪的人得知时间主要靠耳朵，而不是靠眼睛。

地方上的生活完全要靠钟声来有规律地进行，有"收获钟""晚钟""放牧钟"，钟声有规则地与一年中的礼拜仪式的节奏保持一致。如果我们回忆 12 世纪末发生在蒙斯（Mons）的一些事情，我们就能得知中世纪计算时间是多么的不准确了。正像编年史家告诉我们的，司法审判被安排在太阳升起的早晨，开庭时如仅仅一方到场，在白白等了另一方一段时间后，他要求法官宣布胜诉，因为他的对手没有在预定的时间到场。在这种情况下，确认实际上时

---

① G. 比尔芬格：《中世纪的年代记及现代时间：一个文化史的探讨》（*Die mittelalterlichen Horen und die modernen Stunden. Ein Beitrag zur Kulturgeschichte*），斯图加特，1892 年；W. 罗思维尔（W. Rothwell）：《中世纪法语中一天的各个时辰》（"The Hours of the Day in Medieval French"），《法语研究》（*French Studies*），第 13 卷，第 3 期，1959 年。

② 引自雅克·勒高夫：《中世纪西方的文明》，第 229 页。

间已过了9点钟就成为必要的了。法官只得求助于神职人员，他们能应付这种事情。[1]

人们的生活和要从事的基本工作的速度，主要依季节的变化而定，不需要知道准确的时间，习惯上把一天分成大概的几段也就足够了。以分为单位组成小时来计算时间的方法，在当时还不曾出现，甚至在机械钟出现并在欧洲广泛使用很长一段时间以后，它才有了分针。

与中世纪人计算时间的不准确和在察觉较短的时间间隔方面的无能看似矛盾的一种对比，是他们对时间所进行的纯粹理性的思维，这种思维完全没有任何实际的经验作基础。这是出于主张要完全系统化和夸大细节，这是典型的经院哲学。奥诺里于斯·奥古斯都顿尼西斯（12世纪）把时间分成最精细的成分，其中包括4个“点”、10个“分钟”、15个“部分”、40个“片刻”、60个“Signs”和22560个“原子”。虽然他把分钟作为“时间中小的间隔”（minutus还有“减少的”“小的”之意），但奥诺里于斯在塞维利亚的依西多禄之后，同意将小时作为“所有事物的期限”。[2] 这种时 107
间的“原子化”可追溯到卢克莱修*，这和把时间作为与事物的一种实际上的统一体有密切关系：中世纪的作家们把“时间的原子”比喻为“人体的原子”，“数的原子”，正如我们现在的认识一

① M.布洛赫（M. Bloch）：《封建社会》（*La société féodale*），巴黎，1968年，第117—118页。

② H.奥古斯都顿尼西斯：《论世界的形象》（*De Imagine Mundi*），三卷本，Ⅱ，4-10，《拉丁教父集》，第172卷，第172栏。

* 卢克莱修（Lucretius，约公元前99—公元前55年），古罗马哲学家及诗人，代表作《物性论》。——译者

样，时间的流逝与水的流逝对于他们也并不简单地只是一个比喻。但中世纪人基本的时间单位是年、季节、月和天，而不是小时，更不用说分钟了。中世纪的时间是持久的、缓慢的、史诗般的。

农业历法和24小时的时段划分，正像人们能预料的那样，一个地方和另一个地方都是不同的。中世纪人的时间本质上是地方性的时间，一个地方与另一个地方的时间并不相同，它们都是各自观察到的结果。指出这一点几乎是没有必要的了。

农业时间所根据的是自然的时间，并不是根据偶然性的因素或什么重大的事件而定的，因此它不需要去准确地计量，实际上也无法进行准确的计量。这是那些不掌控自然，但服从自然节律的人的时间。在中世纪人的意识中，这种奇异的对比还表现在对24小时这个时间周期划分的方法上。夜间是危险、可怕的时间，是不可思议的时间，是恶魔和其他黑暗与神秘势力的时间。夜间对于日耳曼部落有特殊的意义，他们以黑夜的数目来计算时间。在夜幕笼罩下所犯的罪行受到的惩罚特别严厉，基督教要战胜和克服把黑暗看作是魔鬼统治的时间这种概念。基督教认为，基督诞生在夜间，所以把真理的光辉带给了那些在黑暗中漫游，干了错事的人们，白天的光亮驱散了黑夜的恐怖。尽管如此，在整个中世纪时期，黑夜仍然被视为邪恶和罪行的象征。如果基督教的晚祷是用镇定的情绪和使人们知道自己和上帝挨得很近来鼓舞信教者的灵魂，那么说明这时魔鬼更是近在眼前，而且在夜幕的笼罩下更加危
108 险。白天和黑夜对比也是生与死的对比，梅泽堡的蒂特玛(Thietmar of Merseburg)说："上帝把白天给予生者，把黑暗给予

死者。"夏天和冬天的对比也被这样看待。所有这些成双对立的事物都被认为有着道德的和神圣的意义。

有些日子被认为是有利于事业的，有些日子则被认为对事业不利，这就是幸运日和不幸日。一直到我们这个时代，人们都坚持认为人的命运与黄道带的情况之间有联系，某个时间的特性如何，取决于黄道带在天空中的位置。阴历的知识对于成功地与魔法打交道是必需的。

整个中世纪期间，对这种历法提到得很多，它出现在缩图中，被刻在大小教堂的墙上，画在壁画中，写在学术论文和诗歌里。这种历法基本上是农业的历法。在这种历法中，每一个月都用一种特殊的农业生产活动来表示，这种历法形式是中世纪人从古代借用来的，但并没在所有方面都采用这种历法最初的形式。在这种历法的古典形式中，月份用天文现象结合受其影响的人物的情况来表示。但在中世纪早期的西欧，人们精心制作了一个每月工作任务的拟人化系统，这个系统表现了人们实际的艰苦劳作。这不是抽象化比喻的人物，而是每个月要从事的"劳动"。[①] 其结果，出现了一种意味深长的新的风俗画。在画中，按照中世纪基督教对它的理解，人们世俗的活动是在天堂的注视下发生的，是自然协调的韵律中的组成部分。

农民缴纳封建地租，履行封建义务，当然也要按照农历的日期

---

① J. C. 韦伯斯特(J. C. Webster)：《古代和中世纪绘画中各月的劳作》(*The Labors of the Months in Antique and Mediaeval Art*)，普林斯顿，1938 年；H. 斯特恩(H. Stern)：《加洛林人和拜占庭人关于月份的诗歌和描述》("Poésies et représentations carolingiennes et byzantines des mois")，《考古学杂志》(*Revue archéologique*)，第 6 辑，第 45 卷，1955 年。

来进行。征税用的土地调查表、契据、地产的地籍图都不断提到那些最重要的节日，把这些节日作为缴纳农业和牧业租税的开始或结束的日期。在农民和地产所有者的心目中，这些日子有着绝对清楚的社会内容，实际上，这是封建剥削的生产关系的具体化。

蛮族时代的家族时间（以世代来计算的时间），在封建社会的
109 发展时期仍被继续使用。封建贵族对家谱怀有很深的兴趣，他们以此把他们的血统追溯到遥远的传说或半传说的高贵祖先那里。这种利用其家世的悠久来取得家族威望的方法，反映出统治阶级对待时间的态度。中世纪那些当权者、贵族、有社会影响的人物背后都有着历史悠久的家世，这些人被凝缩在家族时间——因此也是历史时间——里面了。中世纪时期的历史仍是古老的封建家族和封建王朝的历史，在中世纪的法语中，*geste* 一词既指“历史”（功绩和开拓的历史），也指“贵族血统”“英雄的家族”，这不是没有原因的。

中世纪的人们对确定时间的准确长度漠不关心，但对确定历史年代则表现出很大的兴趣。中世纪叙述历史的基本形式可以以年表、编年史和对每年发生的值得关注的（至少他们认为是）历史事件的实录为代表。年代记作者们力图把这些历史事件的年代与国王和罗马教皇们的年代在某种程度上统一起来。许多著作以计算历史时期的方式出版，许多年代记作家视自己为确定国王、主教们和重要历史事件准确年代的专家。在塞维利亚的依西多禄的《词源》（*Etymologies*）和可敬者比德的《论时间》和《时间计算》这些著作中，从小时、天，直到年和世界的时代（*aetates mundi*），所有的时间单位都被涉及了。这种对于时间和计算时间的兴趣，还表现在中世纪早期人们企图制定出一个复活节的时间表上（与之

一起还要制定与圣诞节有关的永久性日历,此外还有那些根据复活节的时间而经常变动的教会节日的日历)。而同时,这个时期有大量的文件根本没有日期,历史学家们在编辑中常常很难给人们确定一个哪怕是接近的日期。

世俗的王国存在的时间和前后相继的世俗事件时间,既不被理解为唯一的时间,也不被认为是真实的时间。与世俗的和永久性的时间共同存在的,还有关于圣事的时间,这种时间才是唯一有真实性的时间。古代社会中决定人们的思想和行为的那种神圣的原形的范畴,仍旧是中世纪基督教世界观的核心。记载在《旧约全 110
书》和《新约全书》中的那些人物和事件被赋予了一种很特殊的自然的真实性。《圣经》中的时间不是倏忽即逝的,它代表了一种绝对的价值。由于基督为人们赎罪的行动,时间要求有一种特殊的二重性:“那个时间”迫在眼前,或者已经“到达”,时间已经到达了它的“终点”,“最终的时间”迫在眼前,这是“时间的终结”;上帝的王国已经存在,但世俗的时间还没有终结,上帝的王国保持到最终的结束,所有的人必须为达此目的而努力。

基督教神话中时间的单位与异教神话中的很不相同。在异教的时间中,神话仪式、季节变化和世代相继被理解为是排他性的,而在中世纪的社会,神话的有关圣事的时间(“启示性的历史”)与世俗的、现世的时间共同存在,而且这两种时间在历史的时间(“拯救的历史”)中统一起来。历史的时间附属于圣事的时间,但并没有被溶解于其中:基督教的神话对于限定历史的时间和评价它的意义给了一个 *sui seneris*(它那一类的)标准。

基督教打破了异教世界循环论的世界观,它从《旧约全书》取出其时间的历程作为走向末日的进程，作为紧张期待那些将结束历史和解释历史的最终事件的过程，这最终的事件是弥赛亚的到来。《新约全书》继承了《旧约全书》中的终世论，但《新约全书》对它进行了改造，引进了关于时间的全新的概念。

首先，在基督教的世界观中，时间的概念与永恒的概念被分离开来，而在其他一些古老的宇宙哲学的系统中，永恒的概念吞并了世俗的时间概念，或使世俗的时间概念顺从于它。这种永恒用世俗的单位或成分是不能计量的，永恒是上帝的一个属性，而时间产生后有始有终，这就限定了人类历史的存在期限。世俗的时间与永恒存在某种关联，在某些决定性的时刻，人类历史“打破”时间的
111 限定而进入永恒。基督徒极力要通过世俗时间的“泪谷”，惠蒙上帝选中而进入永享天福的境地。

其次，历史的时间要求有一定的结构，它在数量方面和性质方面都被分为两个主要的纪元：基督诞生之前和基督诞生之后。历史从上帝创造天地万物向最后审判日发展。在这个进程中间有一个决定性的神圣的事件，这个事件决定进程的方向，给予它新的意义，并预定所有的发展结果，这就是基督的到来和它的死亡。《旧约全书》中的历史被视为基督到来的准备时期，以后的历史则是基督化为人和在十字架上受难的结果。这个事件一经发生就永世不灭，不会重复，它的意义举世无匹。①

这样一来，一个新的时间概念就建立在这样三个有决定意义

① O.库尔曼(O. Cullmann)：《基督与时间》(*Christ et le temps*)，纳沙泰尔和巴黎，1947年。

的因素之上：人类的开端、全盛和灭亡。时间成为直线发展的和不能逆转的。这个基督教的时间方向，既不同于古典古代的仅仅指向过去；也不同于犹太人救世主、先知说的痴迷于未来——犹太人关于时间概念的这种特征可以在《旧约全书》中看到。基督教的时间概念给予过去以应有的重要性，因为《新约全书》的悲剧已经发生；基督教时间概念也给予未来以应有的重要性，因为未来将发生审判、赔偿和末日审判。

开端、全盛、灭亡，这些连接点的存在对于时间有深刻的影响：时间是“拉直地”“伸展地”和有方向地发展着，这使得各个时代处于对立的状态，而这些连接点以历史的形式表现出一种内在的协调，使这种对立状态得以消除。但是，对于在时间自然发展过程中所有的存在来说，这没有什么价值。基督教教义并不完全排除循环的时间概念，总的来说只是对这种循环的时间概念用不同的方式给予解释。事实上，时间与永恒被分离开来，当人们考虑历史的时代时，时间看起来是一条前后相继的直线。但这个世俗社会的历史，作为一个整体是置于世界的诞生和结束的框架中的，而且又
显现出一个完整的循环——人和他的世界又回到了上帝那里，时 112
间又归于永恒。

在基督教中，历史的时间采取了戏剧的形式。戏剧的开始是人的第一个自由行动——亚当的堕落。紧接着是基督受上帝派遣来拯救人类，在人世结束的时候是末日审判。世俗社会的历史就是人类被拯救的历史，这样的一种解释给人类社会以新的范围。人类的生活立即在两个世俗的方面展示出来：一方面是世俗社会生活的经验性和暂时性；另一方面是上帝预定的计划的可实现性。

人是宇宙——历史剧中的主角，是世界的命运和每个人自己灵魂的命运所决定的那个过程中的主角。这种认识赋予中世纪人的世界观一种特殊而鲜明的特点，中世纪的人觉得他们本身是与历史连在一起的。

基督教这种把时间看作是一出戏剧的认识，是建立在人与世界和世界的历史的两重关系之上的。世俗生活和整个历史被看作是善与恶斗争的舞台。这不是人之外的宇宙的力量，恰恰相反，这些力量就根植于人自身。如果善将胜利地出现在历史上和人自己的灵魂中，那么人有自由意志和善意就是必然的了。从承认人本身有选择的自由这种认识出发，跟着而来的就是基督教那种把时间和历史看作是一出戏剧的认识。伴随着短暂的欢愉和痛苦的世俗生活，仅仅在它与人类被拯救的神圣的历史合并在一起的时候才不自我满足，并获得了它的真正的意义。这样，过去和未来都比转瞬即逝的现在具有更大的意义和价值。对待目前正在进行中的事件，他们也采取了相同的态度，这种态度存在于神话的世界观中，这种世界观看起来不过是人的最初情况的一种反映，是对上帝起源的一种重复。但基督教的神话与异教的关于“自然的”神话有显著的不同，基督教的神话是一种**历史的**神话：世俗的历史不被导向超自然的奇想，而是在一种来自于神圣的成分和世俗的成分融合的特
113 殊的二元模式中铸造而成。因此，在基督教世界观的构架中，历史哲学成为可实现的，它把时间解释为一种不可逆转的历史进程。

在基督教的历史哲学的源头，站立着圣奥古斯丁。奥古斯丁传播一种新的时间概念，反对旧有的循环论。古希腊对于时间的理解并没有给“以前”“此后”以绝对的意义，所有的事情都在毕达

哥拉斯的"伟大的年"中重复地叙述。柏拉图某年在雅典的学园里教导他的弟子们，在此前不可计数的某些年中，同一个柏拉图则在同一个雅典的同一个学园里教导他的弟子。循环的观点排斥了时间方向的概念，对于历史终将结束一无所知。《旧约全书》的终世论奠定了基督教关于时间概念的基础。基督教的时间概念是建立在事件都是独一无二的，它的发展是不可逆转的这样的思想之上的。基督教教义认为，时间是循环的说法是"错误的"，与基督教的信念是格格不入的，因为它否定了圣子启示的独一无二性，而且使人类的最终被拯救成为不可能。奥古斯丁在这里主要谈到了早期基督教的思想家俄利根（Origen）。俄利根试图把基督教的世界观与古代对已发生的往事（即所谓"*apokatastasis*"）的重复叙述的信仰结合起来。奥古斯丁针对这种"亵渎神圣的"假设，提出了上帝的"真实的和直接的路"。借助于上帝的帮助，"已经打破了这个自我重复的循环"。[①]

"时间是什么？"这是人们绞尽脑汁思考的问题。我认为，当我们说到时间或听别人说到它时，我们知道它意味着什么。"如果没有人问我，我知道；但是如果向一个给我提出这个问题的人做解释，我只能坦白地说不知道。"[②]时间的秘密难以用语言表达，我们只能祈祷上帝使我们理解这个问题。一方面这是最普通的问题，但另一方面，这个问题不仅是不可理解的，而且在本质上我们是无法接近它的。"我们谈到'时间和时间'（"time and time"[tempus

① 圣奥古斯丁：《上帝之城》（*De civitate Dei*），第 12 卷，第 13、17 章。

② 圣奥古斯丁：《忏悔录》（*Confessiones*），第 11 卷，第 14 章。

et tempus]),'时间和时间'("times and times"[tempora et tempora])……它们是最明白和最普通的问题,然而,它们又是那样的深不可测:的确,认识它们是需要新的思考的。"[1]时间是有范围界限的,但它不能用天体的运动来衡量,那样做是徒劳无益的,
114 因为,上帝没有应约书亚*的请求停止太阳的运转,如果那样,那场战争就可以在当天结束:时间是可延长的。所以时间不是天体的运动,虽然天体是在时间中运动着。

测量时间长短的能力被赋予在人类的精神之中,过去、现在和未来的时间概念的那些形式也只存在于人的灵魂中:这些形式在客观现实中是不存在的。"啊!就在你我的灵魂之中,我以此衡量我的时间……事情正在进行的时候,在人的头脑中留下了印象,事情过去之后,其印象仍然留在头脑中,印象就这样形成了。就是这样,事情过去了,印象还存在。我就是这样衡量时间。"[2]我们通过记忆理解过去,通过观察理解现在,通过假想理解未来。[3]

奥古斯丁不同意亚里士多德关于时间作为对运动的一种计量,是一种客观物质的观点。人类的时间与构成物质时间的时刻的连续大不相同。根据奥古斯丁的观点,人类的时间是一种内在的真实,只有精神能够感知它。通过预感理解未来,通过记忆了解过去,通过把这两者融进人的现实生活,人的灵魂"放大了自己","充实了自己"。但这不是数量上的放大,*distentio* 指的是人类灵

---

① 圣奥古斯丁:《忏悔录》,第 11 卷,第 22 章。

* 约书亚(Joshua),《圣经》中继摩西之后的以色列民族领导者。——译者

② 圣奥古斯丁:《忏悔录》,第 11 卷,第 27 章。

③ 同上书,第 20、28 章。

魂的一种重要的活动。

这个暂时性的物质的世界在时间中延伸。上帝高居于全部时间之上，永久地存在于时间之外，与之相比，甚至延长了的时间也是没有什么意义的。[①] 要解释时间和永恒之间的关系是困难的，因为人们往往是在暂时的层次上思考永恒问题，而在永恒中是不存在暂时的连续的。永恒作为时间的起因是存在于时间之前的。时间和空间是这个被创造的世界的财富。中世纪的所有思想家都接受了这样的观点。继约翰·斯科特斯·爱留根纳之后，奥诺里于斯·奥古斯都顿尼西斯把自然分为4个方面：1.“创造而不是被创造的自然”（“Natura quae creat et non creatur”），这个自然就是上帝；2.“既创造又被创造的自然”（“Natura quae et creatur et creat”），这种自然存在于思想这个原始的起因（*praedestinationes*）之中；3.“被创造而不创造的自然”（“Natura quae creatur et non creat”），这种自然由暂时定型了的在空间和时间中可观察到的物质（“generatio temporalium，quae locis et temporibus cognoscitur”）组
成；4.“既不创造也不被创造的自然”（“Natura quae nec creat nec 115
creatur”），所有事物都在他那里终结，这就是上帝，所有的事物都复归于他，所有的事情都在他那里完成。[②] 如此，时间和空间规定了世俗社会的特征，而它们本身也是上帝所创造的。它们本身也

① 圣奥古斯丁：《上帝之城》，第12卷，第12章；圣奥古斯丁：《忏悔录》，第11卷，第13章。

② Honorius Augustodunensis，*Clauis Physicae*，f. 4v-5. 引自M.-Th. 达尔韦尼（M.-Th. D'Alverny）：《象征性的宇宙》（*Le Cosmos symbolique...*），第39页。参见Ioannis Scoti，*De Divisione Naturae libri quinque*，I，1，PL，t. 122，col. 442。

有暂时的性质，正如奥古斯丁所说，因为三位一体——它本身的性质不是由空间或时间规定的——推动着它的创造物在空间和时间中运动。我们不得不（在新柏拉图主义的意义上）对两种时间和空间加以区分：一种是可理解的时间和空间，它们在上帝存在之前就已经存在，而且要一直存在到它在上帝创造的世界中实现自己；一种是世俗世界的暂时性的时间和空间。

奥古斯丁关于时间的观点不仅与亚里士多德不同，而且也与柏拉图的时间概念不同。根据柏拉图的观点，时间是没有尽头的，因而是永恒的，因此，时间本身把人们引向永恒。但是奥古斯丁通过将柏拉图主义转入到基督教的思想中，而把世俗社会所经历的事件的时间与神圣的永恒性的时间明确地区别开来。奥古斯丁的观点更接近新柏拉图主义。普罗提诺*提出，人们必须使自己摆脱时间的限制而上升到永恒，但普罗提诺把时间解释为一种实在的和形而上学的东西，而奥古斯丁则认为时间概念是人的一种内在的心理状态。①

奥古斯丁把人的灵魂的生活以及灵魂的被拯救放在最显著的地位，没有什么比奥古斯丁的这种时间的哲学更符合基督教的一般要求了。在奥古斯丁的理论中被人们的灵魂所感知和经历的世俗的时间，是人的灵魂所必需的一条通道。奥古斯丁强调世俗时间的易逝和不可逆转，反对时间具有超感觉的永恒性，从而为他的关于人类历史的著作建立了哲学的背景。那些持世俗历史是不断

---

* 普罗提诺（Plotinus，205？—270），古罗马新柏拉图派哲学家。——译者

① J. F. 卡拉汉（J. F. Callahan）：《古代哲学中的四种时间观》（*Four Views of Time in Ancient Philosophy*），剑桥，1948年，第152—153页、192—202页。

发展的观点的人（德尔图良[Tertullian]、俄利根、尤西比乌斯[Eusebius]）认为，罗马的和平之产生和传播，为基督的胜利准备了条件。针对这些人，奥古斯丁提出在上帝之城和地上之城之间有一条不可逾越的鸿沟。上帝之城是所有基督徒的看不见的精神的共同体，教堂是它的可看得见的化身，上帝之城是永久存在的； 116
地上之城就是罗马国家，它是短暂的，注定要被毁灭。这两个城各自走着他们自己的路。如果上帝之城中的进步存在于神圣真理的逐渐发现中，那么人世间根本没有进步可言。现在一如过去，亦将如未来，人们经历着灾祸和不幸。奥古斯丁的学生奥罗修斯(Orosius)进一步发展了这种理论，他在其著作《历史》中收集了很多历史上发生过的战争、瘟疫、饥馑、地震、屠杀以及各种罪行的例子。在奥古斯丁的理论中，由暂时的易腐败的世俗社会生活所引起的悲观主义与乐观主义混合在一起，而对其原因的认识只能期待在天堂中幸运的生活中发现。这种根深蒂固的二元论来自决定历史进程的各种力量的性质，“但是在人类生活的急流中，两条水流……汇合到了一处：一条是邪恶，来自于亚当，一条是美好，为上帝所施予”[①]，正是时间的这种有善有恶的双重性——人类的罪恶在加重，但我们对上帝的认识也在增加——把它的悲剧的性质给予历史。它没有告诉人们历史什么时候走到尽头，但是“如果末日审判延迟了我们的被拯救，这是出于爱，而不是出于漠不关心，出于对我们的照顾，而不是由于缺乏能力。如果他愿意，他能够在现

① 《上帝之城》，第22卷，第24章。

在出现，但他一直等到我们最后一个人”①。

早期基督教的护教学家们在解释《福音书》《启示录》和《使徒书》时，认为它们指出了救世主即将第二次到来，因而也是历史和时间进程的完结。而奥古斯丁则提醒我们，对于人来说，为了神圣的原因推迟时间的界限是不可能的，并且强调，每个基督徒都要随时准备在任何时候面对最后审判。信仰之心必须集中于人类被拯救这一伟大的戏剧上。

奥古斯丁还为目的论的历史哲学打下了基础。神对于人的生
117 活的每一次干预，构成了历史的事实，历史事实有一种宗教的价值。历史的意义在于发现了上帝。这样基督教从犹太教中吸取了时间是一条永远不断伸展的直线的概念，并通过把它与历史上的中心事件联系起来，从而赋予它以基督教自己的结构。历史被划分为两个时代：基督道成肉身和受难之前，以及以后。

通过使世俗社会的历史附属于基督拯救人类的历史，奥古斯丁于人类社会在时间的运动中看到了统一，历史发生在一个广阔的空间，它被某一种意义赋予活力，它在一种超自然设计的指引下发展。在中世纪，传统的历史编纂形式是内容广泛的编年史，开篇往往是重述《创世记》的内容。这种传统的形式给了编年史家一个机会把自己所经历的历史与整个世界的历史联系起来。② 但是，

① 引自 H.-I. 马尔罗（H.-I. Marrou）：《圣奥古斯丁的历史时间的双重性》（*L'ambivalence du temps de l'histoire chez Saint Augustin*），蒙特利尔和巴黎，1950年，第22页。

② A.-D. v. 登·布林肯（A.-D. v. den Brincken）：《至弗赖辛的奥托时代的拉丁语世界编年史》（*Studien zur lateinischen Weltchronistik bis in das Zeitalter Ottos von Freising*），杜塞尔多夫，1957年，第38页。

史学家们并不总是限于记述发生在当代的自己知道的那些历史事件，那样就会使很多历史记载不完全，其意义也没有全部揭示出来。弗赖辛的奥托(Otto of Freising)的历史著作一直写到12世纪中叶，并加上关于最后审判的描写。他引用了奥古斯丁的话：真实的历史是“在未来的阴影下”展开自己的。[1]

奥古斯丁的思想在中世纪的大部分时间中统治着历史编纂学。这种思想并不特别要求对事件原因作出解释，而是把这些事件放到人类从亚当起经过各个时代，走向反基督时代的到来这一广阔的历史图景中去。中世纪的史学家看到了事件的前后相继性，在地上和天上，在时间之内和时间之外，历史——善与恶之间的永久斗争——在继续进行。[2]

在数个世纪中，历史仍然在很大程度上是教会的历史，记载历史的通常是神职人员，但是，这种情况的存在是有着深刻的原因的。教会是上帝之城在人世间的化身，正是由于有教会，人们的被拯救才得以确保。这样，教会的历史被认为是整个历史进程的核心内容，一般的历史是透过教会历史的棱镜被观察到的。 118

中世纪早期最伟大的历史学家之一可敬者比德所写的《英格兰教会史》，就是这样的一部著作。他认为有两种时代：他在英格兰的历史和英国教会的历史中所叙述的那些事件的时代；《圣经》中的时代。这两种时代几乎是不可分割的。这位历史学家以《圣

[1] 《上帝之城》，第17卷，第1章。

[2] P.鲁塞(P. Rousset)：《封建时代的历史概念》(“La conception de l'histoire à l'époque féodale”)，《纪念路易·阿尔方中世纪史论文集》(*Mélanges d'histoire du Moyen Âge dédiés à la mémoire de Louis Halphen*)，巴黎，1951年，第630—633页。

经》中的范畴理解自己的时代,把他周围的世界视为《圣经》的世界。比德的世界是一个"对过去敞开的"世界,他的时间观念有时代的错误:历史被这位盎格鲁-撒克逊僧侣理解为时间之外的东西,理解为相同的事物中不断重复的进程,其中没有真正的发展变化。比德没有把《圣经》的时代与他自己的时代进行比较,因为那样一个比较必定会在这两种时代之间得出清楚的界限。对于比德来说,《圣经》中在过去的某个时间发生的事件,一直延续到他自己的时代。① 这种思想在中世纪早期的神学家和历史学家中很流行,而比德则是其中的一个典型。此外,早先图尔的格列高利(Gregory of Tours)也用这种"《圣经》的眼光"解释法兰克人的历史。②

把中世纪基督教的历史编纂法与古代的历史编纂法进行比较,即可发现前者是历史意识发展过程中一个倒退。正如阿洛伊斯·登普夫(Alois Dempf)指出的,在中世纪,哲学和象征性的历史神学根本没有留出研究真正的历史的时间,历史编纂学只不过是把学究的那套方法运用到历史方面而已。③ 但是与古典的历史

---

① G. Schoebe, "Was gilt im frühen Mittelater als geschichtliche Wirklichkeit? Ein Versuch zur Kirchengeschichte des Baeda venerabilis", *Festschrift Hermann Aubin zum 80. Geburtstag*, Bd Ⅱ, Wiesbaden, 1965, S. 640-643.

② J. M. 华莱士-哈德里尔(J. M. Wallace-Hadrill):《图尔的格列高利和比德:他们对国王个人品性的看法》("Gregory of Tours and Bede: their views on the personal qualities of Kings"),《早期中世纪研究》(*Frühmittelalterliche Studien*)第 12 卷,1960 年,第 36—37 页。

③ A. 登普夫(A. Dempf):《神圣帝国:中世纪的历史哲学和国家哲学与政治复兴》(*Sacrum Imperium. Geschichts- und Staatsphilosopnie des Mittelalters und der politischen Renaissance*),慕尼黑和柏林,1929 年,第 251 页。

编纂进行比较，对于我们理解中世纪人对历史所持态度的特点也没有什么帮助。中世纪的历史学家了解古代作家并以自己的方法去评价他们，但这并没有能阻止他们形成以自己的世界观和时间概念看待历史的态度。

这种思想方式在时间方面的表现，是“永恒”(*aeternitas*)、“时代”(*aevum*)和人类生活的“时间”(*tempus*)等这样一些概念的使用。这些概念不仅在其所表示的时间延续的长短方面有区别，而且其所表示的内在价值也完全不同。永恒是上帝的属性，这是在 119
时间之外的。与永恒相比，人类存在的“时间”是无关重要的，仅仅当它作为向永恒性生命过渡中的一个准备阶段时才被注意到。至于 *aevum* 一词，这是在永恒和时间之间的一个中间性的概念，它是“被创造出来的永恒”。永恒既没有开始，也没有结束；*aevum* 则有开始，但没有结束；时间既有开始又有结束。[①] 根据托马斯·阿奎那(Thomas Aquinas)的观点，*aevum* 像 *aeternitas* 一样，“突然”开始了(*totum simul*)，而且后面还要延续下去。

奥古斯都顿尼西斯则给予这些时间的概念以不同的解释。他认为，*Aevum* 一词意为永恒，永恒存在于“这个世界出现之前，世界存在的过程之中和世界完结之后”(“Aevum est ante mundum, cum mundo, post mundum”)，它属于那个“过去不是，将来也不是，但永远是”(“non fuit, nec erit, sed semper est”)的上帝。观念的世界或世界的原形的世界，还有天使的世界，其特点都是具有“永恒性的时间”(*tempora aeterna*)——这是一个比“永恒”之意次

① 托马斯·阿奎那：《神学大全》，第 1 集，第 5 题，第 5 节。

一级的概念。世俗的时间是永恒的影子(“Tempus autem mundi est umbra aevi”)。时间随着世界的出现而开始,并随着世界的结束而结束。时间是能够衡量的,也许因此,奥诺里于斯从 *temperamentum*(“相称”“关联”)这个词中得出了 *tempus*(时间)这个词。他写道:“时间不过是事情(事件)的连续而已(*vicissitudo rerum*)。”[1]

在中世纪表示时间概念的一个典型的、有益的方法是,想象有一根绳子从东方伸展向西方,这根绳子每天卷绕起来然后又伸展开,以此表示出时间在流逝(奥古斯都顿尼西斯)。[2] 这种时间被认为有实质性的内容。时间被表现为与世界和人类的存在共始终(*mumdus-saeculum*)。时间如同世界一样是会腐败的(奥德里克斯·维塔利斯[Ordericus Vitalis])。[3] 时间的流逝并不意味着人类的进步;如果这些生灵在最后的时刻比他们的前人知道得更多,看得更远,那是因为他们就像站在了巨人肩上的矮子——这并不意味着他们有比前人更好的眼力(沙特尔的伯纳德[Bernard of Chartres]、索尔兹伯里的约翰[John of Salisbury]、布卢瓦的彼得[Peter of Blois])。[4]

120 在13世纪,哲学家和神学家研究时间问题的兴趣重新被亚里士多德的思想激发起来,这时,由于阿拉伯人的介绍,那些思想逐渐被西方了解了。托马斯·阿奎那部分地吸取了亚里士多德关于

---

① H. 奥古斯都顿尼西斯:《论世界的形象》(*De Imagine Mundi*),Ⅱ,1-3。

② H. 奥古斯都顿尼西斯:《论世界的形象》,Ⅱ,3。

③ 引自 M.-D. 舍尼(M.-D. Chenu):《十二世纪的神学》(*La théologie au douzième siècle*),巴黎,1957年,第67、87页。

④ E. 若诺(E. Jeauneau):《矮人与巨人》(“Nains et géants”),《谈谈十二世纪的文艺复兴》(*Entretiens sur la Renaissance du 12e siècle*),巴黎和海牙,1968年。

时间是对运动的一种衡量的观点。[①] 但如果说他的同代人圣波拿文都拉(St. Bonaventura)接受了亚里士多德的宇宙哲学，并努力建立起一种基督教的亚里士多德主义，[②]那么，圣托马斯则是把它与新柏拉图主义结合了起来。根据亚里士多德的观点，只有神灵和永恒的生命才在时间之外，但圣托马斯则主张在某种意义上，所有的物质——包括被创造的物质——都存在于时间之外。考虑到它的实质内容，一种存在不能被时间所衡量，因为它的内容并不延续下去，它与时间没有共同之处，而仅存在于当前(*nunc temporis*)；但当它在运动中被观察时，这种存在就变得可用时间来衡量了。一种能够变化的存在日益离开永恒远去，这种易变性证明，创造是不会完结的。[③] 与奥古斯丁和他对 *malignum saeculum*（险恶时期)悲观主义的思考相对照，阿奎那宣称，在历史的进程中，人类被永恒所拯救将会实现。[④]

神话中的时间和中世纪的历史学家所理解的时间形式都认为，世俗社会的时间概念是某种虚妄的意识，因为只有基督教教义所解释的时间才是完全真实的。存在于基督教神话之中的时间的

① 托马斯·阿奎那：《神学大全》，第1集，第10题，第1节。

② J. 拉青格(J. Ratzinger)：《圣波拿文都拉时期关于人与时间的概念》("Der Mensch und die Zeit im Denken des Heiligen Bonaventura")，《中世纪思想家对人类及其命运的思考》(*L'homme et son destin d'après les penseurs du Moyen Âge*)，鲁汶和巴黎，1960年，第476、483页。

③ Z. 扎维尔斯基(Z. Zawirski)：《时间概念的演变》(*L'évolution de la notion du temps*)，克拉科夫，1936年，第35—42页。

④ M.-D. 舍尼：《人类状况：肉体性与时间性》("Situation humaine, corporalité et temporalité")，《中世纪思想家对人类及其命运的思考》(*L'homme et son destin d'après les penseurs du Moyen Âge*)，第39—40、49页。

尺度，对于一个线性的发展过程是无法衡量的。在《约翰福音》（第8章，第58节）中耶稣说："我实实在在告诉你们：还没有亚伯拉罕就有了我。"中世纪的基督教徒们所理解的现在，是一种既不负担着过去也不孕育着将来的现在。与"最初的时间"——《圣经》中的时间，不变的、永久延续的时间——相对照，世俗社会的时间、当前的时间是易消逝的。这是"现象的时间"，不是"本质的时间"，因此，这样的时间不是独立的。时间仅仅是固定不变的世界的基本主题一种外部的变化。"时间在变化，言词在变化，但是这种信仰不变"，因为"这一旦是真的，便永远是真的"。因此，"基督将要降生，正在降生，和已经降临"被深信不疑（彼得·伦巴德[Peter Lombard]语）。[①] 这个真实是不受时间限制的，在时间的进程中，
121 它不变化。但是，这意味着人的历史的真实性中并没有真实的成分，世俗的历史不过是一种没有独立价值和真实性的影子。历史的解释归结为从理想的历史概念推导出来的对一些孤立事件的论断。[②]

用来度量世俗社会中飞速流逝的时间的时期，当被用来度量《圣经》中的事件时，就要求有另一种十分不同的长度和密度。上帝创造万物的六天表示了整个的一个纪元，世俗社会的"天"是无法与之比较的。奥古斯丁写道：甚至去想象一下这创造万物的六

① M.-D.舍尼：《十二世纪的神学》，第93页。

② F.S.利尔（F.S.Lear）：《中世纪对历史的态度》（"The Mediaeval Attitude Toward History"），《莱斯学院院刊》（*The Rice Institute Pamphlet*），第20卷，1933年第2期，第160—171页。

天，想象一下这些天如何，都是不可能的；这是上帝的伟大秘密之一。[①] 奥古斯都顿尼西斯在他的"阐释"中回答了这样一个问题——亚当和夏娃在伊甸园中住了多长时间？回答是7个小时。"为什么不再长一些？因为这个女人在被创造出来之后，紧接着就背叛了她的创造者。在那个男人被创造出来后的第三个小时，他为动物起了名字；在第六个小时，这个女人（刚被创造出来）就吃了禁果并把它给了亚当吃。亚当出于对她的爱，吃了禁果。然后，在第九个小时，上帝把他们赶出了伊甸园。"[②]所以男人的清白只在一天中持续了短短几个小时！但这是天堂里的几个小时，基督徒的心里把世俗社会多少年的内容都放到这几个小时中。

历史时间的概念，在中世纪人典型的神人同形的范畴中得到实现。在中世纪的历史编纂学和哲学中特别流行的是普遍历史时代的概念，这个概念是按人类的时代的术语来理解的。《彼得后书》（第3章，第8节）中说，"主看一日如千年，千年如一日。"奥古斯丁用这段文字和基督教早期的评论作为他的根据，把上帝进行创造的每一天与世俗社会一千年等同起来，试图计算出人类历史所经历的时间，在上帝进行创造的天数中看到了它所象征的人类历史发展中各个时代的原型。奥古斯丁认为，有6个历史时期：1. 从上帝创造出亚当到大洪水；2. 从大洪水到亚伯拉罕；3. 从亚伯拉罕到大卫；4. 从大卫到巴比伦之囚；5. 从巴比伦之囚到基督降临；6. 从基督降临到世界的末日。这6个普遍历史时期与人类成 122

① 《上帝之城》，第11卷，第6章。

② Honoriius Augustodunensis, *Elucidarium*, PL, t. 172, col. 1119.

长中的6个时期——幼年、童年、少年、青年、壮年、老年——正相吻合。依西多禄从两个方面解释*aetas*（“时代”）这个概念：一是作为一个人的时代，一是作为世界的时代。①

奥古斯丁以《圣经》中的圣徒们的寿命作为起点，计算出头两个“时期”（*infantia* 和 *pueritia*）共有10代人，每一代人生命的长度是100年，以下的三个时期（*adolescentia*，*iuventus*，*aetas senior*）每个时期有40代人。开始于耶稣降临的第6个也是最后一个时代（*senectus*），现在正在进行中，还不能用世代这个词来度量。因此，正如《使徒行传》（第1章，第7节）中所说：“父凭着自己的权柄所定的时候、日期，不是你们可以知道的。”所以，奥古斯丁排除了计算我们还剩有多少时间的任何可能性。②

然而，有几位中世纪作家力图计算出这第6个也是最后一个时期有多长。比德宣称，世界末日将在1000年后到来。在10世纪的准先知们看来，这个日期还很遥远。关于在临近1000年时欧洲大众的精神状态的传说，在15世纪末，当人们真的害怕世界末日就要到来的时候形成了。③ 在以后还出现过一种并不很少见的企图——要计算反基督到来和人类社会的第6个时期结束的时间。

在人类社会的时代与上帝的那些小时之间还有另一种对应：

---

① Sancti Isidori Hispalensis episcopi, *Etymologiarum libri*, XX, PL, t. 82, Paris, 1878, col. 223.

② 《上帝之城》，第18卷，第53章；第22卷，第30章。

③ G. 杜比（G. Duby）：《公元1000年》（*L'an mil*），巴黎，1980年；J. 德吕茂（J. Delumeau）：《西方的恐惧（14—18世纪，一座被围困的城市）》（*La peur en Occident* [*XIVe-XVIIIe Siècles*]. *Une cité assiégée*），巴黎，1978年，第199页。

在亚伯*做苦役的那个早上，在第三个小时，诺亚来了，在第九个小时立法者摩西来了，在第十一个小时，基督诞生了。

在关于人类社会有 6 个时期的学说中，中世纪人常有的对任何事情都进行象征性解释的嗜好，带有一丝历史悲观主义的色彩：我们是不是到了最后的时期——世界历史第 6 个时期？到了衰亡的时代？早在《哥林多前书》（第 10 章，第 11 节）中就提到，人类已经走到了“末世”。1000 多年以后，但丁——仍活在对世界末日的期待中——听到比阿特丽斯（Beatrice）告诉他，在天国的玫瑰园里，“宝座已快被坐满了”，只有几个还空着，正等待着上帝的选 123
择。① 一种对待时间的悲观主义态度在中世纪传播得很广泛：人类的美好、快乐的时光远远地留在了他的后面，世界在道德的败坏中走近了它的末日。以前人们高大健壮，现在他们变得瘦小、软弱，以前妇女忠诚于他们的丈夫，奴仆忠实于他们的主人，现在情况完全变了。人们由在小宇宙与大宇宙之间有一种对立，推断出在世界的成熟过程和人类的成熟过程之间也有一种对应。一个盎格鲁-撒克逊诗人称所有活着的人为老人，因为世界已经走到了它的第 6 个也是最后一个时代。②

“*Mundus senescit*”——“世界正在变老”。遥远过去的伟大人物——《圣经》中的人物和古代的那些英雄们——现在怎么样了？

---

* 亚伯（Abel），《圣经》中亚当与夏娃之子。——译者

① 但丁：《天堂》，第 30 章，第 131—132 行。

② J. E. 克罗斯（J. E. Cross）：《古代英国文学中的大宇宙和小宇宙》（“Aspects of Microcosm and Macrocosm in Old English Literature”），《纪念 A. G. 布罗德古代英国文学研究文集》（*Studies in Old English Literature in Honor of A. G. Brodeur*），俄勒冈大学，1963 年，第 2—3 页。

在《布兰诗歌》(*Carmina Burana*)集子中，有一首歌，在半是严肃、半是讥讽地抱怨这个世界一代代正在堕落衰败时，提到教会的神父们——他们中的一些人在救济院，一些人正在受审，还有一些在鱼市。“宗教生活再也不能吸引玛丽亚(Mary)了，勤勉的生活对马大(Martha)也不再有吸引力，利亚(Leah)感到空虚乏味，拉结(Rachel)泪眼汪汪，迦图(Cato)在酗酒，卢克丽霞(Lucretia)成了娼妓。”[①]在《布兰诗歌》中一个下流的笑话，如同在其他许多中世纪的著作中那样，往往有双重的含义，蕴含着意识形态的寓意，因此不能被简单地看作是一个笑话。历史学家同样在悲叹这个世界在衰败下去。“事情怎么都在变呀！”奥德里克斯·维塔利斯，这位12世纪的诺曼历史学家写道：“爱的热情变冷了，邪恶变得强大起来，以前那些作为神圣的象征的奇迹也不再是奇迹了，历史学家能做的事情只有记录罪恶，记录更多的罪恶……反基督的时代即将到来。”[②]

这是一个奇特的怪现象：一个社会，为它的衰老的前景——腐朽的世界——所困扰，崇敬着《圣经》中的那些先辈和白胡子的先知们，而这个社会实际上却是由年轻人在运转。在中世纪，人往往在年轻时就死去了。我们在这个问题上缺乏具有一般代表性的数

① E. R. 库尔提乌斯：《欧洲文学与拉丁中世纪》(*Europäische Literatur und lateinisches Mittelalter*)，伯尔尼，1948年，第103页。(英文版，*European Literature and the Latin Middle Ages*，劳特利奇，伦敦，1953年。)

② 引自J. 施珀尔(J. Spörl)：《中世纪盛期历史观的基本形式：关于十二世纪历史编写者的研究》(*Grundformen hochmittelalterlicher Geschichtsanschauung. Studien zum Weltbild der Geschichtsschreiber des 12. Jahrhunderts*)，慕尼黑，1935年，第59页。

据，但人们熟知的是，不仅许多君主是凭借着血统的权利在很年轻时就登上王位，而且那些教皇和教会中其他显要人物，也是在很年 124
轻的时候就取得了那些要职，并且在还不到老年的时候就死去了。阿伯拉尔（Abelard）和圣托马斯·阿奎那在不到 30 岁的时候就是教授了。阿奎那和阿西西的圣方济各（St. Francis of Assisi）在天主教的眼中是中世纪基督教的化身，他们两个人分别死于 49 岁和 44 岁。一般情况下，人们在 40 多岁的时候就被认为已经老了。理想的年纪被认为是 35 岁，这时，基督“希望完结他的世俗的生命”。继古代和中世纪的作家之后，但丁提出，25 岁以前是青年时代，此后到 45 岁是成熟期，45 岁以后就进入了老年。[1]

在中世纪，人们大多认为，所有的变化都是不可避免地向坏的方向发展。我们在 12 世纪的一首诗中，读到这样的句子：“不论什么变化都没有价值。”*modernus*（时髦的）、*novus*（新的）这些词和从这些词派生出来的词都是贬义的，而且不具有时间含义。它们的原意在公元 1 世纪时还保留着，那时，“新的”意指基督教，“老的”指异教。但在以后，当真正的古代被完全忘记了的时候，*antiquus*（古代）这个词在取得了其明确的含义时，成了“权威”的同义词。索尔兹伯里的约翰说，那些被视为新奇的事，往往原来是那些在古代为人所熟知的事。真理并不随着时间的变化而变化。另一位作家承认，每一个人都害怕新奇和变革。[2] 英国史学家沃尔特·马普（Walter Map）写道：“所有的人都轻视他们所拥有的

[1] 但丁：《飨宴》，第 4、23—24 章。

[2] W. 弗罗因德（W. Freund）：《“时髦的”和中世纪的其他时间概念》（*Modernus und andere Zeitbegriffe des Mittelalters*），科隆和格拉茨，1957 年，第 108 页。

时间，每一个时代都喜爱它之前的东西。”[①]然而，他是反传统的，他视古代为“铜的时代”，视自己的时代为“黄金时代”！对中世纪人来说，*modernitas*（现代）这个词有詈骂、诋毁的意思，任何新的事物都因时间和传统而被认为亵渎神圣，都被报以怀疑的目光。对待异教徒（*novi doctores*），常用“前所未闻的变革”“新的形式”之类的指控，这也是一种致命的谤词。价值专属于旧有的事物。实际上，也有一些思想家认识到那些古老的受到尊崇的事物也曾经是新的。因此，正如哈弗尔贝格的安瑟姆（Anselm of Havelberg）所说的：我们不得不在好与坏、旧与新之间做出区别；
125 他又说，然而，在精神领域没有发生什么变化（“unus et idem spiritus”）。[②]

孔什的威廉的话把中世纪与现代价值观的对立表现得鲜明生动：“我们详细地描述古人的情况，我们没有发明新的东西”（“Sumus relatores et expositores veterum，non inventores novorum”），因为“古代人比我们当代人高明得多”（“Antiqui multo meliores fuerunt modernis”）。[③] *Antiquitas*（古代的）与 *auctoritas*（权威）、*gravitas*（威严）、*majestas*（伟大）是同义词。在中世纪，思想上的

---

① Walter Map，*De nugis curial*．引自 E. R. 库尔提乌斯：前引书，第 259 页。

② J. 施珀尔：《基本形式……》，第 30 页。

③ E. 若诺：前引书，第 26 页。我们应记住，对于那样的说法并不能总是从它表面的意义去理解。巴斯的阿德拉德（Adelard of Bath）承认，鉴于普遍存在的对待任何新事物的偏见，他觉得把他的思想归之于别人——即古代作家或阿拉伯学者，更明智一些。见勒高夫：《中世纪的知识分子》（*Les intellectuels au Moyen Âge*），巴黎，1960 年，第 60 页。

创见算不了什么，剽窃别人的学说也不被认为是罪过。[①]

但是，支配中世纪思想的并不仅是过去。正如透过基督教的棱镜所见到的，历史的发展对当时的思想也起着指导作用。历史根据一个预定的计划发展和改变自己，向一个终点前进，在这个终点，世俗生活与世俗生活之外的生活融合在一起，崇拜上帝的历史观念，只能被作为对历史悲观主义的一种抗衡。对最后审判的恐惧与对得救和到达天堂的渴望混合在一起。

关于世界历史已经走到了最后阶段的观念对政治思想也不是没有影响的。在王权与罗马教权的斗争中，这种思想被维护王权的主要人物用来证明他们关于世界的主张的正确。在腓特烈一世(红胡子)和腓特烈二世*的“罗马帝国”以后，反基督王国随之出现，这种观点很快取得了政治的说服力。[②]

关于世界正走向衰亡，最后的灾难迫在眉睫的思想是中世纪思想中不可分割的一部分。但也正由于有这种思想，历史知识被认为是必不可少的。历史起着重要的教育作用，为人们提供具有永恒意义的例证。阿尔巴的本佐(Benzo of Alba)主教在 11 世纪 126
写道：

---

① H. 博伊曼(H. Beumann)：《中世纪早期的作家及评论家》(“Der Schriftsteller und seine Kritiker im frühen Mittelalter”)，《中世纪大学》(*Studium Generale*)，第 12 卷年刊，第 8 期，1959 年，第 502、509 页。

* 腓特烈二世(Frederick Ⅱ，1194—1250)，德意志国王，西西里国王及神圣罗马帝国皇帝(1220—1250 年在位)。——译者

② H. 格伦德曼(H. Grundmann)：《中世纪历史观的基本特征》(“Die Grundzüge der mittelalterlichen Geschichtsanschauungen”)，《中世纪的历史思维和历史图景》(*Geschichtsdenken und Geschichtsbild im Mittelalter*)，达姆施塔德，1961 年，第 424 页。

如果书籍隐藏了过去时代的事情，

那么，我要问：后代子孙将去效法何人？

如果他们不知道时间的六个时代，[①]

人们就会像牛一样丧失理性。

说中世纪的人对历史没有感情是不真实的。那些关于人民和国家的初步的历史知识掌握在人数很少的学者手中，然而基督教中也暗含着一种特殊的历史决定论。在整个中世纪，学术著作主要包括关于古代和当代的历史著作以及关于《圣经》的著作。中世纪人的意识被有关以往全部历史都围绕其展开的那些历史事件的知识统治着，那些历史事件就是基督的诞生和死后被钉在十字架上。因此，中世纪的社会被置于一个将过去与未来连接起来的特定位置上。既然历史的开端和结束人们都知道了，那么它的内容人们也是可以理解的了。当然，整个历史进程的秘密只有造物主知道，但其中的每一个事件都有其令人信服的意义，因为，每一个事件都是服从于决定一切的总规律的。

基督教的历史哲学相信历史在进步，这与古代极端悲观主义的历史观形成对比。但是"进步"——在中世纪的历史观中它可以被用于一切事物——有它特定的性质。首先，它只涉及精神生活：在历史的进程中，上帝的真理日益渗入到人们的生活之中，人们对上帝的了解越来越多。上帝之城在走向它的完全实现。对于世俗

① 引自H.格伦德曼：《中世纪的历史编纂》("Geschichtsschreibung im Mittelalter")，《德国语文学概要》(*Deutsche Philologie im Aufriss*)，利佛昂、柏林、比勒菲尔特、慕尼黑，1961年，第2283页。

的历史，中世纪的历史学家们既没有谈及，也没有表示其历史过程在不断前进的概念(除了 *translatio*［转换］这个极抽象的概念之外，下面将论及这个问题)；他们喜爱写年代记、年表、“传记”、“行传”、“古代的事情”，总而言之是“故事”，而不写作为人类或某一民族连续不断的发展过程之记录的历史。再者，目的论哲学所承认的“进步”不是没有限度的，历史向预定的目标前进，因此历史是一个在一定的限度内发展的过程。[1] 历史的进步就是那个神圣计划的实现。

弗洛里斯的约阿基姆(Joachim of Floris)的神学历史观前后内容更为一致，并且为末世论的历史提供了一种新的视角。在《永恒的福音》(*Eternal Gospel*)一书中，约阿基姆把历史分为三个大的时代，其中每一个时代的转折处依次由三位一体中的某一位所掌握：在圣父的《旧约全书》时代结束后，接着的是圣子时代，再后 127
是圣灵时代。每一个时代都包含着上帝的一个历史启示，这使人类社会不断走向完满成为可能。人类社会将在第三个时代取得绝对的精神自由。这第三个也是最后一个时期在 1260 年开始，宗教将重新振兴，人们将获得新生，精神的自由将使人们理解福音的真正意义。约阿基姆认为，这样，时间在它的进程中不断带来新的启示，人类社会在发展的每一个阶段中都得到它本身所需要的东西，得到它本身的随着时间的流逝而被揭示出来的真理。

正如奥古斯丁所看到的那样，历史的真理总是在一个个的个

---

① E. 吉尔松(E. Gilson)：《中世纪哲学精神》(*L'esprit de la philosophie médiévale*)，巴黎，1948 年，第 19 章。

别事件(福音的化身)中被揭示出来,而不再改变。对于约阿基姆来说,真理是在一个由各个阶段组成的连续不断的发展过程中被揭示出来的,每一个阶段的下一个阶段都是一种潜在的现在。约阿基姆在谈到公正的理想时代时写道:“《旧约全书》之前的时间、《旧约》时代的时间、圣恩(Grace)时代的时间,这些时间都是必要的。我们必须认识到还有另一种时间也是必要的。”[1]约阿基姆这样写道,他指的是理想的正义时代。在《旧约全书》中,《新约全书》已是一种潜在的现在,同样,《新约全书》本身是充分揭示出来的真理的原型。如果指责社会在堕落和毁灭的传统的悲观主义世界观,存在于从奥古斯丁开始的整个中世纪(“世界上没有什么恒久不变的事物”),那么,另一方面,对约阿基姆来说,所有的存在——人和社会、教会和它的教义——也都在转化和再生。当然,约阿基姆所阐释的进步不是内在的、真实的发展,因为他认为,世界的各个发展阶段是被包含在那个预定的神圣计划之中的。约阿基姆的这种观点受到教会的指责。波拿文都拉写道:“在《新约全书》之后,什么也不再有了。”[2]阿奎那也为历史仅可分为两个时代——《旧约全书》时代和《新约全书》时代——在将来不可能有第三个时代的观点辩护。他在此还论述了传统和进步之间的关系问题,认为后者为前者所限制,因为随着时间的流逝,人们才能更清楚、更
128 详细地理解真理的原意,而对于它的最深奥的秘密,使徒们要比后

① 引自 S. M. Stam,“Uchenie Ioakhima Kalbrijskogo”,*Voprosy istorii religii i ateizma*,Ⅶ,Moscow,1959,p. 348。

② E. 吉尔松:前引书,第 377 页。

来的人们理解得更深刻、更充分。[①] 但是，约阿基姆详细阐明了那样一个理论，这本身就说明，在中世纪人们并不一定是用完全悲观主义的观点看待历史时间。更准确地说，人们是在对于人类被拯救的渴望中混杂着对世界末日的恐惧，因为天堂和地狱之火一起在等待着人们。

形成这些概念和把这些认识组织成一幅互相衔接的世界图画的关键因素是语言。语言不仅是一套符号系统，它还构成了一个关于价值和概念的有决定意义的系统。拉丁语作为中世纪西欧和中欧文化的语言，在文化发展中，对于变动和不稳定的语言和许多部落和民族的方言，起到了统一的作用。[②] 对于受过教育的人——主要是牧师——来说，拉丁语在长时期内被认为是唯一的一种文明的语言。在他们看来，甚至鸟也在"用拉丁语"唱歌。但是，拉丁语在不同的时代也有变化。同一个词在古代和中世纪的使用中有不同的含义，然而语言本身的外观仍保持不变。毫无疑义，拉丁语有助于蒙蔽中世纪的人民，使他们不了解遥远的过去，不了解他们所高度赞扬的那些古代作家，拉丁语使他们不了解世界发展中的重要转折——这个转折是以从罗马时代向中世纪的过渡为标志的。

过去与现在之间的界限，还由于在各种著作中广泛流行的对

---

① 托马斯·阿奎那：《神学大全》，第 2 集，第 1 部，第 106 题，第 4 节；第 2 集，第 2 部，第 1 题，第 7 节。

② A. 博斯特（A. Borst）：《巴别塔：关于语言及民族起源的各种观点的历史》（*Der Turmbau von Babel. Geschichte der Meinungen über Ursprung und Vielfalt der Sprachen und Völker*），第 2 卷，斯图加特，1958—1959 年。

于古典作家的抄袭而弄得模糊不清。查理曼[*]的传记作者艾因哈德(Einhard),从苏埃托尼乌斯[**]的《罗马十二帝王传》中抄袭了大量的内容,他认为那是描写法兰克帝国的最好的办法,对于他和他的时代来说,法兰克帝国不仅与罗马帝国相像,而且实际上与罗马帝国就是一回事。

然而,我们不得不同意中世纪历史编纂学领域的学者的这种观点:引用和抄袭成语和惯用语在统治者主宰一切而原先又什么
129 都没有的时代,是为了表达他们自己而很自然要采用的方法。对于各种著作中那些陈词老调(*topoi*)的熟练掌握被视为表达自己思想的一种特殊的方法——当然还要借助于有关统治者的各种材料的帮助,这实际上是不鼓励个性。[①] 一般说来,历史学家往往认为自己是在继续写着前辈的作品,因此严格地说来仅仅有一种普遍的历史,这样历史不能被重写,而只能续写。[②]

在中世纪,这个世界不被认为是变动着的,而被认为是固定于其基础之上而稳定不动的。变化仅影响到上帝所建立的制度的表面。基督教所带来的历史时间的观念并不能克服这种基本的信念。作为结果,甚至当时的历史意识——如果可以说中世纪有那

---

* 查理曼(Charlemagne,742—814),768—814 年为法兰克国王。——译者

** 苏埃托尼乌斯(Suetonius,约 69—122 年以后),2 世纪时罗马传记作家、历史学家。——译者

① H. 博伊曼(H. Beumann):《艾因哈德的传统主题和思想结构》("Topos und Gedankengefüge bei Einhard"),《文化史档案》(*Archiv für Kulturgeschichte*),第 33 卷,1951 年第 3 期,第 349—350 页。

② A. 冯肯施泰因(A. Funkenstein):《救赎计划和自然发展:中世纪盛期历史思维中确定当下的形式》(Heilplan und natürliche Entwicklung. Formen der Gegenwartsbestimmung im Geschichtsdenken des hohen Mittelalters),慕尼黑,1965 年,第 76 页。

样一种意识的话——实质上是反历史的。年代错置是中世纪历史编纂中的一个显著特征。过去的事件被描述为当前的事情;古代英雄们的想法与史学家所记的当代人的思想完全一致。而在中世纪的诗歌或其他艺术作品中,则看不出其观念有地域和历史的色彩。《圣经》和古典作品中的人物身着当代的装束,并表现出欧洲人所熟悉的姿态。这些艺术家、雕刻师、传记作家或历史学家根本不考虑,其他地方、其他时代人们的习惯、道德、品性、服装、建筑、生活方式与现在他们在自己的周围所见到的完全不同。一位匿名的道德家写了一首题为《历史上的道德》的诗,他毫不犹豫地把骑士特有的 *courtoisie*(谦恭有礼)的美德归之于古罗马人。①

时代之间的区别是不值得注意的——基督降临之前和此后的历史之间那个巨大的和极端重要的区别除外。但是《旧约全书》和《新约全书》所反映的不同时代被认为仅仅是以一种简单的时间顺序联系着的:基督降临人世之前的历史和此后的历史是对称的。《旧约全书》中的每一个事件和每一个人物,在《新约全书》中都有
一个相类似的事件和人物,在他们之间存在着一种内在的、神圣的 130
和象征性的联系,这种联系中蕴含着最深奥的意义。对于中世纪的人来说,看到《旧约全书》中的国王和主教们,在大教堂的入口处与古代的那些智者和福音书中的人物肩并肩地站在一起,会认为这是很自然的,完全没有什么不协调的地方。这可能比任何事情都更能说明中世纪那种典型的不顾时代差别的历史观。这样的描

① 《历史上的道德》(“La morale de l'histoire”),《中世纪》(*Le Moyen Âge*),第69卷,1963年,第366页。

写被认为是与一个明确设想一致的：他们是以一种象征的方式互相联系着，组成了井然有序、和谐一致的系列。中世纪的人思考着这些，他们意识到历史内容的丰富，意识到历史的一致和统一，意识到历史的不变性以及过去的时代与现在时代的连续性。

《旧约全书》与《新约全书》之间这种相类比的联系原则，被中世纪历史学家采纳，企图在世俗历史中也发现这类象征意义。对于《旧约全书》来说，耶路撒冷圣殿的历史与教会神秘的"基督圣体"的历史相对应；神殿的被毁与基督教殉道者的受迫害相对应。这种对应在当时的历史中也能发现：国王亨利四世和教皇格里高利七世之间的斗争与犹大·马加比(Judas Maccabaeus)和安条克四世(King Antiochus Ⅳ)之间的斗争互相对应。通过这种比较，象征主义的历史学家们把历史上的事情放进了一种静止的对应系统之中。①

对于人性本身的认识也是不顾及时代差别的。所有世代的所有人都对亚当和夏娃的原罪承担着责任，正如所有的犹太人对于耶稣被钉死在十字架上都负有罪责一样。对于这些事件——亚当与夏娃的堕落和耶稣在十字架上受难——都不简单地仅是过去的事，要永久地存在下去，永远就在眼前。11世纪末的十字军相信，他们正在受着惩罚，不是因为他们是钉死耶稣的那些人的后代，而是他们本身就是那些人。已流逝过去的那些世纪对于他们没有任何意义。

---

① E. 莫伊滕(E. Meuthen)：《赖歇尔斯贝格的格霍斯的历史象征主义》("Der Geschichtssymbolismus Gerhohs von Reichersberg")，《中世纪的历史思维和历史图景》(*Geschichtsdenken und Geschichtsbild im Mittelalter*)，第241—246页。

世俗的历史没有任何真正的发展变化。圣杰罗姆（St. Jerome）根据《但以理书》中的预言精心创造的四个地上王国（亚述—巴比伦、米底—波斯、希腊—马其顿和罗马）的理论认为，这四个王国只不过是帝国从一个王朝向另一个王朝的过渡和继续。君 131
主制的思想本身并没有任何变化。这种政权的转换（*translatio imperii*）一直延续到了中世纪。弗赖辛的奥托认为，政权从罗马人手中转到了希腊人（拜占庭人）那里，又从希腊人转到了法兰克人手中，从法兰克人又转到伦巴德人手中，从伦巴德人再转到日耳曼人手中。[①] 奥托编写了一个罗马帝王表，他把一直到当时的日耳曼人统治者都包括在这个表中。在这个表中，查理曼是第69代王，奥托一世是第77代王，奥托三世是第86代王。法国的史学家和诗人认为这种政权的转换导致了法兰克人地位的上升，权势的增大，而英国人则认为这种情况发生在英国。

这种政权转换的概念被与知识的传递和文化的迁移结合起来。政治精神的这两个方面所强调的重点在于普遍历史的继承和连续的意义。在12世纪下半叶，诗人特鲁瓦的克雷蒂安（Chrétien de Troyes）写道，骑士阶层和僧侣阶层首先兴起于希腊，骑士精神和学问尔后转移到了罗马，现在它们在法兰西盛行起来，它们永不再离开那里，这是上帝的意志。[②] 与这些民族主义者的解释相类似

---

① 弗赖辛主教奥托（Ottonis episcopi Frisingensis）：《编年史》（*Chronica*），序言1，W. 拉默斯（W. Lammers）编，柏林，1960年，第8页。

② 特鲁瓦的克雷蒂安：《骑士与教士》（"Chevalerie et clergie"），《法国诗选：中世纪》（*Anthologie poétique française Moyen Âge*），第1卷，A. 玛丽（A. Mary）选编、导言、翻译和注释，巴黎，1967年，第102页。

的，还有一种普遍的西欧式的态度："所有的权力和人类的智慧都兴起在东方，然后，它们都到西方来结果。"（弗赖辛的奥托语）。但是，这些在时间中的运动都仅是暂时性的，都是世俗社会中的事情。地上王国这种暂时性、不稳定性和易变性（*mutabilitas*）与上帝之城的永久性、稳定性（*stabititas*）形成了强烈的对比。[①] 在这种对比中，时间成为一种不完美的因素，一种本不该存在的东西。

奥古斯丁关于人类社会有六个时代的理论，与圣杰罗姆四个地上王国的观点一样，都是建立在这样一种前提之上：神圣的上帝已经从一开始就设计好了世界历史的这样一种连续不断的发展过程。在世界历史中，没有自发的发展，有的只是原先已预定好的计
132 划的实现，和那些神圣的象征的具体化。封建社会的统治阶级、僧侣和骑士，在自己身上看到了这种历史的实现及其意义。历史对于未来是敞开着的、充满各种新的可能性这种概念对中世纪人的观念来说完全是陌生的。

第四个君主国不允许第五个君主国的出现，人类历史发展的第六个时代排除了第七个时代到来的可能性。那些把伟大意义加之于历史上的政治事件的史学家们，把人类历史分为数个前后相继的君主国，例如，赖歇瑙的赫尔曼（Hermann of Reichenau）、让布卢的希格伯特（Sigebert of Gembloux）、弗赖辛的奥托等几个人所写的历史著作就是如此。对于一些史学家，比如塞维利亚的依西多禄、可敬者比德、普吕姆的雷基诺（Regino of Prüm）等人来

① 弗赖辛主教奥托：《编年史》，第 11—17 页。见 H. M. 克林肯伯格（H. M. Klinkenberg）：《弗赖辛的奥托的编年史的意义》（"Der Sinn der Chronik Ottos von Freising"），《从中世纪到近代》（*Aus Mittelalter und Neuzeit*），波恩，1957 年。

说，世俗社会发生的那些事件，是那个极抽象的秩序作用的结果，而不是具体、真实的现实，他们都特别偏爱人类社会发展有六个时代的理论。

克服时间的暂时性并从永恒观点看待暂时性的努力，与神秘主义者有特殊的关系。在宾根的希尔德加德看来，《旧约全书》和《新约全书》中的事件在历史上是互相联系着的，历史是以一座城的形式出现的，这座城有四面墙面对着世界不同的部分。南面的这座城墙象征着亚当的时间，东面的城墙包括从亚当到诺亚的时间，北面的城墙代表亚伯拉罕和摩西领导下的人民的历史，西面的城墙代表基督降临以来的历史。[①] 在希尔德加德的阐释中，过去的时代如同现在和将来的时代一样，具有可见的、空间的形式。对暂时性范畴做这样的理解，在中世纪是有代表性的。

中世纪的人不能把世界和社会理解为一个发展的过程，这是他们对待自己和其内在世界的态度的一种直接反映。个人作为集体的一员，作为一种职务或一份工作的承担者，努力工作以尽可能地符合他所充当的角色的规范，在上帝面前尽他们的职责。他的生活过程已被他在人世的职业所安排定了，因此，个人的内在的发展被排除了。在中世纪流行最广、最富有中世纪特色的人物传 133
记——《圣徒传》中，几乎从没有提到他们是如何变为圣徒的，他们或是突然再生，从一种状态（罪孽深重）立刻变到另一种状态（圣洁无瑕），而没有任何准备和过渡阶段，或是自降生之日就是品德高

① B. 魏德默（B. Widmer）：《宾根的希尔德加德的神秘主义中的救赎秩序及当代事件》（*Heilsordnung und Zeitgeschehen in der Mystik Hildegards von Bingen*），巴塞尔和斯图加特，1955 年，第 132 页及以下诸页。

尚,只是逐渐显示出来。人们不能认识到自己内在的品质是一个发展的过程,也就自然不能把这种内在的品质与发展中的世界联系起来,或者是看不到这种联系。[①] 个人和世界同样是静止不变的,所发生的变化都是表面的并且是由上帝的意志决定的。在这样的一个系统中,个人很少是一个心理学问题,就像社会很少是一个历史问题一样。

同样值得注意的是,中世纪的绘画中长期缺少肖像作品。艺术家们一定已经注意到了每个人的容貌都有个人的特征,而且也当然能把这些个人的特征表现出来。[②] 使艺术家没有画出十分逼真的人物肖像的不是"没有能力"或"缺乏观察",而是因为他们要尽力抹煞每个人独一无二的实际特征,以便画出一般性的超感观的形象。缺少个人肖像画这个现象,与要表现永恒真理和永恒价值这种愿望有直接的关系。这个现象也对了解中世纪人们对时间的理解提供了参照。反对具体化是否定暂时性的另一个方面的表现。人们并不感到自己是存在于时间之中,"生存"对于他们只意味着"居住",而不是"生活在一个变化的过程之中"。[③] 然而,一幅肖像是要把一个存在于空间之中不断变化着的人的很多种状态中的一种固定下来,而艺术家的责任不仅要表现世俗生活,还要表现

---

① W. J. 勃兰特(W. J. Brandt):《中世纪历史的形态:关于认知方式的研究》(*The Shape of Medieval History. Studies in Modes of Perception*),纽黑文和伦敦,1966年,第171页。

② M. 克梅里希(M. Kemmerich):《13世纪中叶之前的德国中世纪早期肖像画》(*Die frühmittelalterliche Porträtmalerei in Deutschland bis zur Mitte des XIII. Jahrhunderts*),慕尼黑,1907年。

③ G. 普莱(G. Poulet):《关于人类时间的研究》(*Etudes sur le temps humain*),巴黎,1965年,第1—6页。

生活中另一种更高层次的存在，他牢记着前者本质上是从后者派生出来的。因此，在那种在占统治地位的思想观念的影响下形成的中世纪美学思想，并不支持表现人的个性的肖像艺术的发展，个性的存在总是几乎不能——如果不是完全不能的话——被把握住。中世纪的人“害怕他的自我存在。他害怕独出心裁”。[①]

中世纪人感受他们自己生活中和历史中的时间流逝的方法，可以通过对一种“艺术时间”的考察来弄清楚。但在研究中世纪的
文献时，人们很少注意时间问题。一些学者宣称，在中世纪，时间 134
的主观方面根本没有被认识到；另一些人认为，谈论主观的心理上的时间是可能的，时间作为一种经历，在优雅的传奇和抒情诗中都曾出现过[②]。史诗虽然受到关注，暂时性的范畴则被忽视。在史诗中，人们感觉不到时间在日常生活中经过的方式和史诗所叙述的时间经过的方式之间有什么矛盾。史诗中的一个英雄花了 3 年时间走到一个地方，回来的路程用了 12 年，在哪儿也没有耽搁，可实际上他却漫游了 30 年。在发现这样的叙述时，没有人感到难以置信，没有一个人对发现圣者能使一天加长而感到惊讶。在一个相当长的时期里，过去的历史事件是在超时间的神话背景中上演的，而史诗已经不再“加工”、润饰当代的事件，例如，十字军东征这个历史事件在编年史家的笔下，没有失去任何在空间与时间方面的真实性。

---

① P. M. Bitsilli, *Salimbene*, p. 132.

② H.-H. 施泰因霍夫(H.-H. Steinhof)：《中古高地德语史诗中对同时发生的事件的描述》(*Die Darstellung gleichzeitiger Geschehnisse im mittelhochdeutschen Epos*)，慕尼黑，1964 年。

尽管如此在优雅的传奇中，也可以发现那种神话诗歌的时间的痕迹。其中的英雄们是长生不老的。兰斯洛特(Lancelot)、珀西瓦尔(Perceval)和其他的这类英雄都是长生不老的，没有提及他们的年龄的传记性叙述。他们总是那么年轻健壮，随时准备做出英勇无比的事情来。其中一个英雄来到了一个“无论冬夏都是鲜花盛开、果实累累”的地方。《埃瑞克》(*Erec*)中的黑岛[*]的气候不随着大地上季节的变化而变化，它存在于时间之外。亚瑟王传奇故事集中的高文爵士[**]的力量随着24小时的周期而不断变化。在一个优雅的传奇故事中，时间对其中人物的寿命没有限制，传奇中对待时间的神话诗般的态度，还允许属于不同时代人们都以当代人的面目出现，如对于特鲁瓦的克雷蒂安来说，亚瑟王是12世纪的英雄。

有两种不同的理解时间的方法贯穿于中世纪的传奇故事和抒情诗中。一种是把时间理解为静止的，在这种静态的时间中蕴含着一种合符习俗的、增强的同时代性，它既不知生成也不知改变，它是一种“永恒的日子”。另一种方法认为时间是充满活力的：时
135 间带来了变化，时间是通向永恒的一个过渡阶段。[①] 在这第二种对时间的理解中，诗歌和传奇的作者已痛苦地认识到时间是一去不复返的，时间流逝得那样的快，以至于人的心灵都不能把握住它。

---

* 原文为 Dark Island。——译者

** 高文爵士(Sir Gawain)，亚瑟王传说中的圆桌骑士之一，亚瑟王之侄。——译者

① U. 鲁贝格(U. Ruberg)：《〈散文兰斯洛特〉中的空间与时间》(“Raum und Zeit im Prosa-Lancelot”)，《中世纪的永恒：语言学研究》(*Medium Aevum. Philologische Studien*)，第9卷，1965年，第16、164、182—183页。

在《玫瑰传奇》(*Roman de la Rose*)中，洛里斯的纪尧姆(Guillaume de Lorris)写道，时间“日夜不停地流驶，时间从我们身边流过，又把我们留在后面，但这是那样不易察觉，以至于它好像根本没有动。它一刻也不停留地飞速向前，以至于饱学如牧师者要想抓住当前这一刻也都是不可能的。因为，在你还没能意识到它之前，已经有三倍于此的时间过去了。时间就像瀑布飞流直下，总在向前，不会停止，更不会返回；在时间面前，没有什么东西可保持不变，无论是铁，还是其他最硬的东西，因为时间能够侵蚀掉所有的东西；时间可以改变一切事物，使它们成长，又使他们衰败，以至把它们引向毁灭；时间的流逝，使我们的父辈衰老了，帝王们衰老了，又使我们也都衰老了，除非死亡抢在时间之前到来……”[①]关于时间的这些悲观的描述，与这首诗中作者关于老年的思想有关，他对这些曾深思熟虑。

传奇故事中的这些英雄们，因认识到时间飞速流逝，一去不返，而产生了急躁不安的情绪，产生了不要“失去”时间的紧迫感，他们要以符合骑士崇高要求的行动去填充这些时间。

Ph. 梅纳尔(Ph. Ménard)在对特鲁瓦的克雷蒂安的传奇故事中的时间问题进行研究之后得出了这样的结论：这些传奇故事中的人物如何理解和体验时间，取决于他们的生活方式。[②] 没有具

① 洛里斯的纪尧姆：《娱乐园》(“Le jardin de déduit”)，《法国诗选：中世纪》，第1卷，第394页。

② Ph. 梅纳尔：《特鲁瓦的克雷蒂安的传奇故事中的时间和时段》(“Le temps et la durée dans les romans de Chrétien de Troyes”)，《中世纪》(*Le Moyen Âge*)，第73卷，第3—4期，1967年。

有普遍意义的时间，对每个人来说，时间都是以不同的方式消逝的。对于牧猪人来说，什么也没有变，他生活在呆钝的状态中，对于那些没有自由的工匠，时间则过得缓慢难熬；但是骑士们盼望着以勇武的精神一冒风险，他们的时间与前边那些人的时间完全不同。在优雅的传奇故事中，英雄们建功立业的时间插入普通的时间进程之中。发生奇迹的那一刻是不会再重复的，正是在那一刻，英雄得到了表现自己的唯一机会。虽然往昔在那些有骑士气派的英雄们的心目中占有很重要的地位（例如珀西瓦尔在寻找体现着
136 自己的未来的那个圣杯中发现自己的过去），游侠骑士的概念本身也暗含着未来，但是，特鲁瓦的克雷蒂安所描写的英雄都是面对现实的。梅纳德之所以做出这样的评论，其根源在于他不同意中世纪人的“时间没有区别”的传统观点。但他又走向了另一个极端，他认为传奇中的英雄们“主宰着时间”。这种说法太过分了，说他们把时间理解为他们自己生活模式中的不可分离的因素，不是更为恰当吗？克雷蒂安所描写的英雄们在时间中活动，而传奇中的世界（*universum*）的时间一般说来是固定不动的。

典雅诗歌的一个典型特征是专注于当前。游吟诗人的诗歌中的时间结构是那种抒情时刻，在这一时刻，主人公的状况变得明确化：这种状况是被一种永不满足的爱情所规定的，这种爱情除了当前之外对过去和将来都一无所知。典雅抒情诗中的语法是现在时态的。[1]

---

① E.克勒（E. Koehler）：《从历史学和社会学角度看游吟诗人的诗歌》（“Observations historiques et sociologiques sur la poésie des troubadours”），《中世纪文明手册》（*Cahiers de civilisation médiévale*），第 7 卷，第 1 期，1964 年，第 43 页。

在中世纪文献中，几乎不可能不知道对时间的主观感知，因为自奥古斯丁以来，“可想象的时间”和“经历的时间”之间的区别就已被认识到了。[①] 当然在中世纪的诗歌中对主观时间的处理与二十世纪文学对主观时间的分析性和实验性的关注还相距甚远，在二十世纪的文学中，主观时间或许已成为核心的问题。在评论克雷蒂安的著作时，梅纳德认为，把时间分为“文学的时间”和“经历的时间”是正确的。按照他的观点，传奇中体验时间的方式首先是由其主人公的内心状态决定的，处在悲哀之中或处在使其心荡神怡的爱情中时，诗中的这些英雄们忘记了时间，沉浸于爱情中的英雄不能忍耐时间把他与其所爱之人分开。[②]

同样，《老埃达》中的一个人物，当他在新婚的前一夜为等待他的新娘煎熬难忍之时，他呼喊道：

> 夜这样长，一夜比两夜还长，
> 思绪纷乱没有尽头。
> 许多个月飞快地过去，
> 比新婚之夜的一半过得还快。[③]

我们不得不作出这样的结论：中世纪斯堪的纳维亚人非常清楚，对 137
时间的理解和时间的相对价值是根据人们的内心状态来决定的。

---

① G. 奎斯佩尔（G. Quispel）：《教父基督教教义中的时间与历史》（“Time and History in Patristic Christianity”），《人与时间：选自爱兰诺思年鉴的论文》（*Man and Time. Papers from the Eranos Yearbooks*），波林根系列丛书 XXX，3，纽约，1957 年，第 101 页。

② Ph. 梅纳尔：前引书，第 393 页。

③ 《老埃达》，P. B. 泰勒（P. B. Taylor）和 W. H. 奥登（W. H. Auden）译，纽约，1969 年，第 124 页。

客观的和主观的这些词，对中世纪人们的世界观的含义本身而言，就值得怀疑。这两个词中所蕴含的对比，反映着现代人们与其周围世界的关系，将外部世界与我们内在的自我清楚而明确地分开。但正如我前面说过的，中世纪的人在他们自己身上看到了"小宇宙"，它是大宇宙的缩写和世界万物的摹本。个人并不是站在与自然和世界对立的位置上，而是作为它的类似物与之密切相关。在这里主体和客体是混合在一起的，或者更恰当地说，是不能分开的。所以，对于中世纪作家来说，认定时间"不是人们意识中的一种现象"[①]的观点，是很成问题的。时间不仅是人们意识中的现象，而且也是一种宇宙的、"客观"的现象，这样的说法不是更准确吗？

一些学者已经指出了中世纪的诗歌中所反映出来的对时间理解的这种特征。这种特征特别表现在日耳曼人的诗歌中，他们称时间为"*punktuelle Zeit*"或"*sprunghafte Zeitlichkeit*"，即"可选择的时间"或"间歇性的时间"。在诗歌中，时间并不是按照进程的先后排列的，其中的每一个时刻也并不是互相协调的，并不能组成一个前后相接的系列；生命被理解为其间没有时间关系的事件的堆积。在这些诗人看来，一个人没有个人的过去、现在或将来，他根本不是一个历史的存在。在诗人看来，生命被分割为各个独立的事件（这些事件并没有给我们提供"确定的时间"），生命只有在与上帝发生关系时才有意义。[②] 中世纪的人经历着他的被事件所

---

① D. S. 利哈乔夫：《俄罗斯古代文学的诗学》，第 254 页。

② S. 欣特考森(S. Hinterkausen)：《康拉德〈罗兰之歌〉关于时间及历史的概念》("Die Auffassung von Zeit und Geschichte in Konrads Rolandslied")，就职论文，波恩，1967 年。

“充满”了的时间，而几乎不去想想它的“外部的”数量问题，从这个意义上说，在他们对世界的理解中缺乏决定性的时间因素。实际上，直到13世纪，时间关系才开始在他们的意识中起重要作用。①

在此之前，时间本身在很大程度上是以空间的形式被理解的。空间，而不是时间，是艺术作品中的重要因素。② 正如我们在前边所见到的，诗人并不把诗中所叙述各个情节作为一个统一的时间过程中的一个个排列有序的点，所以，时间中的这些时刻可以被同 138
一幅画面中那些排列在一起的事件和不同的部分来代表。早些时候发生的和晚些时候发生的事件之间并不按照顺序前后排列，他们都存在于同一个时期。这样一种观点无视发展和变化，而用空间的形式安排时间。因此，时间的运动是跳跃式的，传奇中英雄的年龄是从来不变化的；事实上，他根本一点也没有变化。如果一个中世纪作家不得不描写某个人物内心的变化，他用描写这个人物通过一条路穿过了广阔的空间或别的一个什么地方的形式来表现，而不用时间的形式。根据考伯尔（E. Kobel）的观点（很多这样的看法都来自他），这种理解时间的方式要求把时间的构成要素看

---

① R. 格拉塞（R. Glasser）：《法国时间概念史研究》（“Studien zur Geschichte des französischen Zeitbegriffs”），《慕尼黑罗曼语研究》（*Münchner Romanistische Arbeiten*），慕尼黑，1936年，第5页；K. 冯・埃特迈尔（K. von Ettmayer）：《法语的句法分析》，第2卷，哈勒，1936年，第886页；G. 莱希纳（G. Lechner）：《早期古法语英雄史诗中关于“时间”与“节奏”的文体及主题功能》（“Zur ‘Zeit’ und zur stilistischen und topologischen Funktion der ‘Tempora’ in der früheren altfranzösischen Heldenepik”），就职论文，慕尼黑，1961年，第251页。

② M. 于比（M. Huby）：《中世纪德国宗教诗歌中的数字结构及其符号价值》（“La structure numérique et sa valeur symbolique dans la poésie religieuse allemande du Moyen Âge”），《日耳曼研究》（*Etudes germaniques*），第2卷，第22期，1967年，第244页。

成是物质的和客观的实体。①

如果这些看法是言之有据的，我们还可以回忆起，“原始的”艺术也是以同样的态度对待时间的。这表现为时间的“空间化”，时停时续的运动，时间顺序的含糊不清，时间的实体化，抽象的“时间”概念的缺乏等。当然，在中世纪这些特征被表现得更为生动：空间和时间被作为一个不可分割的统一体，它带有神话和仪式的色彩，充满了奇异的成分，并与价值标准不可分割地联系在一起。② 中世纪与上古社会在理解时间方面的主要区别在于，上古时代认为时间是循环的，而中世纪的基督教认为时间是直线式向前发展的。

但是，也许对中世纪人这种时间态度最强有力的表达是在但丁的诗中。世俗社会时间的迅速消逝和永恒的存在之间的对比，这种从一个到另一个的上升，决定了《神曲》中空间—时间的连续。人类的全部历史在这里全都同时存在于现在，时间是静止不动的：现在、过去、将来——这些都是此时此刻。正如奥西普·曼德尔施塔姆（Osip Mandelstam）指出的，但丁所理解的历史是“一个同时发生的事实”。“《创世记》（其中阐述的是自发的世代的思想）巨大的爆炸力，从四面八方落到巴黎神学院这个小岛上，如果我们说但
139 丁时代的人生活在那样一个完全充满了现代气息的古代，我们不

① E. 科贝尔（E. Kobel）：前引书，第 8 页及以下诸页，第 14—15 页。

② H. 维尔纳（H. Werner）：《艺术原型中的空间与时间》（“Raum und Zeit in den Urformen der Künste”），《第四届美学与一般艺术学大会报告》（*Vierter Kongress für Asthetik und allgemeine Kunstwissenschaft. Berichte*），斯图加特，1931 年，第 69—83 页。

会犯错误……对于我们来说，已经很难想象……圣经中宇宙开创的整个情景，连同其派生出来的基督教情节，怎么会被受过教育的人们那样逐字逐句地接受，就好像是在读日报的一个专版一样。”[①]也许，对于这个问题的一个侧面的回答，是由《神曲》的另一位富于理解力的读者做出的。他指出，对于但丁，“地狱就是当时的佛罗伦萨”，“地狱中充满了佛罗伦萨人，以至于从这个极其广大的中世纪世界的其他地方来的罪人几乎无法进来了”，但丁的地狱的房屋“是古老的，但居住着一些新来的人”。[②] 通过使他的同时代人在地狱中居住，但丁把不同的时间阶段最大限度地汇合在一起，同时把那些时间与永恒结合在一起。

《神曲》中的这种有意识的设计基于“永恒的生命”与“短暂的生命”之间的对比。[③] 与上帝的永恒性相比，人所生存的时间不过是星际中某个星星一眨眼的时间。[④] 最大的幸福只有天堂里才有，“那里集中了所有的‘那里’(where)和所有的‘那时’(when)”。那里为“现在”所统治，没有以前，没有以后，片刻即超过 25 个时代，那里，时间让位于永恒。[⑤]

如果我们更切近地观察《圣经》中的时间和世俗的时间的混合问题——这与我们用“历史”这个词所理解的任何事物都不相

---

① O.曼德尔施塔姆(O. Mandelstam)：《关于但丁的谈话》(“Conversation on Dante”)，《评论与书信全集》(The Complete Critical Prose and Letters)，哈里斯(Harris)和林克(Link)英译，安娜堡，密歇根州，1979 年，第 422 页。

② V.什克洛夫斯基(V. Shklovskij)：《箭上的弦·相似中的不相似》(*Tetiva. O neskhodstve skhodnogo*)，莫斯科，1970 年，第 175 页。

③ 但丁：《地狱》，第 15 章，第 85—87 行。

④ 但丁：《炼狱》，第 11 章，第 106—108 行。

⑤ 但丁：《天堂》，第 29 章，第 12—32 行；第 33 章，第 94—95 行。

同——我们不是也能在那里发现中世纪人无可逃脱地卷入了历史发展的进程的证据吗？实际上，中世纪的人觉得自己是同时处于两种时间过程中：一种是局部的暂时的生活进程，另一种是普遍历史中对于世界命运有决定性意义的那些事件的进程——上帝创造万物、基督的降临和受难。每一个人的暂时的没有意义的生活剧都在普遍历史剧的背景下演完，汇入普遍历史，并由此获得了新的更高的和永恒的意义。对时间理解的这种两重性，是中世纪人的思想意识中一个不可分离的因素。中世纪的人不是只生活在世俗的时间中，他不能在精神上把自己与那个神圣的历史分开；这种意
140 识使他成为一个有人格的人。因为他的灵魂的得救要靠他进入神圣的历史才能实现。全球历史中善恶之间的斗争对于每一个信徒来说是一场人与人之间的斗争。对世界历史的这种参与，既是历史的，同时又是反历史的。

历史的和反历史的态度这种矛盾的结合，在东罗马东正教和西罗马天主教中采取了不同的形式。这种不同明显地表现在对《圣经》历史的态度上：在基督受难的情景中，拜占庭的东正教看不到历史的顺序，这是仅仅在形象的象征性意义的指导下，而绝不是在历史观点的指导下去对待的；而罗马天主教却从中看到了历史的顺序。[①] 东正教礼拜仪式比天主教在时间上减少了许多环节，这已从两种类型的赞美诗中清楚地表现出来。[②]

中世纪人对待时间的这种特殊的态度可以从当时社会生活的

① P. A. 米切利斯(P. A. Michelis)：《通往拜占庭艺术的一条美学路径》(*An Aesthetic Approach to Byzantine Art*)，伦敦，1964 年，第 118 页。

② 见《拜占庭史》(*Istoriya Vizantii*)，第 1 卷，莫斯科，1967 年，第 433 页。

各个领域中观察到。在当时的法律活动中，就可以很容易地发现这种态度。法律制定出来一般都是为了“永久”执行的，但实际上只在一个有限的时期内保持有效，不会超过人的一生；“此后永远”（*ad perpetuum*）也并不保证法令的永久有效，它需要不断地重新确认。统治者所授予的特权也只是在这一代有效，每一代新王登基后都需要重新确认。授予教会和修道院的土地和其他财产也需要重新确认，尽管事实上授予教会和修道院的土地和其他财产是永世让渡因此是不能再转让给他人的。法国的王位是世袭的，但法国国王仍然要在他在世的时候宣布他的儿子是他的协同统治者。一个封臣死去后，他的继承者需对其封主重新进行效忠宣誓，而一个封主死后，封臣们也要对其继任者重新进行效忠的宣誓。一个人不能将自己的希望延展到超出自己预定的生命之外的时间。看起来，这种不能制定出对后代仍能保持约束力的法律的情况，延迟了制定遗嘱的实践，因为遗嘱是建立在一个人死后他的意志仍保持有效这一基础之上的。因此捐赠都是在捐赠者活着的时 141
候进行的。[①] 一个人没有考虑他所活不到的那些时间的资格。

一个人不能处理时间，因为时间是上帝的财产。这种观点被基督教会用来作为谴责高利贷的根据。富人放贷收取利息，他们的债务人有在一定时间内使用这笔钱的权利，因此，这利息的得来就与时间的积累产生了联系。将时间作为商品来交换，或将“时间的期限”进行交换是非法的，因为时间是上帝赐予的，它属于所有

① S. 斯特林-米肖（S. Stelling-Michaud）：《中世纪时间问题的某些方面》（“Quelques aspects du problème du temps au moyen âge”），《瑞士对通史的贡献》（*Schweizer Beiträge zur Allgemeinen Geschichte*），第 17 卷，伯尔尼，1959 年，第 25—26 页。

的人。高利贷者的借贷活动所用的是上帝创造的时间。这就等于是在出售时间(白天和夜晚),这些高利贷者在光亮的时间和安眠的时间——白天是光亮的时间,夜晚是安眠的时间——进行交易活动,因此必须被永久地剥夺光亮和安眠,必须被定为罪犯。13、14世纪的神学家们也经常运用这种观点。“商人们的时间”与“《圣经》的时间”被认为是互相冲突的。前者被宣布为“罪恶的时间”,而后者是“拯救的时间”,市民们不得不去解决这个冲突,渐渐地教会也找到了与白天所进行的这种活动和解的途径。① 但是,在原则上,商人、高利贷者和制造业者所解释和使用的时间概念与神学的时间概念相矛盾,然而最终还是导致了时间的世俗化和理性化。

我们前边提到的那些时间概念的类型——农业时间、家族的时间(或家系的、朝代的时间)、《圣经》(或礼拜仪式)的时间、循环的时间和历史的时间——是不相同的,而且,实际上经常是很矛盾的。生命是周期性的观点——即生命是由自然规律、季节的变化所决定的——成为计算时间的其他系统的基础。中世纪人想象时间如自我重复的圆圈,这圆圈在他们的心目中就是命运的轮子。②

① 雅克·勒高夫:《教会时间与商人时间》(“Temps de l'Eglise et temps du marchand”),《年鉴:经济、社会、文明》(*Annales. Economies, Sociétés, Civilisations*),第15卷,第3期,1960年。

② A. 多伦(A. Doren):《中世纪及文艺复兴时期的命运女神》(*Fortuna im Mittelalter und in der Renaissance*),莱比锡,1924年;K. 汉佩(K. Hampe):《中世纪命运的概念》(“Zur Auffassung der Fortuna im Mittelalter”),《文化史档案》,17,1927年;D. M. 鲁宾逊:《命运之轮》(“The Wheel of Fortune”),《古典语文学》,第41卷,第4期,1946年;H. R. 帕奇(H. R. Patch):《中世纪文学中的命运女神》(*The Goddess Fortuna in Mediaeval Literature*),纽约,1967年(第2版)。

在整个这个历史时期，这种想象转变为命运女神，“她曾经统治过，
现在正统治着，并将继续统治”这个世界。迟至 7 世纪，诺斯替教
派*的理论继续坚持毕达哥拉斯的灵魂投生和时间循环的学说。
在中世纪，在新柏拉图主义和阿维罗主义（Averroism）的影响下， 142
时间循环的概念不止一次地再现。在 13 世纪，有一种类似的强调
人类生活和天堂运行的周期性的思想，在巴黎的阿维罗派教徒中
广泛传播。特别是布拉邦特的希格（Siger of Brabant）发展了时间
在永恒中循环的概念，他因此招致教会的非难。[①]

时间是循环的这种概念被证明是长期流行的，不仅作为一种理论在学者中流行，而且首先和最主要的是在广大民众中流行。农业社会是根据其周围自然环境的规律来生活的。如同自然界一样，人的生活也是一个季节相继变化的过程——出生、成长、成熟、衰老、死亡——这个变化过程是一代一代有规律地重复进行的。农业的季节变化和人在每一代中的变化，是在同一棵生命之树上进行的。用家族的时间来进行计算，参照的是同一种神人同形的观念，这种观念认为时间与基督教存在着某种联系。在异教时期传播很广的地方宗教信仰，在基督教传入后并没有都消失（如对圣徒及其遗物的崇拜），这种宗教活动还在进行，而且还保留着神话

* 诺斯替教派（Gnostic sets），早期基督教一教派，主张以波斯、希腊的宗教哲学解释基督教教理。——译者

① P. Mandonnet，*Siger de Brabant et l'averroisme latin au* XIIIe *siecle*，Louvain，1911，pp. 170-171；P. 迪昂：《世界体系》（*Le système du monde*），第 2 卷，巴黎，1914，p. 447 ss；第 5 卷，1917，p. 61；第 7 卷，1956，p. 441 ss；H. 莱（H. Ley）：《中世纪关于唯物主义历史的研究》（*Studie zur Geschichte des Materialismus im Mittelalter*），柏林，1957 年，第 267、298 页。

式地理解时间的方式，这种方式与宗教仪式、节日和献祭活动联系在一起。

社会和物质生活方面的不稳定，困扰着封建社会中的大多数人，而且这种不稳定性随着这个社会的内部矛盾日益尖锐而加深，这就必然鼓励人们相信命运。有无数图画表现命运的轮子。命运位于中心，是“世界的主宰”，操纵和保持着轮子的转动；一个青年冲上来，贴近车轮，充满希望；一个统治者站在车轮之上，使自己登上神圣的地位；再往前，我们看到有一个人被转动着的车轮危险地拖在后面，而车轮下面躺倒着一个作为无情的命运的牺牲品的人。中世纪的人将命运的概念从古代借用过来。基督教的发展使命运服从于上帝，用但丁的说法，上帝使它保持着“现世的光辉”。司命女神或“幸运之神”主宰着命运，“转动它的轮子，幸福而快活”，以“它的时间来转动，把虚饰的财富从一个民族转到另一个民族，从
143 一个家族转到另一个家族，所有人类智慧都不能阻碍这种转移”。[①] 然而，中世纪的诗人和哲学家经常谈论的关于命运的思想，远没有完全被基督教的思想所同化，并遭到来自一些著名的神学家——如彼得·达米安(Peter Damian)、坎特伯雷的安瑟姆(Anselm of Canterbury)、格莱福的圣伯尔纳铎——的反对。[②]

基督教和教会摒弃了地方和家庭所使用的种种不同的计算时间的方式，把它自己的思想体系中的时间概念带给了西方世界：世俗的时间从属于天堂的永恒性的时间。作为充满智慧而又存在疑

① 但丁：《地狱》，第 7 章，第 77—81、96 行。

② W. 范·登·施泰嫩(W. van den Steinen)：《中世纪的人》(*Menschen im Mittelalter*)，伯尔尼和慕尼黑，1967 年，第 231 页及以下诸页。

间的时间概念，只为神学家和哲学家而存在，[①]以至对于广大民众来说，正如我们已经看到的，主要是按自然的和家族的方式体验时间。这种方式已经处于基督教时间概念的强有力的影响之下，与历史产生了一种特殊的关系，中世纪这种特殊的历史观把终必死亡的单个人与整个人类联系起来，赋予生命以一种新的意义。

如前所述，时间对于中世纪社会是一种运行缓慢因而可以悠闲、从容地享受的事物。它不是那种应被定量的事物。海因里希·伯尔（Heinrich Böll）认为，中世纪人对时间的感受跟爱尔兰人一样："当上帝创造时间的时候——爱尔兰人说——他创造了大量的时间。"[②]由于时间是循环的和神话般的，它的方向朝着过去，而过去似乎又不断地转回来，这样就使现在充实起来，并有了重要性和非暂时性的特征。在这方面，基督教代表了一种新的有生气的因素。再加上祈祷和圣礼仪式中对圣经历史的重演，它打开了新的远景。基督教所揭示的各种时间之间的结合，给予历史一种目的论和启示录的意义。以这种新的观点看来，现在没有独立的意义：它是真实的，在世界历史剧中有自己的位置，但是，由于怀有希望得救但又害怕末日审判的惩罚的复杂感情，它又似乎没有价值。

我们不得不同意雅克·勒高夫的观点，他指出，在中世纪的思想中实际上缺乏统一的时间概念，现实中存在着多种多样的时间

---

① W. 根特（W. Gent）：《空间及时间的哲学》（*Die Philosophie des Raumes und der Zeit*），柏林，1926 年；W. 根特：《时间问题》（*Das Problem der Zeit*），法兰克福和慕尼黑，1934 年。

② H. 伯尔（Heinrich Böll）：《爱尔兰人大事记》（*Irisches Tagebuch*），柏林，1957 年。

144 概念。[①] 然而，中世纪人对待时间的态度的引人注目之处，并不是时间概念众多这本身。社会时间不仅因不同的文化和社会而不同，而且在每个社会—文化系统框架内依该系统的内部结构的不同而不同。对于社会时间流动的模式，不同的阶级和集团也有不同的感知，他们各自都有自己的感知和体验时间的方式，这些阶级和集团活动的节奏也是不相同的。换言之，社会没有展示出我们所谓的"统一的"时间，而是展示出包括不同的社会生活节律的整个系列，而那些节律是由不同的组合过程的固有规则和不同的人类集体的特性来调整的。[②] 但正如各种不同的社会形式、社会制度和社会发展进程互相综合成为一个具有社会总体特征的整体一样，这些社会发展进程和社会形式的暂时性节奏，也在既定的系统内构成了社会时间的一个层级体系。一个社会如果没有与社会生活节律的多样性取得相当程度的协调，那个社会是不能存在的。因此，可以说有一个社会时间，它遍及于社会，并主宰着这个社会。在一个被对立的势力所分裂的社会里，统治阶级只要保持着对公共生活的实际控制，并在思想上也占据着统治地位，那么统治阶级的社会时间，自然就被广泛使用。在为统治阶级所掌握的社会控制系统中，社会时间是很重要的组成部分。反之亦然，表明统治阶级失去了对公共生活的控制的迹象之一，就是社会生活所按其运转的时间结构发生了变化。

在中世纪，教会紧紧地控制着社会时间；神职人员通过规定社

① 雅克・勒高夫：《中世纪西方的文明》，第 223 页。

② G. 古尔维奇(G. Gurvitch)：《社会时间的光谱》(*The Spectrum of Social Time*)，多德雷赫特，1964 年。

会时间的节律决定着封建社会时间变化的方向和速度。一切想要摆脱基督教会对时间的控制的企图，都被迅速地扼杀在萌芽状态：教会禁止人们在节日工作，对宗教禁令的严格遵守被认为比利用那些禁止工作的日子（这些日子超过了一年的三分之一）生产出更多的产品更重要。教会对在那些天里吃什么东西作出详细的规
定，对违反规定者进行严厉的惩罚。教会甚至通过规定什么时间 145
允许性生活，什么时间性交是罪恶，来干涉人们的性生活。[1] 由于这种对于社会生活时间无所不包的、细致入微的控制，人们完全被置于统治阶级的社会控制和意识形态控制之中。单个人的时间也并不是自己个人的，它不属于个人，而是属于这个人之上的统治当局的。因此，对于中世纪的统治阶级的反抗，常常采取抗议它对时间的控制的形式。末世论教派宣传世界的末日即将到来，号召人们进行忏悔，避开人世的事情，怀疑教会的时间观的价值。千年至福说*是中世纪社会生活中的一个不可分割的因素，是那些无权无势、受压迫的人的一种渴望的表现形式。有时，对于世界末日即将来临的预测，表现为对伴随着忏悔和鞭笞流行的广泛的恐慌。千年至福说是表现现在与将来关系的一种特殊形式，是理解看来对某些社会集团至关重要的时间的一种方式。

---

① P. 布罗韦(P. Browe)：《中世纪性伦理学探析》(*Beiträge zur Sexualethik des Mittelalters*)，布雷斯劳，1932 年；J. T. 努南(J. T. Noonan)：《避孕：天主教神学家和宗教法学家对待它的历史》(*Contraception, a History of Its Treatment by the Catholic Theologians and Canonists*)，坎布里奇，马萨诸塞州，1966 年；J.-L. 弗朗德兰(J.-L. Flandrin)：《基督教西方的避孕、婚姻与爱情的关系》("Contraception, mariage et relations amoureuses dans l'Occident chrétian")，《年鉴：经济、社会、文明》，第 24 卷，第 6 期，1969 年。

* 基督教关于耶稣在世界末日重临世界为王一千年之学说。——译者

相信千年至福说的人用与教会的官方教义很不相同的学说来解释历史本身的过程。他们宣称，最后的审判将在千禧年(基督再临人世进行统治的一千年)之前到来，千禧年将抛弃所有封建的和教会的制度，抛弃财产和封建的社会结构。对于“时间的终点”即将到来的天启式的期盼，表现了其他教派与教会正统派的时间概念的对立。在官方的教会看来，末世论教派(中世纪所有教派在性质上都或多或少地属于末世论教派)的危险在于，相信世界末日即将到来的那些人，否认现世秩序内在的合理性，而教会宣称这些秩序是上帝制定的。[①]

然而，所有这些异端邪说，从本质上说对遥远的过去和遥远的未来的态度与教会的态度是相同的。遥远的过去和未来都被视为是绝对的，它们是不从属于时间的流动的。绝对的过去——《圣经》的历史中那些神圣的时刻——是不会返还的，只可以在祈祷文
146 中简要地叙述。绝对的未来——世界的末日——不是因时间的流逝而接近，因为上帝的王国随时可以成为现在。引导走向完结——基督的降临——的，不是时间的流逝，而是神圣的计划。这些派别不是推动时间前进，他们否认时间，而且预言它马上就会停止。同时，这些神秘主义者断言，有可能克服时间的不可倒转性，埃克哈特大师(Meister Eckhart)宣称：在三位一体的帮助下，“在一瞬间”就返回一个人的最初的状态，和在一瞬间就恢复所有“失

---

① N. 科恩(N. Cohn)：《追寻千禧年》(*The Pursuit of the Millennium*)，伦敦，1970年；T. 曼图费尔(T. Manteuffel)：《异端的产生》(*Naissance d'une hérésie*)，巴黎和海牙，1970年。

去的时间”是可能的。[①]

教会的时间只要在一定程度上能符合封建社会缓慢的、适度的生活节奏，就能继续统治下去。对于中世纪的人来说，保存家族世代的记载、帝王朝代的记载和教皇的记载，比准确地记住那些与基督教会的和政治的事件无关的时间更有意义。在中世纪，人们感觉不到时间的价值和节约时间的必要，也感觉不到计算时间和把时间单位划分得更小一些的必要。中世纪生活中史诗般的悠闲，主要是由封建社会是一个农业社会造成的。但与之伴随着的组织公共生活的另一条道路也植根和发展于这个社会内部，这条道路的特点是由城市生活的特殊节奏和更精确地计算时间，更经济地使用时间的要求而形成的。

技工和工匠们的产品都有自己的循环的模式，但这并不是由季节的循环变化决定的。农民被与自然的周期捆在一起，他要逃脱这种周期的束缚有很多困难，甚至完全不能逃脱这种束缚。住在城市里的技工以一种更复杂、更矛盾的方式与自然联系在一起。他和自然之间存在着一种他已经创造出来的、人工的中介物——各种类型的工具、各种器具和机械，这些是他与自然环境之间的中介物。生活在正在成长的城市文明中的人们，甚至在其发展的早期就是根据自己制定的模式而不是自然的条件生活着。他们意识到了他们自己所造成的他们与自然之间的界限，对于他们来说，自 147
然是一个外部的客观世界。

① M. 德・冈迪拉克(M. de Gandillac)：《让・陶勒灵魂教育学说中的时间价值》(*Valeur du temps dans la pédagogie spirituelle de Jean Tauler*)，蒙特利尔和巴黎，1956 年，第 42 页。

当城市成为观察世界的一个新的位置时，城市居民与时间的一种新的关系产生了。时钟出现于城市的尖塔和角楼，这不仅显示出市镇公民的自豪，而且满足了一个前所未闻的需要——知晓准确的时间！从城市中，我们看到了一种新的社会的成长，这个社会的人对时间的态度与封建贵族和农民完全不同。对于商人，时间是金钱；雇主当他的车间在工作的时候需要准确地计算时间。时间成为工作的尺度。再也不是教堂的钟声召唤人民去祈祷，而是市政厅的钟声规范着市民们的生活，虽然有几个世纪，他们依然试图将传统的“教会时间”与新发现的实际生活中的世俗的时间调和起来。时间取得了新的价值，成为生产过程中极为重要的因素。机械钟的出现是一个完全合乎逻辑的结果，为确定时间提供了新的手段。斯宾格勒断言，机械钟——这个“转瞬即逝的时间的令人生畏的象征”，世界历史观的巅峰时刻(nec plus ultra)——是热尔贝(Gerbert，他成了罗马教皇西尔维斯特二世)在公元 1000 年左右做出的第一个发明。[①] 这是不正确的。热尔贝只不过是完善了水时计(滴漏)——一种在古代很普遍的计算时间的装置。机械钟的发明是在 13 世纪末叶，到 14、15 世纪，很多欧洲城市的市政厅装置了这种新发明的钟。尽管此时它们还没有分针，还不那么准确，然而这种钟的出现标志着在计算社会时间方面发生了根本性的革命。对时间的控制权开始从神职人员的手中丢掉；城市共同

① 斯宾格勒：《西方的没落》，第 1 卷，伦敦，1929 年。

体的人们掌握了自己的时间，以他们特有的节奏生活。[①]

但是，如果我们从更为广阔的文化史观点来看这个问题，发明时钟的最有意义的结果，并不是使城市的时间从基督教会的控制中解放出来。对于当时大多数人们来说，并不感到有准确地计算 148
时间和把时间分割为平均的单位的必要，这个事实并不能简单地用缺乏合适的计量仪器来解释。当社会对某种东西有了需要的时候，这种东西才会出现以满足其需要。当那些有势力的社会集团感到了知道准确时间的必要时，机械钟才被装置在欧洲的城市中。这种重大的转变不是一下子完成的。但是对于这些社会集团来说，不仅要打破“《圣经》的时间”，而且要打破传统农业社会的整个世界观，这已经是发展的趋势。在这个已经衰老的社会中，时间被理解为不是与它的实际的客观内容相并立的范畴，它不是世界存在的一种“形式”，而是与存在本身不可分割的东西。时间不被认为是独立于在时间之中发生的事物的存在，要把它描述出来，就采取了自然的和神人同形的形式。因此，对时间可以作性质上的规定和区分：时间可以是“好的”或“坏的”，神圣的或世俗的。对于古代和中世纪的人来说，性质上不存在区别的时间概念（从内容上来说即中性的时间，与能给予时间一种特殊的感情或价值的主观感知能力无关的时间）是不存在的，因此，那种能把时间分为可比的和可互换的单位的划分也是不存在的。那种认为时间是有实质内

① 雅克·勒高夫：《十六世纪危机中的工作时间：从中世纪的时间到近代的时间》（“Le temps du travail dans la crise du XVIe siècle: du temps médiéval au temps moderne”），《中世纪》（*Le Moyen Âge*），第69卷，1963年。

容的，是所有“暂时性事物”中的有机组成部分的认识，阻碍了任何那样的抽象概念的形成。

计量时间的机械的最终发明，形成了有利于新的时间观念发展的条件。这种新的时间观念认为时间如同一条单纯的，始终一致的溪流，可以被划分为大小平均、性质上无区别的单位。这些欧洲城市在历史上第一次建立了全新的东西——时间作为一种完全形式的东西，与生命“分离”了，生命的现象现在可以用时间来计量了。

然而，机械钟表的发明本身不是产生这种对时间的新的态度的原因，这可由以下的对比充分表现出来。大家都知道，到过中国
149 的欧洲人带回来许多古代中国的发明，他们也把自己的一些东西介绍给中国。虽然中世纪的中国对外国所有事物都采取傲慢的蔑视态度，但中国的皇帝被机械钟表迷住了——不是把它作为准确计量时间的仪器，而是当作玩具！① 在西方不是这样。在西方，贵族、统治者和城市的贵族都用钟表作为其社会声望的标志，钟表从一开始就是服务于实际的目的的。欧洲社会从对在永恒的形式下的世界的思考逐渐地走向与之建立一种积极的关系，一种用时间来计量的关系。

欧洲人已经得到了准确地计量时间的手段，尔后，又获得了以平均的等份计算时间的方法，他们迟早必定要掌握和解决以后其中可能出现的难题，这些难题是社会特别是城市的普遍发展带来

① C. M. 奇波拉(C. M. Cipolla)：《钟表和文化，1300—1700 年》(*Clocks and Culture, 1300—1700*)，伦敦，1967 年，第 80—87 页。

的。时间最后以一条直线“伸展出去”，从过去通过被称为现在的点走向未来。在以前的那些时代中，过去、现在和将来的差别是相对的，没有固定不变的界限把它们分开（在宗教仪式中，在仪式完成的最后那一时刻，过去和将来在现在连接起来成为永恒，使那个时刻充满更高的意义）。随着直线式时间的获胜，这条界限变得完全清楚了，现在的时间“缩”为一个点，这个点继续从过去向未来移动，从而把未来也转化为过去。现在的时间成为暂时的、不可倒转的和稍纵即逝的。人在自己的历史上第一次面对这样的现实，即时间即使在什么事情也没有发生的情况下也仍在奔流不停。而过去人们只是当发生了什么引人注目的事情时，才感到时间在流逝。所以时间必须要节约、谨慎地使用，要全用来做对人们有用的事情。从市政厅塔楼传出的有规律的钟声在经常地提醒着人们：时不我待，要用它创造利益，给它以积极的内容。

用机械钟计算时间这一转变表明，时间必定要求助于新的生
产体系的代表者——企业家、工厂主、商人。时间被看作是有巨大 150
价值的商品和物质财富的源泉。不难看出，对于时间价值的这种新的评价是与人对自身的这种认识相伴而来的，即人不是芸芸众生，而是一个个独一无二的人。一个人被赋予一段真实的、有限的时间，在这段时间内，他的才能将得到实现。用机械装置计算时间，人并不直接参与时间的进程，人们认识到了时间是不依赖于人的。我在前边说过，城市居民成了他们的时间的拥有者。从城市把时间从教会的控制下夺过来这点来看，这是一个事实。但与此同时，城市也开始完全失去对时间拥有权的控制。时间的流逝并不依靠人们的感觉和发生什么事件，这样的认识已接近于承认人

要屈服于时间的支配。时间将自己的节奏强加于人,促使他们更迅速、紧张地工作,片刻也不能白过。对于时间在人的价值观中的地位,莱昂内·巴蒂斯塔·阿尔伯蒂(Leone Battista Alberti)做了令人信服的结论:“可以称之为是人们自己的财产的有三种东西:自己的灵魂,自己的身躯和……在所有东西中最有价值的……时间。”[①]时间由上帝的财富变成了人的财富。

时间与其具体内容的分离提供了一种可能性,即可以把它作为纯粹的一种形式和一个不受事情牵连的时期加以考虑。时间在前资本主义时代,总是带有地方性的,没有整个地区或国家统一的时间,更不用说国际性的时间了。公共生活和制度的排他主义的特征也表现在计算时间方面,而且在这方面表现得很顽强,甚至在向用机械钟计算时间的转变完成之后,每一个城市仍继续有一种自己的时间。然而,计算时间的新方法本身具有统一各地时间的可能性,一旦局势置于一个中央权力机构的控制下,一种为当局所规定的统一时间就作为唯一可使用的时间强加于公共生活。地方性的时间曾是造成分离的因素,而统一的时间和其后出现的区域
151 性时间,则成为一个共同体内部的一种凝聚力和稳固力。人们的观念变得与统一的时间协调一致了。

这样,我们看到,在中世纪的城市生活中,时间的价值迅速上

---

① L. B. Alberti, “Della famiglia”, *Opere volgari*, vol Ⅰ. Bari, 1960, pp. 168—170. 我们在文艺复兴末期的约翰·邓恩(John Donne)的诗中和莎士比亚的作品中,可以发现对待时间的一种新的态度的强有力的表达。哈姆雷特喊道:“这时代的一切都脱了节;啊,该诅咒的苦恼,怎么竟会生下我来叫我把它纠正!”

升。先前时代的人们“对时间漠不关心”[①]的观点，历史学家们往往不予理睬。然而我们对此也不能不加限制地接受。以我们现代关于时间这个词的观念来衡量，中世纪人对时间确实是漠不关心的，但是他们有自己的感知和体验时间的方式，他们对时间与其说是漠不关心，毋宁说是对发展和变化缺乏感受。稳定、因袭、重复，这些范畴统治着他们的思想。这些范畴使他们把真实的历史发展变成了概念性的东西。要使他们感觉到真实的历史的发展，还需要一段很长的时间。

---

① G. 帕里(G. Paris)：《中世纪的法国文学》(*La Littérature française au Moyen Âge*)，第2版，巴黎，1890年，第30页；L. 费弗尔：《16世纪的不信仰问题：拉伯雷的宗教》(*Le problème de l'incroyance au XVIe siècle. La religion de Rabelais*)，巴黎，1942年，第426—434页；M. 布洛赫：前引书，第118页。

第五章

“国家建立在法律基础上……”

与社会相对应的个人的地位，主要是由该社会的法律制度来确定和调整的；同时，个人在社会中的地位的实际状况被反映在社会的准则和人们对那些准则的解释方式之中。从整体上我们可以说，一个社会认可的对法律的态度揭示了该社会对个人的态度。如果一个社会轻视法律，降低法律在社会关系中的作用，那么就意味着该社会轻视其社会成员的个人权利；另一方面，对法律的高度尊重就必然使人们的生存安全得到一定保障，社会也就得以存在。

众所周知，中世纪社会活动的各个领域之间缺乏严格的分界线。在哲学、伦理学、法学、立法之间没有明确的划分；它们相互重叠，构成一个尽管不总是完美和谐，但在实际中也能积极合作的体系，该体系或多或少地带有宗教象征性和宗教意义。中世纪人类活动的所有形式都服从于惯例和规章，任何违背惯例和规章的行为都是被禁止的。中世纪社会的传统主义及其对宗教的依赖，作为强大的法规性因素，制约着个人的社会行为。在这种情况下，法规就获得了社会关系的无所不包的总调节者的重要地位。

但是中世纪欧洲给予法规这样高度的重视——中世纪对法规的高度重视，远在资产阶级在封建社会结构内部提出严格保护个人财产和个人自由的明确要求之前就已经形成了——并不能代表
中世纪其他（地域）文明的特征，其他的中世纪文明在坚持传统主 155
义、正统准则和宗教统治方面，即使说不上超过，也丝毫不亚于欧洲的模式。

实际上，中世纪的穆斯林社会，在许多方面与欧洲封建制相似。但是，在欧洲，尽管存在着教会的统治，法规仍然保持一个相对独立的地位（让我们回忆一下教权与俗权的“双剑”原则；教皇及

其对神权统治的要求与世俗权力之间的抗衡和斗争)。在阿拉伯世界,法律始终是宗教不可分割的一部分;穆斯林的法律不承认宗教法规和民法之间有任何区别,他们只有一种法律,那就是沙里亚(*Sharī'a*)法,它是所有穆斯林的法律。① 在伊斯兰世界中,如果一个犯人被判有罪,那么他不仅要服从人间的惩罚,而且还要受到来世的报应。阿拉伯人根本就没有建立起民法的概念,这意味着,由于法律具有纯粹的神意性质,因此不能随意改变,而只有尽可能使其适应新的社会条件。法律是穆斯林社会中一股强大的保守力量,早在10世纪的时候,法律的发展就已经被阻断了,而恰恰是在10世纪的时候,中世纪欧洲的法律才刚刚开始发展。

转向中国,我们发现中国不存在伊斯兰社会特有的那种法律和宗教之间的紧密联系。但是,中世纪时期的中国人对待法律的态度也完全不同于欧洲人的观念,他们对待法律的态度确实可以从本质上表现出一种中国式的认识事物的方式。法律没有被解释为社会结构的基础,人们也不试图用法律调整个人的行为;在这方面,中国相应地存在着特殊的法规,它控制着人们在一切生活事件中的行为。"信奉儒家学说的亚洲人宁愿接受的是由慈爱的恩惠和恭敬的服从构成的孝道关系的理想,而不是平等。"②根据中国人形成的概念,法律由于具有抽象性,它不能对无数的各种各样的

① R.戴维(R. David):《当代主要法律体系》(*Les grands systèmes de droit contemporains*),巴黎,1971年。

② F.约昂·德·隆格雷(F. Joüon des Longrais):《东方与西方:日本与西方的(法律)制度比较》(*L'Est et l'Ouest. Institutions du Japon et de l'Occident comparées*),东京和巴黎,1958年,第256页。

具体实际情况作出公正的处理，因此它不能促进善行，而只会助长邪恶。在法律基础上形成的“主体权利”思想违背事物的自然法规；只要个人开始谈论他的“权利”，社会中有些东西就会遭到破坏。因此，不可能有超出对社会的义务以外的问题。“坚持要求拥 156
有认为应该属于你的东西，是一种反社会的，与高尚风范不相容的行为。”[①]在中国，法律并不保障社会和政府行使其职能。中国的思想家们认为，社会的福祉取决于人们的行为，首先而且最重要的是那些统治国家的人们的行为。因此，合法性、合法政府的原则在中国文明中就没有根基。

暂且不论我们在中世纪欧洲所发现的那种法律观念，穆斯林和中国人对待法律及其在社会生活中的作用的两种态度，是我们在中世纪欧洲见到的那种法律观念以外的两极，显然，这些复杂的区别不能简单地根据传统的社会秩序或法律与宗教的相互关系的特点来解释，其原因要深刻得多。在我看来，某个特定社会的法律观念的获得最终取决于人在该社会中所处的地位。从法与人相互关系的角度，我现在想就中世纪欧洲法律的某些方面谈一谈我的看法。换句话说，我把法律看作是社会文化的一个范畴，看作是可以展现人类个性重要方面的一个因素，看作是人类自我认识的形式之一。

我们仍旧从蛮族时代谈起。传统的蛮族社会生活是由一旦制定下来就不再变更的行为准则控制的。初始的原型在日耳曼部落

① R. 戴维：《当代主要法律体系》，巴黎，1971 年。

艺术形式中所占据的优势(我们已经讨论过了)只是这个包罗万象的严密体系中的一小部分。个人行为与影响深远的禁忌和诱导体系保持着严格的一致。个人面前不存在任何选择,个人只能效法那些被宗教、法律和道德准则所认可的榜样。但是,在蛮族社会中,法律和道德准则并不是作为社会意识和人类行为的不同的基础和形式而存在的。法律和道德指的是同一事物或至少是互相接近的事物。因为,法律条规,就其实际效力而言,不只是取决于外在的强制因素,取决于惩罚方式,而更重要的是,法律条规被赋予了道德和宗教的内容,它体现着内在的强制性。因此,蛮族法律只
157 是在名称上与当代法律相似,实际上,它在范围和功能方面比当代法律要广泛得多。我们只有在使用 form(构成)这个词的原始意义时,才能认为法律构成了蛮族社会的社会关系这一假设是合理的;法律给予这些社会关系一个概括性的重要形式,离开这一形式,那些社会关系都将是不可想象的。如果认为形式是古老的斯堪的纳维亚诗歌[①]的真正含义这种说法准确的话,那么,我们也可以说,形式在很大程度上也是(当时)法律的真正含义。

甚至是在接受基督教之前,日耳曼部落就已经把法律视为建立人们之间关系的一个总的纽带,因此,在这种情况下,分析一下在斯堪的那维亚人们中间所使用的法律术语是十分有益的。*lag*(*lög*)一词有一整系列的含义。从广义上说,它表达了一种状态:秩序("把某物放在固定的地方","就位");程度(再加上一个相应

① M. I. 斯特布林-卡门斯基(M. I. Steblin-Kamenskij):《北欧游吟诗人诗歌起源》("Proiskhozhdenie poezii skal'dov"),载《斯堪的纳维亚集刊》(*Skandinavskij Sbornik*),第3辑,塔林,1958年,第188页。

的形容词,例如"足够的长""适当的""相称的"等);价格,支付的数量(由某人规定的);音调(和声,谐声);诗歌中的韵律。因此,这个词显然与度量概念,即事物之间和各种关系之间适当的比例规定有联系。从狭义上说,这个词被用来描述各种各样的人类群体(一队人,合伙人,同居的男女双方)。

Lag(Lög)的复数形式是指"法律,权利,身份",从字面讲,它指的是"被判定下来的条例","准则"。为人们建立法律就意味着在人们中间建立一套关系体系。因此,法律是人类社会的基础。"国家是以法律为基础建立起来的,如果没有法律,国家就要灭亡。"这是一句谚语,它相当于一条法定的格言。在人群集会——the *pings*——中,专家们"谈论法律"。起诉就意味着"取得法律",法庭上的宣判通称为"法律的裁决"。此外,*lög* 这个词还被用来指法律意义上的群体,该群体中的人在他们共同拥有的法律中生活。这样,就有可能出现"和某人诉诸法律",或"把某人提交法律"这样的表达方式。不仅如此,实施习惯法的范围和地区也被通称为 Lag。在挪威,根据所奉行的习惯法而被规定的地区早在
他们联合成王国之前就开始形成了,而冰岛,在其屈服于挪威统治 158
的时候,就早已形成几百年了。实际上,只有一种形式的联合,那就是建立在法律基础上的联合。把人们联合在一起的因素不是实施武力,也不是政治统治,而是调整法律关系的机能。[①] 因此,*lag*(*lög*)一词的整个含义包括大家所熟悉的每一个特定的联合形式。

---

① 参见埃纳尔·奥吉尔松(Einar Ol'geirsson):《昔日的冰岛人:冰岛的氏族制度和国家》(*Iz proshlogo islandskogo naroda. Rodovoj stroji gosudarstvo v Islandii*),莫斯科,1957 年。

显然，这种联合的实际的道德价值也被包含在这个概念中。法律是世界秩序中基本的、不可分割的二部分。“法律与秩序”同世界秩序实际上是同义词。法律是一个需要拥有和捍卫的有用之物。显然，这个概念在古老的北欧人世界观中具有十分重要的意义。

与 *lög* 一词相同的含义，可以在斯堪的纳维亚人用来指法律的另一个词 *réttr* 中找到。当 *réttr* 作形容词时，它的含义范围包括“笔直”“直接”“准确”“正确”“公正”等概念。当它作名词时，是指“法律”“权利”。*lög* 和 *réttr* 在概念上相近，但不完全相同。像 *lög* 一样，*réttr* 可以指土地法（*lög og lands réttr*）或基督教法规（*Gucđs réttr*，*Kristins doms réttr*）。法律上的完善和修改常被称为 *réttarbot*，而挪威国王马格努斯·哈康纳松，由于他善于制定法律，因此拥有“法律完善者”（*Lagabaetir*）的雅号。然而，*réttr* 这个词通常不把法律概念表示为一种人们被联合在共同体中的状态，而是把它作为社会成员的个人权利，也就是说人的地位的总称。由此，它还指对侵犯这些权利所作的补偿；*réttr sinn* 的意思是“他的补偿”，*konungs réttr* 的意思是“由国王规定的补偿”，等等。在斯堪的那维亚人看来，个人身份与他对自己的任何侵权行为作出的补偿之间存在着必然的、不可分割的联系；身份地位被解释为一种具体的，与个人有直接关系的事物，同时也可以被表现为一种特定的价值。所以 *réttr* 和 *lög* 这两个词之间的区别也许就在于：*lög* 包含了一个总的法律概念，而且具有一种抽象的和全面的意义；而 *réttr* 的含义则更主观、更具体。

159 在古老的英国法律文献中，*rightr*（*ryht*）一词包含着法律、正义、习俗、权利的概念——其中最后一个概念“权利”既具有广义上的一般法律权利的意思,也具有狭义上的个人权利和个人身份的意思。这是英语中唯一能表达法律概念的词汇,因为 *lagu* 一词好像是古英语从斯堪的纳维亚语言中借用过来的。而且,无论如何,直到很晚,它才出现在史料中。因此我们有理由认为古英语中 *riht* 一词与斯堪的那维亚的 *lög* 一词一样,是指人们之间的关系的总的纽带。

宣布某某被"置于法律之外",不只是指他失去了"处于法律之内"的人所享有的一切权利,而且还等于从原则上被驱逐出人类共同体。这个蒙受着耻辱的人无家可归,处于一种 *útlegct* 的状态,他不能生活在共同体中,只能离开人们到某个无人居住的地区去生活(这样,他就有了 *skógarmađr* 的称号,其意思是"森林人","生活在森林里的人"),而且被人们视为神话中的狼人或者狼(*vargr*)。[①] 生活"在法律之内",或"遵守法律",就意味着和人们一起生活,与人们保持一种建立在公正和相互尊重个人权利的基础上的关系。正因为如此,蛮族法律准则主要涉及的是:保护自由民的人身权利和财产权利,以及对侵犯这些权利的适当惩罚。

我们在此所想到的描述法律的词汇主要是指习俗,是指古代人从部落祖先那里继承下来的事物的秩序。斯堪的纳维亚语言中 *lög* 一词在含义上与其派生词 *örlög* 很接近,表示很久以前建立起来的法律或"判决"。对判决或命运的迷信在日耳曼人的头脑中占

---

① G. Ch. 冯·翁鲁(G. Ch. von Unruh):《置于法律之外:日耳曼部落中的"丧失和平"和巫术崇拜观念》("Wargus. Friedlosigkeit und magischkultische Vorstellungen bei den Germanen"),见《萨维尼基金会法律史杂志:日耳曼法分支》(*Zeitschrift der Savigny Stiftung für Rechtsgeschichte. Germanistische Abteilung*),第 74 卷,1957 年。

十分重要的地位，而且决定着他们对惯例的理解。惯例就是人人都赞同的，人人都自愿遵守的事物。因此，不仅它是人们必须遵守的，而且其本身也被认为是可靠的、合理的。

在蛮族社会中，人们生来就拥有某些权利和特权：无论他是出生在一个贵族家庭里，还是出生在一个普通自由民的后裔或一个非自由民（也就是依附民）后裔的家庭里。在任何情况下，由于人属于社会范畴，因此都拥有某些权利。社会关系的特征仍然是以
160 自然性和血缘性为主：世袭关系、家庭关系、家族关系。只要社会承认统治者与被统治者之间的关系（在蛮族社会中已经存在着农奴和其他各种非自由民），那么那些以自然性和血缘性为主的关系也要适应剥削与被剥削这一占主导地位的社会模式，而且这种剥削还带有家族性。总之，个人不能选择与谁结成群体：群体的形成来自于家族关系，甚至婚姻纽带也要服从于大家所公认的组合方式（门当户对）以及强制规定的一些规约。在组成社会群体和社会网络方面，人们要么完全没有选择余地，要么只有极为有限的选择余地，他们至多也只是在组成群体时，能够选择一下究竟要站在哪一位领袖或君主的旗下。

在蛮族社会中，人们在社会阶层中所处的地位决定着他在该社会的个人行为。个人生活的一切方面都被控制着。人们事先就清楚在哪种情况下应该怎样做；这里几乎没有个人选择的余地。人们的任何行动都根据他所属的群体而有严格的规定，人们做任何事都要考虑到维护其家庭或家族的名誉，而不是他个人的名誉。群体中每个成员的生活都是根据惯例决定的，都必须以上帝、祖先、长者为榜样。

在蛮族社会中,个人行为调整得如何体现着他遵守礼仪的程度;每一个重要人物的活动只要对群体利益产生影响,那么都要举行特殊的仪式,发布相应的告白书,缺少这些礼仪,这项活动或事业就是作废的,无效的,没有价值的。这并不是说,在蛮族社会中,那些不能按照自己的意志行事的社会成员就是不重要的、没有价值的人物,这里所说的意志力不能被解释为随便做决定,而主要是指行使意志者实现他所属的群体摆在他面前的目标。就像诗人和雕塑家把自己丰富的独创性、技巧和智慧融汇到符合现存标准的工艺品的生产过程中去一样,创新不能脱离传统主题。社会中每个成员都要在各个方面使自己的行为和活动符合已经建立起来的礼仪惯例;他的个性只能存在于他与群体所结成的统一体中。

在这种情况下,与其说道德是由个性形成的,是个人行为中表 161
现出来的个人品德的标志,不如说它是个人所属的家庭、家族、社会阶层所特有的品德体系,同样,个人权利和义务也是如此。实际上,这些权利和义务与对构成群体的个人在伦理方面所作的评估是分不开的。贵族是高尚的、令人尊敬的,他们的行为就是其他人学习的典范,他们的天性是勇敢和慷慨。人们不能期待着在出身微贱的人群中找到这些品质。蛮族社会确信:道德品质与生理特征一样是遗传的结果,并以此作为实际生活中的指导思想。美丽、聪明、光荣、高尚必须在国家的公侯名门中间才能找到,而低劣的品质只有到非自由人和出身低贱的人群中才能找到。一个贵族和一个女奴所生的儿子不可能与这个贵族同他那同样出身高贵的合法妻子所生的儿子具有同样的品德和行为举止。因此,出身高贵的人们不仅在受到伤害时所得到的补偿要多得多,而且他们肩上的担子也很重，如果他们被发现犯了法，那么他们所受到的惩罚也比一般的自由民要严厉得多。

因此，法律身份与拥有这个身份的人是不可分割的，身份是人的一个重要属性。高贵阶层的人们是“高尚的”，是“优秀的人”，而低贱阶层的人们是“低劣的”“坏的”“下等人”。也就是说法律身份具有道德特征；一个人的法定身份既决定着，也反映着他的个人品质。此外法律和道德范畴也是审美的一个组成部分。贵族自然与美丽相联，就如同丑恶和畸形这两个概念不可分一样。举例来说，在古英语中，不可能把某物或某人说成“既美丽又卑劣”。在古英语中，我们找不到能够表达纯粹美学判断的方式。“美丽的”既是一个道德评价，也是一个美学评价。美丽用来表达人的荣誉和尊严。同样，智力特点与伦理评判也是分不开的：“聪明”本身就具有“诚实”的含义。[①]

在蛮族社会中，法律并没有在社会生活中独占某一个领域。法律的一切方面都是由习俗惯例来规定的。法律和惯例为社会提
162 供了赖以存在的基础，它们同时也是人们意识中不可分割的领域。

蛮族人皈依基督教对他们的整个生活方式都产生了深刻的影响，皈依基督教这个行为本身就是蛮族人社会结构发生变化的一个征兆。日耳曼部落的传统习俗和制度只有发生深刻的变迁，日耳曼人才能接受一种新的宗教。宗教给法律领域带来了具有深远意义的变化；在整个中世纪历史中，尽管道德和法律仍紧密相联，

---

① E. 莱西(E. Leisi)：《富于启发性的古英语词义》(“Aufschlussreiche altenglische Wortinhalte”)，载《语言——通向世界的钥匙》(*Sprache—Schlüssel zur Welt*)，杜塞尔多夫，1959 年。

但是，道德和法律绝不会再成为同义词了。道德主要涉及人们的内心世界，涉及人们的良心和自由意志的行使，而法律开始被人们理解为一切人都必须遵守的凌驾于个人意愿之上的诉讼程序。

蛮族人的法律概念并没有被教会同封建制的新的结合所取代，而是作为中世纪法律不可分割的一部分而被采纳了。尽管其中的某些部分做过修改，从总体上说，法律，如同中世纪生活的其他任何方面一样，在整个中世纪，一直受到基督教教义的强烈影响。

教会是来源于《圣经》，特别是来源于《圣保罗书》的法律规范概念的承继者。保罗在其关于神的法律理论中，把总的法规要点说成是上帝制定的，以此提高法律的地位。洗礼——通过这个活动，人们使自己从自然状态中的人变成了基督徒，成为忠于教会的一员——被看作是人们的一次“再生”。社会的成员不是单纯的自然人，而是作为基督徒的人。洗礼是使中世纪集体中的个人接受现存制度的一个特殊手段，洗礼之后，每个人就开始承担他不能违背的那些法律责任，尽管他们在制定这些职责方面没有发言权。法律在任何情况下都是由上帝建立的，而不是由人建立的；法律是上帝的馈赠（*lex est donum Dei*）。教会成员——这个既包括俗人也包括教士的虔诚的共同体中的成员（*universitas fidelium*）——之间的地位是不平等的，教士在教会中的地位比俗人要高，俗人之间也是不平等的。因为尽管人们天生是平等的，但是大家对上帝
所做的“贡献”存在着程度上的差别。功绩和贡献有等级之别，这 163
说明个人之间的权利是不相同的。个人在社会中的地位取决于他为上帝所做“贡献”的大小。

上帝指派的君主占据最高地位。就如同世界(大宇宙)由上帝支配,人体(小宇宙)由灵魂支配一样,国家政治由君主支配。君主同臣民的关系可以被比喻为头脑同四肢的关系。君主的权力并不取决于臣民的意愿。君主只属于上帝一个人,他只为上帝服务(*rex-minister Dei*)。但是,教会则尽可能地强调:君主受到了神的恩典,因此应对教会承担一定的义务,因为只有教会才能传达上帝的旨意。统治者不受世俗制度和秩序的束缚。所有的臣民都从他们的统治者那里接受法律,他们必须完全地、无条件地服从由神意决定的统治者。如果一个人由于触犯统治者犯了罪,那么他既背叛了国家又背叛了宗教,因为罪犯触犯了统治者身上所固有的神权。统治者的责任是关心臣民的福利。对于臣民来说,不是同意不同意的问题,而是无条件地服从和忠诚,这是法律的基本因素之一。臣民不能对法律施加任何影响,因为他们信息闭塞,而且缺乏理解力。君主就利用这种思维方式在他与臣民的交往过程中享受着无限的单方面的权力。他对臣民不承担任何义务。他甚至有权控制臣民的财产,他可以以共同体的名义使用臣民的财产,就好像他是这些财产的主人一样。[①]

在这些与政治和社会的现实相距甚远的概念的背后,潜在着一种优先考虑共同幸福的观念;共同的幸福是位于个人利益之上的,是由统治者来代表的。法律就像"共同体"一样是永存的,而个人则不可能是永生的。重要的是整体的福利,而不是整体中的无

---

① W. 乌尔曼(W. Ullmann):《中世纪的个体与社会》(*The Individual and Society in the Middle Ages*),巴尔的摩,马里兰州,1966年,第38页。

关紧要的部分——个人的福利。于是，根据这种思想，个人就把自己完全融化并沉浸在共同体之中了——这个共同体是一个大一统的有机体，在这个有机体中，每一个成员都有自己的一份职业（*vocatio*），都要履行自己的职责。因此，个人的生存并不仅仅是 164
为了自己。个性并不重要，重要的是落在个人身上的责任，即他应做出的贡献。

因此，统治者是法律的化身，他是法律观念的体现者（*lex animata*），他赐给人们正义，他关心着人们的共同幸福。只有教会有资格决定，在什么情况下，那些滥用职权的统治者已经失去了他作为上帝的使者和统治臣民的权力。只有教会能够而且有权把 *tyrannus*（暴君）同 *rex iustus*（公正君主）区别开来，只有教会有权剥夺暴君的全权统治权力（即使他成为真正的统治者），并使他的臣民们免除对他应尽的义务。众所周知，神权至上意识形态的维护者怎样力图把这些原则付诸实践，格利哥里七世和英诺森三世的作为是成功的实例，但这种作为并不总是成功的。另一方面，那些鼓吹君主受到天恩而力量无所不及的人们则认为，国王作为人世间上帝的化身，不能从属于教会。这样，那些试图证明自己与超现实力量有联系的君主们就在大众思想中找到了现成的共鸣。星辰合谐由人民构成，世俗权力由神赐予，[①]从这个前提中，可以很容易地得出帝王权力神圣的结论。基督本人总是被描绘成一个世俗统治者。世俗统治者的加冕典礼仪式总是伴随着宗教仪式，这

① A. 登普夫：《神圣帝国》，第 8 页及以下诸页、147 页及以下诸页。

明显而具体地表明了世俗统治者权力的神圣性。[①] 实际发生的事件几乎总是恰恰与这一虔诚而神圣的命题产生矛盾。[②] 但是，神权政治学说中对法律的重视值得人们认真地注意，它用唯理主义的形式反映出法律的确在封建共同体的生活中扮演一个十分重要的角色。就如同每个观念都必须从日常活动和日常现实中抽象出来一样，神圣法律的法权理论也是从日常活动与日常现实中抽象出来的，不过它同时也把日常生活提高到一个较高的层次上来。

现在我们从神学家、法学家和政治理论家的说教中转到中世
165 纪流行更为广泛的大众思潮上来——这些思想与其说是被明确地阐述出来，不如说是作为建立和应用法律的不可缺少的必要条件而被默默地确认了——在这些思想中，我们既可以找到保罗的思想，也可以找到反对保罗的思想。人们大都相信：法律是世界秩序中一个稳定的因素，就像宇宙本身一样是永恒的，不可毁灭的。[③] 无论是自然界还是人类社会，没有法律都是不可想象的。法律是一切人类社会的基础；人与人之间的关系就是在法律的基础上建

---

① E. H. 坎托罗维奇(E. H. kantorowicz)：《〈君主颂〉，一项关于礼拜仪式中的颂歌和中世纪统治者崇拜的研究》(*Laudes Regiae. A Study in Liturgical Acclamations and Mediaeval Ruler Worship*)，伯克利和洛杉矶，1946 年；P. E. 施拉姆(P. E. Schramm)：《政权标志与国家象征》(*Herrschaftszeichen und Staatssymbolik*)，斯图加特，第 1—3 期，1954—1956 年。

② G. 波斯特(G. Post)：《中世纪的君权及其局限性(1150—1350)》("Sovereignty and its Limitations in the Middle Ages[1150—1350]")，《第 13 届国际历史科学大会》(*XIII International Congress of Historical Sciences*)，莫斯科，1970 年。

③ G. 特伦巴赫(G. Tellenbach)：《叙任权争夺时代的教会、国家和基督教团体》(*Church, State and Christian Society at the Time of Investiture Contest*)，牛津，1940 年，第 22 页。

立起来的,“哪里有社会,哪里就存在着法律”(“*ubi societas, ibi jus*”)。[①] 任何一种生物,任何事物,都有自身的法则,这是上帝创造出来的一切事物所具有的不可割舍的一个属性(因此,不仅人,而且动物,甚至无生命物体都可以被认为应对违反内在规律承担责任)。人的一切生活方式和行为方式都取决于他的身份地位。这就是中世纪人对“自然法”的理解,这个自然法就是神权政治中所解释的那个宇宙的普遍规律。

新法规不是由任何人设计或制定出来的——既不是皇帝,也不是任何其他统治者,也不是一批世俗官员或议事会成员的会议制定的。由于上帝被视为法律的源泉,所以法律不可能是不公正或错误的;法律本身就是健全的。法律和正义是同义词。非正义只能是法律使用不当、错误地解释法律,或忘记法律而造成的结果。就如同世界上的假恶丑被解释为缺少真善美的结果一样,非正义是错误地使用法律所造成的结果。法律是公正的,因为,法律是合理的,而且与人性相一致。圣托马斯·阿奎那把法律定义为“为共同利益确立的理智,是由关心人类共同体的人颁布的”。因此,满足以下条件是十分必要的:法律必须建立在理智之上,必须为共同利益服务,必须与正确而适当地实施法律的诉讼权限相一致。[②]

① W. 乌尔曼:《法律与中世纪史学家》(“Law and the Medieval Historian”),见《斯德哥尔摩 1960 年 8 月 21—28 日第 11 届国际历史科学大会报告之三:中世纪》,哥德堡、斯德哥尔摩和乌普萨拉,1960 年,第 36 页。

② 引自 B. 贾勒特(B. Jarrett):《中世纪的社会理论,1200—1500》(*Social Theories of the Middle Ages, 1200—1500*),纽约,1966 年,第 17 页。

法律同那悠古的光环同样也是不可分割的。在法律中不能出现革新之类的新事物。法律就像永恒的正义一样,自远古以来就已经存在了,这并不是说法律完全被固定在法律著作和法典中,而不需要人们发挥自己的能动性对其作进一步的解释。总的说来,
166 法律作为一种观念被印在人的道德意识中,当人们从未遇到的问题出现时,可以从中推导出道德准则来。人们不是重新制定法律,而是“寻找和发现”法律。不过,人们对法律的古老性所给予的高度重视,与其说是由于其年代久远这一事实本身,不如说是由于这一事实证明了法律是不可战胜的,它本身是健全的。古代法是健全的,公正的。[①] 中世纪伟大的立法者们并不是改革家,也不是新法的创造者,他们只是“发现”、“找到”古代法并根据其表现出来的正确性来重新恢复它的地位。在这个过程中,过去存在的法律没有被废除而是得到了补充,立法者们废除的只是那些歪曲法律但仍被人们当作准则而使用的条款。

我们发现弗里斯人(Frisián)的法律著作都把下列论断作为导言:弗里斯人必须拥有上帝在摩西带领犹太人的子孙穿过红海时所制定的那部法律。这个发现对于我们来说是难以理解的,但却体现着中世纪思维的最重要的特点。该书在解释完十诫之后依次列举了基督出世之前占统治地位的预言家和国王(从扫罗和大卫开始),然后是一系列在这部弗里斯法律著作诞生之前占统治地位

---

① F.克恩(F. Kern):《中世纪的法律与宪政》(“Recht und Verfassung im Mittelalter”),见《历史学杂志》(*Historische Zeitschrift*),第120期,1919年,第3及以下诸页。

的罗马皇帝，包括人们可能会想到的全部法国和德国的统治者。① 这样，在弗里斯人中真正生效的法律就作为自人类出现以来一直未断的法律链条的一部分被呈现出来。至于真正意义的“法律史”连踪影也未出现。

同样阿尔弗雷德大帝的法律也是从一个长长的导言开始的；在导言中评述了十诫和圣经法规中的其他儆诫。此外，它还简单地叙述了使徒的历史以及基督教会议所做出的决定，这些基督教会议既包括全基督教会的，也包括英国的基督教会议。阿尔弗雷德对自己所扮演的立法者的角色十分谨慎：“我从不敢擅自用文字记载许多我自己的东西，因为我不知道我的革新是否会得到我的后继者的赞同。”但他确实把前几任国王（Ethelbert，Ine，Offa）的法律中最公正的部分挑选出来加以保留，并把其余部分摒弃了。这部法律集成得到了阿尔弗雷德的顾问们的喜爱。② 人们认为：立法者的任务不是建立新的法律而是从古代法中选择最英明最公 167
正的法令并加以采纳。10 至 11 世纪盎格鲁-撒克逊的立法大部分都是从早期的法令中借用过来的，然后再零散地汇入一些新的法令。在列举出来的习俗和习惯法的前面通常有一个序言，人们在序言中把这些习俗和习惯说成是早期某个统治者制定的。许多古老的挪威法都被描述成“圣奥拉夫法”，尽管这些法律实际上是

① 《W. J. 布玛（W. J. Buma）和 W. 埃贝尔（W. Ebel）合编的 Das Rüstringer Recht》，见《弗里斯人的法律》（*Altfriesische Rechtsquellen*），第 1 卷，哥廷根、柏林和法兰克福，1963 年，第 24—32 页。

② F. 利伯曼（F. Liebermann），《盎格鲁-撒克逊的法律》（*Die Gesetze der Angelsachsen*），第 1 版，哈勒，1898 年，第 26 页及以下诸页、46 页。

在相当晚的一个时期中才被记录下来的习惯法中的训诫。12 世纪早期用英语编成的法令被尊称为“忏悔者爱德华的法律”，实际上，爱德华与此没有任何关系。伦巴德国王罗塔利（Rothari）认为自己的责任不是创立新的法律，而是编纂整理那个需要更改和修正的古代伦巴德法。①

法律可以得到补充和增加：换句话说，我们有可能“找到”还没有用法律形式表现出来，但却似乎一直保留在人们的道德意识中，保留在思想宝库中的那些条款。因此，人们心中固有的法律和法令方面的想法被认为是法律的第二源泉，这是对法律神圣源泉的补充。总之，人们认为，法律就保留在最有智慧的人的记忆中，他们才是法学专家，但是这些法学专家们——*lǫgsǫgumenn*，斯堪的纳维亚的“法律发言人”，法国的 *rachinburgen* 和 *échevins*，英格兰的 *witan* 和 *liberi et legales homines*——并不创立新的法律。他们了解古代惯例的“古意”。至少作为立法者他们是这样看待自己的工作的。

人人都要服从惯例和法律，特别是统治者。他的最重要的作用就是维护法律并监督人们遵守法律。人们认为统治者必须注意维护习惯法，必须做到公正、仁慈，这种思想在中世纪出版的许多《国王宝鉴》（“King's Mirrors”）中都能找到，这种书包括对君主的训诫，并强调君主的个人品质的重要性。这在王权与君主个人联系在一起的时代是很自然的事情。

---

① 《伦巴德人的法律》（*Die Gesetze der Langobarden*），F. 拜尔勒（F. Beyerle）编，魏玛，1947 年，第 2 页。

在国王的就职典礼上，他宣誓维护法律。但在中世纪的任何
地方，我们都找不到这样一部专门的国家法律，即规定统治者必须 168
维护现存的法律并据此行事的法律。如果国王触犯了法律，那么他就不能要求臣民们顺从于他那非正义的行为。《萨克森宝鉴》(“Saxon Mirror”)中写道：“只要国王犯了错，法律就要求你反对国王及其判决，即使他是你的亲属或领主，你仍然能够在各个方面以各种手段反对他”，“你这样做并不是违背你效忠的诺言”。[①] 为了证明这一思想，塞维利亚的依西多禄把贺拉斯(罗马诗人)的诗句变为，“国王要做事公正，否则就不配当国王”(“Rex eris si recte facies，si non facias，non eris”)。[②] 统治者如果故意违反法律，那么他的权力的法律基础就会被剥夺，臣民就可以解除对他的效忠。法律还要求臣民维护法律，如果统治者违犯了法律，臣民甚至也可以反对他。维护法律的责任并不来自于任何条约或协议，而是从法律万能这一思想中产生的，法律之所以是万能的，是因为一切人都要服从它。因此，法律把所有的人结合在一起，它本身就是联结人与人的总纽带。这个原则与君主制的神权思想之间存在着根本的抵牾。按照神权思想，国王凌驾于法律之上，只对上帝负责。

人们在某些情况下有权反对那些没有完成法律赋予他们的使命的违法统治者或国王，但这并不等于人们有权改变政府的形式；要推翻一个君主，需要有另外一个君主来取代他的位置。就继承

① 引自 F. 克恩：《中世纪早期的君权神授和抵抗权》(*Gottesgnadentum und Widerstandsrecht im früheren Mittelalter*)，莱比锡，1914 年，第 167 页。附录 17，第 372—376 页。

② 《语源学》(*Etymolog*)，Ⅸ，3，§ 4，《拉丁教父集》，第 82 卷，第 342 栏。

王位而言，新的君主必须有继承权，必须得到教士的认可，必须举行涂脂仪式。尽管王室或王族成员的身份无疑是十分重要的，但实质上，这个身份并不能足以保证得到王位继承权，因蛮族王国时期和中世纪早期君主制时期都出现过这种情况，重要的是必须得到"人民"的同意，——实际上就是要赢得贵族的支持。

同样，在统治者制定的新法能够生效之前，获得臣民们的赞同（*consensus fidelium*），也是十分必要的。作为人民的代表，体现
169 着普通人本能地追求法律和秩序这种情感的 *meliores*（德高望重者）和 *maiores*（长辈）被召集在一起，来决定国王提出的新法与从古代继承下来的原有法律在多大程度上保持一致。

在中世纪的法律实践中，我们可以找到法律与正义是至高无上的这一原则，以及法律和正义是独立于君主制而存在的原则。例如，在英国，尽管法庭为政府服务，但是法庭对君主表现出一定的独立性，而且从未降低到只是作为表达国王意愿的工具。如果成文法和习惯法与国王的意愿产生了矛盾，那么国王法庭将站在法律一边。[①] 这一原则构成了对违反并触犯了本国习俗的国王进行封建式起诉的基础。众所周知，《大宪章》就是英国的贵族和骑士对国王进行这种封建式起诉的产物，他们把自己的主动行动看作是完全合法的权力，这个权力是从英国法律的基本精神中自然而然地衍生出来的。《大宪章》设置了一个由 25 个贵族组成的委员会，他们的任务是不仅要限制国王的权力，而且，如果国王食言

---

① S. B. 克赖姆斯（S. B. Chrimes）：《英国宪法史》（*English Constitutional History*），伦敦，1967 年，第 69 页。

的话，可以用武力遏制他，这可能会对国家的统一构成一定的危险，但它与法律的精神实质并没有矛盾，也不否认国王与其近臣之间的融洽关系。在中世纪人看来，在合法反叛这个概念中，不存在任何荒谬和自相矛盾之处。

在一般情况下，臣民要服从他们的合法君主。然而这种服从与其说是表现为一种被动的屈服不如说是表现为一种效忠。效忠与单纯的服从是有区别的，因为效忠是有条件的，只有在某些限定的具体条件下，效忠者才会为自己的领主服务。此外，效忠还含有某种互惠的意思：效忠把附庸束缚在他的领主身上，反过来，领主也对附庸承担着某些责任。人们常常坚持认为：领主与附庸的关系是以协议或契约为基础建立起来的。用这种态度看待中世纪社会关系的人至少有一部分是当代人，因为这是用资产阶级的契约来解释封建关系。实际上，效忠与庇护的关系是在统治者与被统治者双方共同服从法规习俗的基础上建立起来的；对双方起约束
作用的忠诚是针对双方对法律的忠诚而言的。[①] 当双方宣誓效忠 170
的时候，并不只是表明双方之间相互忠诚，而是忠诚于统治者和被统治者都感到有必要服从的那个更高的原则。

法律被人们认为是古老的，法律的权威性就在于此。人们从不考虑革新，立法实践主要包括恢复古代法，认识和阐明祖辈的习俗。法律是一门向后看的学说，它把精力集中在过去。对古代的时势和习俗给予高度重视是中世纪处于各种社会地位的人所共有

① F. 克恩：《中世纪早期的君权神授和抵抗权》，莱比锡，1914 年，第 177—178、389—392 页。

的特点。就中世纪的传统主义而言，这里不只存在着保守主义和习惯势力：当人们求助于唯一具有道德尊严的古代权威的时候，还会得到一个实实在在的好处。（“nihil innovetur, nisi quod traditum est”）①新事物使人们产生不信任感；革新被视为一种亵渎神灵和不道德的行为。5 世纪时，僧侣莱兰的樊尚（Vincent of Lérins）曾在布道时说：“不要把石头从你父亲放置的位置上搬开”，“因为人们最好要避免创新，古代的东西必须保存起来；新事物是下流的，旧学问却是神圣的。”②中世纪的思想意识是静止的，如我们以上所述，发展的概念与中世纪还是格格不入的。世界既无变化也无发展：它是上帝创造出来的最早、最完美的事物，而且一直处于这种不变的状态中。它的特征是按等级划分的梯级，而不是动态地发展。因此，作为社会秩序的一个组成部分的法律，也被人们认为是静止不变的。法律被固定不变的原则捆住，因此，它不顾及这些原则的起源，也拒绝考虑那些原则的变化。它是超然于时间之外的。③

中世纪某些事物的存在取决于它拥有的法律地位，从某种意义上说，这种说法是正确的。一个城镇要想得到认可，首要的事情就是争取授予特定的法律权利。一个行会、一所大学或任何其他

---

① 参见 F. J. 德尔格（F. J. Dölger）：《古代与基督教：文化史与宗教史研究》（*Antike und Christentum. Kultur- und Religionsgeschichtliche Studien*），第 1 卷，l，明斯特，1929 年，第 79—80 页

② P. 迈因霍尔德（P. Meinhold）：《宗教历史编纂学的历史》（*Geschichte der kirchlichen Historiographie*），第 1 卷，慕尼黑，1967 年，第 155—156 页。

③ J. 施珀尔：《中世纪的新与旧：关于中世纪发展意识的问题研究》（“Das Alte und das Neue im Mittelalter. Studien zum Problem des mittelalterlichen Fortschrittsbewußtseins”），见《历史年鉴》（*Historisches Jahrbuch*），第 50 卷，第 3 期，1930 年。

合作团体，从获得它的特许权那一时刻起，才得以合法地存在。农村公社制定出特有的章程来保证自己的合法地位；那些行使法律或军事特权的封建主一定要使他们的法律豁免权具有合法的全权形式；要获得领主的授予，要由特定的法规来赋予，而每一项中世纪制度都具有特定的法规，社会关系只有得到法律的认可才能 171
生效。

中世纪主要的社会政治冲突不仅围绕着宗教问题，而且也围绕着法律问题展开，中世纪的人们对此十分清楚。为节省篇幅，我们只能涉及一些现成的例子。德国皇帝与教皇之间争夺政治最高权力的斗争，首先就是以授予权——主教任命权的问题为中心而展开的；英格兰国王亨利二世与大主教托马斯·贝克特（坎特伯雷大主教）之间发生的激烈冲突，就起始于双方在国王法律权限问题上产生的分歧；“无地王”约翰，对封建惯例和封建法律的轻视导致大宪章的出现。法国的君主不得不把罗马法专家召集在一起为自己建立一个法律根据。在菲利普四世和教皇卜尼法八世的斗争中，罗马法专家们所起的作用也是不可缺少的。法学和神学是中世纪大学中最古老、最有影响力的专业。欧洲采纳罗马法是由整个一系列的社会、经济和政治因素决定的，这对于欧洲中世纪公共生活的每个方面和领域都具有十分重要的影响。

法律被视为整个社会的根本结构因素。但是，不仅如此，法律身份还是每个社会成员社会特征的最重要的因素。封建制度与蛮族社会一样，身份地位与人是不可分的。

一般说来，身份是从父亲那里继承下来的。但是，身份也是可以改变的。统治者可以把新的身份授予某个人并给他更多的权利。离开领主而进城的农民就得到了人身自由；当他变成一个市民，也就是说当他成为城市共同体或行会中的一员的时候，他的身份就发生了改变。普通自由民，甚至某些非自由民可以通过举行效忠仪式，——也就是说，向封建领主宣誓效忠的形式——被封为骑士或爵士，进而被授予和他的新身份相适应的法律权利。俗人
172 加入教士行列就变成了一个神职人员，那是一个享有特殊权利的社会集团。由此可见，用法律划分出来的中世纪的社会阶层以及其他人口范畴并不是一个封闭的、僵化的模型，人们有可能从一个阶层移向另一个阶层。实际上，在封建社会中，合法的社会流动程度相当大。关键问题在于，身份——无论是继承来的还是受封得来的——都与个人的内在品性有直接关联，而且，从中世纪人的观点来看，身份还影响着人们的自我道德和性格的基本特征；实际上，身份决定着人们作为人的资格。在法律文件中，社会地位通常用道德范畴的形式确定下来，那些出身高贵的人被描写成“最优秀的”“最有价值的”人；而那些普通人则被说成是“低劣的”“下等的”“卑鄙的”人。中世纪立法者把社会划分为贵族和平民两个部分。在道德事件中，统治者与被统治者之间也没有平等可言，——统治者总是处于一种十分有利的地位。

一切社会范畴首先都是法律范畴。如果某个人或群体的地位没有得到法律的认同和确定，那么中世纪人绝不会承认这个个人或群体实际上所拥有的地位或身份。与其说这是一个阶级划分问题，不如说这是一个决定个人社会地位的等级标志问题。一个人价值的大小主要不是取决于他财产的多少，而是取决于他被赋予

的权利的大小。最贫穷的骑士也比最富有的自由民的社会地位高。钱,甚至所占有的土地财产本身都不能使人们获得官方的承认,都不能获得特权。要么出身高贵,要么接受过皇帝的恩赐,才能被划入贵族阶层,享有全权。出身高贵和享有全部法律权限,是判断人们是否属于社会统治阶层成员的标准。通常情况下,财富与这些标准有关,但是财富本身并不能说明其所有者是贵族。封建社会是一个按法律定等级的社会。

不难看出,法律在中世纪社会中的地位是十分重要的,由于社会活动的高度程式化,法律的作用变得更大。在传统社会中,以被社会所认可的典范为榜样,从不偏离已经建立起来的准则的人的行为,被认为是“标准”的行为。这样的典范具有道德标准的作用, 173
与此相背不仅被认为是应该受到指责的,而且有时甚至被视为违法的。人生中一切重大时刻——结婚,进入某个家庭,受封为骑士,参加行会,获得继承权,以及继承权的分配,法律诉讼,商品交易,出卖土地,出家修行,被开除教籍,接纳入某个共同体,完成外交使命等等——所有这一切都要举行仪式,而且必须具有相应的程序,不遵守这些仪式和程序,你所举办的活动就是无效的,没有价值的。由此可见,人们的活动是在严格规定、不可改变的法律形式中进行的;脱离这些形式,任何活动都是不可想象的,无效的。

但是,与后来历史上出现的官僚制度不同,中世纪包罗万象的形式主义和礼节绝不是“纸上”(更确切地说是“羊皮纸”)文章。许多买卖交易根本就不是用契约的形式达成的;人们认为只要适当地遵守特有的仪式就足够了。在欧洲封建社会早期,土地转让是件大事，必须用文件形式记录下来。然而，日耳曼民族，尽管已经从罗马法律诉讼的形式、方式和程序中借用了契约，即仲裁时使用的契据，但是日耳曼人并没有真正抓住契约的重要意义。无疑，书面契约的功能似乎就是使双方做成这笔买卖，保证将来这块土地的所有权。但是，在中世纪早期，几乎没有多少人相信书面文件——甚至没有多少人能够读懂书面文件——而且也不明白书面文件所具有的法律性质。因此，已经准备好的并交付使用的土地契约总是附带着一种传统习俗，即卖者扔给或递给买者一把土或草皮、树枝等。纸据（*carta*）只被视为一样东西，一张羊皮纸，在签署之前，人们习惯上把羊皮纸和写好的材料放到双方要进行买卖转让的那块土地上。这样，"泥土的力量"将会渗入到材料中去，并使签字生效，神圣不可侵犯。[①] 要使法律行为生效，还必须举行巫术仪式。

纸据本身仅被视为一种标志。因为纸据上甚至根本就没有任何文字，而人们往往承认"无字纸据"（*cartae sine litteris*）。如果
174 国王想使臣民向自己保证服从自己，或者说，他想向臣民发布一项法规，那么他只要给臣民一张羊皮纸或一张没有文字的封缄，就足以表明自己的权威了。[②]

无论提供不提供文件，仪式就可以使买卖交易生效。这样，在

---

① E. 古德曼（E. Goldmann）：《递交纸据》（"Cartam levare"），《奥地利历史研究所公报》（*Mitteilungen des Instituts für Österreichischen Geschichtsforschung*），第 35 卷，第 1 分册，1914 年。

② M. 科斯（M. Kos）：《无字纸据》（"Carta sine litteris"），《奥地利历史研究所公报》，第 62 卷，1954 年，第 98—100 页。

缔结契约时在场的目击者所起的作用就十分重要了。充当目击者的人相对来说比较少,只限于本地的一部分人,这些人是固定的,不常迁移的,而且与买卖双方都很熟悉。当一个人搬到另外一个地区,他不必提供有关自己身份的文件证据,他的新邻居将会相信他所表明的自己的身份。由于人的身份是决定其品性和重要品格形成的因素,而不是某种外在的、非本质的标志,因此,他的行为可以证明他是否属于他向人们表明的那个社会阶层。

在这种情况下,法律通常被人们看作是个体与个体、群体与群体之间进行重要的世间事务的可接受的形式,个体和群体都把法律视为他们的行为的重要因素,在中世纪人的精神生活中,法律表现为人类意识的基本范畴之一。

但是,在逻辑上,中世纪法律并不是一个各部分相互协调一致的,明确完整的体系。相反,法律中反映的中世纪社会生活的矛盾性和复杂性比其他任何领域都要多。法律不仅使人们联结在一起,而且还引起人们的要求之间的相互冲突和复杂的争吵,从而造成人们之间的分裂。在法律可以被视为一个抽象的概念之前还需要很长的一段时间。中世纪不存在“通行的法律”。实际上,在中世纪早期,适用于全体国民的法律一项也没有。在过去属于罗马帝国领土的日耳曼王国占领区内,日耳曼人和罗马人都保留着自己的法律形式,每个部落或每个民族都“按照自己的法律”来生活,每个成员不论他住在哪里,都遵守原来的惯例和法规。王权在承认部落法规存
在的同时,才逐渐成功地建立起约束全体臣民的一套“通行的法律” 175
体系。同样,过去君主本身也是某个部落的首领,而不是国家的君主:是法兰克人的王,而不是法兰西的国王;是盎格鲁人的王或撒克

逊人的王，而不是英格兰国王。实际上直到很晚，原为某个民族、某个国家或地区所特有的法律和习惯才普遍为大家所认可。1455年，在纽伦堡做出了法律上的规定：当一个法兰克尼亚人被宣布处于法律保护之外的时候，法官要站在法兰克尼亚地界内的诺因施塔特(Neuenstadt)路上那座桥旁边宣判；如果一个士瓦本人被宣判为处于法律保护之外，法官要站在士瓦本地界内的奥诺尔兹巴赫(Onolzbach)路上的石桥旁宣判；如果是一个巴伐利亚人被宣判为处于法律保护之外，法官必须站在巴伐利亚地界内的圣母门(Frauentor)前面宣判；如果罪犯是萨克森人，法官就得站在埃尔朗根(Erlangen)路上的蒂尔加滕门(Tiergartentor)前宣判。①

由于中世纪法律一直缺乏内在的协调一致性，因此易于接受众多的、各种各样的解释，而且易于导致相互对立的主张的形成。在中世纪，法律一词与正义是同义词；但事实上，中世纪法律并不能直接确立起我们所谓的"真理"。中世纪所说的"真理"是指中世纪法庭根据誓言并通过严格地遵守习惯法所规定的一切仪式步骤而"证明了"的东西。中世纪人宁可相信誓言，相信仪式，相信通过神裁法*或格斗的方式而做出的判决；而不相信客观实物证据，因为他们认为真理一开始就存在于誓言中，人们不可能在违背上帝意志的情况下来进行这一神圣的活动。如果一方有一点违背了正式认可的准则，没有遵守程序的每一个细节，就说明这一方是有罪

---

① J.格林(J. Grim)：《德国法律》(*Deutsche Rechtsalterthümer*)，第1卷，柏林，1956年，第550页。

* 神裁法，古条顿人实行的判罪法，例如将嫌疑犯的手浸入沸水中，让神主宰，手无损则无罪。——译者

的,因为上帝不允许罪犯胜过无辜的人。真理只有通过法律程序中那精确而神圣不可侵犯的形式才能显示出来。

所有这些都可以追溯到蛮族时代。但是,如果从中世纪法律仪式化的特性中只看到前一时代侥幸保存下来的东西,就错了。在整个中世纪时期,在保留真正从前封建时期法律中继承下来的那些习俗和程序的同时,许多新的礼仪形式也发展并传播开来,此
外还出现了新的法律准则和新的誓言。其原因不能简单地归结为 176
古代习俗的持久生存力,而应该认为其原因就暗含在中世纪本身的社会特性之中:中世纪社会建立的前提就是按照一定的法规调整全体社会成员的行为。不拘礼节的、放纵的、异乎寻常的行为都是不合乎中世纪的规范的。中世纪人坚守在社会分配给他的位置上,并努力使自己的行为符合自己的社会地位。一个人在社会中的角色,为其行为举止提供了活动范围,没有给人们改革和破除常规留下任何余地。由此决定了中世纪人的社会行为在语义上极为繁杂,每项行为都有象征意义,都必须在已被认可的形式中进行,都必须效法普遍公认的模式,各种各样的事物——匕首、矛、锤子、俱乐部、椅子、臂铠(中世纪武士用的金属护手)、头饰、钥匙等,都带有超出其通用语义的象征意义,人们在法庭和其他法律程序中求助于那些象征意义。

中世纪欧洲最早的法律文献是《蛮族法典》(*leges barbarorum*),这是居住在原罗马帝国疆域内的蛮族部落的法律条规。古代惯例在蛮族人那里就是法律章程,尽管人们只是部分地使其在法典中确立下来。法典中几乎没有什么新提出来的东西,在当时,这也被视为“惯例”。保留在法典中的某些惯例实际上已经失去了现实意

义，但由于人们崇拜过去，相信惯例的神圣性，因此，这些惯例仍然可以继续保存下来，即使它们有时与后来出现的法规之间存在着明显的矛盾之处。此后，中世纪统治者制定的法律，要么是以“完善法律”的形式出现——也就是说，把某些很早就存在但一直没有变成法令的准则编入到法律中去，要么以“纯净法律”的形式出现，也就是说，在法律中排除那些被歪曲和“人为的创新”之处。由此可见，在法律范畴内，即使是革新，也具有保守的作用。其结果是，因袭的法律变成了多层次的，不断延伸出新法；旧法与新法并合在一起。

中世纪人们在努力使法律恢复到纯洁、原始状态的过程中，一直以他们的理想的法律为指导思想，所谓理想的法律，在中世纪人看来是与他们所谓的公正思想相一致的法律。在探索理想法律的
177 进程中，他们有时借助于伪造。但是，在中世纪，伪造并不全只是为满足个人需要而故意弄虚作假。事情比这要复杂得多，在“虔诚的欺骗”(*pia fraus*)中，就存在着自欺欺人的因素。僧侣在抄写捐赠品文本时修改里面的内容是因为他确信：文据中所提到的那块土地肯定被赠给了圣地(寺院)；因为让一个不虔诚的俗人拥有它，那将是不合理的，而且事实上也是不可能的。在僧侣看来，这不是伪造，而是正义战胜邪恶。一个由于人们确信古代某个国王把土地捐给圣地而被伪造出来的文据只被视为给了统治者一个公正的评价——因为他“应该”这样做！同时，这也证明了普遍公认的原则：只要存在着土地占有权，这个权力只能是从古代继承下来的；特权必须具有血统性。同样，由于人们确信“正义”的实现只需把人们向着正确的方向轻轻一推，因此，也常会弄出错误的证据。

文件的作用不只是简单地记录偶然发生的事件,而是表达最高真理——正义一词的理想含义所表达的思想。因为真理不存在于日常生活的琐事中,而是存在于对事物的正确认识中,这个正确的认识高于一切宗教范畴。《伪依西多尔教令集》(*Pseudo-Isidorian Decretals*),体现了罗马教会掌握着西欧的最高统治权,而且内称君士坦丁大帝把对罗马教皇有利的权力赠给了他,尽管《伪依西多尔教令集》是被伪造出来的,但是它体现了一种“理想的现实”:罗马教皇在中世纪欧洲的霸权统治。[①]

谈到中世纪文件的虚伪性,马克·布洛赫提出了一个与一般观点相对立的看法:中世纪人对过去的崇拜,使得他们要说明的并不是真实的过去,而是要说明过去究竟应该是什么样的。[②] 教会机构和世俗机构各自都求助于不惜任何代价去创造他们认定的伟大时代,从而保证法律的完整性和法律的尊严。巴黎大学可以把它的建校时间说成是查理大帝在位之时;牛津大学声称自己建立
于阿尔弗雷德大帝在位之时;剑桥大学把传说中的亚瑟王当作它 178
的缔造者。由于人们不能以历史的态度对待事物,因此,他们在编造这些文件时,采用的是当代文体,而不是给这些文件安排的那个时代的文体。[③]

中世纪编年史学家们一直不厌其烦地声称,追求真理是他们

① H. 福尔曼(H. Fuhrmann):《伪伊西多尔伪作的影响与传播》(*Einfluss und Verbreitung der pseudoisidorischen Fälschungen*),第1—3卷,斯图加特,1972—1974年。

② 马克·布洛赫(M. Bloch):《封建社会》,第142页。

③ 陶特(T. F. Tout):《中世纪的伪造者与伪造品》(“Mediaeval Forgers and Forgeries”),《曼彻斯特约翰·赖兰兹图书馆学报》(*Bulletin of the John Rylands Library, Manchester*),第5卷,1919年。

的主要目的，是他们撰写历史著作的永恒指南。然而，在他们的叙述中，充满了想象的产物，毋庸赘言，他们对许多事实都讳莫如深，予以抹煞。中世纪真理的含义与我们现在作为依据的科学真理的含义之间存在着很大的区别：对于中世纪人来说，真理必须与理想标准有关，必须符合上帝预先计划好了的更高真理，而不是要与历史事件的真实发展过程保持一致。①

此外，在一个以忠于家庭、家族、领主等为基本原则而建立起来的社会中，真理不可能具有一个独立于群体的实际利益之外的价值。忠于统治者或维护领主是第一位的，而忠于真理则是第二位的。可以说，真理是因人而异的。

在整个中世纪历史中，诈称者和篡位者比比皆是，他们要么自称为合法的统治者，要么自称为合法统治者的后裔。一般说来，如果他们能从表面上蒙骗人民的话，这主要是由于被压迫和受奴役的百姓总是抱有这样的希望：一个公正的、正直的君主肯定会出现，他将改善人民大众的生活状况，并把人民大众从剥削和压迫中解放出来。这种信念使百姓变得易于轻信。但是，如果认为这些诈称者仅仅是出于私利从而把他们当作纯粹的骗子而加以贬斥，也许是不公平的。这些人自己也常常被这样一种信念所迷惑：也许他们的确有某种证据，不管这个证据是否可靠，才自称为统治者或其继承人；也许他们从上帝那里得到启示促使他们担当起无法拒绝的使命。一个时期的宗教情绪也许从未这样有利于各种先

① О. Л. 魏因施泰因(O. L. Vainshtein)：《西欧中世纪历史学》(*Zapadnoevropejskaya srednevekovaya istoriographiya*)，第 87 页及下页。

知、人民领袖和神的使者的出现。

中世纪的人们生活在一个充满奇特事物的社会中，他们对此
已习以为常。自我认识的能力还相当微弱；集体观念在个人思想 179
中占主导地位。人们对图像、言词、符号的信仰是无条件的，而且不加批判地全部接受——这种环境必然会滋生出大量的作伪和弄虚作假的事物。[1] 人们很难把虚假从真实中区别开来。凡是认为似乎“应该是那样的”或“适当的”事物，就容易被认为确实“是”那样的。

中世纪人非常易于轻信。会讲话的动物的故事，魔鬼附体，幻影和灵丹妙药，遗骸和圣物的崇拜，因天体和超自然现象的体现来解释人间事物的意向——对于所有这一切，都无需大惊小怪，因为我们要记住：中世纪人的思想是由宗教来控制的，绝大多数人陷于愚昧无知状态，完全缺乏客观的科学思想，缺乏条理的信息来源。大多数被压迫的农民都不可避免地抱有从天上获得神奇援助的希望。中世纪人们不仅相信末日审判，即在“时间的最后一天”中，上帝将根据每个人的表现来决定是奖赏还是惩罚他；而且还相信，在这个世界上，行善马上就会得到上帝的回报，作恶马上会受到上帝的谴责。[2] 人们需要解释的不是奇迹本身，而是那些奇迹为什么

---

① K. 博斯尔（K. Bosl）：《关于中世纪作伪的社会学》（“Zu einer Soziologie der mittelalterlichen Fälschung”）。见《中世纪欧洲早期的社会形式》（*Frühformen der Gesellschaft im mittelalterlichen Europa*），慕尼黑和维也纳，1964 年，第 414 页及以下诸页。

② P. 鲁塞（P. Rousset）：《封建时期对内在正义性的信仰》（“La croyance en la justice immanente à l'époque féodale”），见《中世纪》，第 LIV 卷，第 3—4 期，1948 年，第 227 页。

没有出现。[①]

但是,我们绝不能认为中世纪人的轻信是无限制的。他们并不是相信每一个奇迹,他们当然也承认真理与错误之间,自然与超自然之间存在着界限。[②] 中世纪人认为:尽管在一般情况下,因果规律是起作用的,但在某些情况下,因果规律可以被"搁置"起来,让奇迹发生。神学家一直强调创造奇迹的能力不是圣徒特有的,甚至不是说明圣徒圣洁的唯一证据,但这不容易引起中世纪人们的注意。没有创造奇迹的圣徒完全可以受到人们的崇拜和尊敬;但在那些不通晓神学的精微要义而只想使自己虔诚的花费尽快得到回报的人看来,向圣徒遗骸敬礼,向他的教会和寺院捐献财产,纯粹是浪费时间。

180 无论是理解中世纪的法律观念,还是理解中世纪的法律实践,都不能脱离中世纪法律赖以形成并起作用的真实的社会政治条件。事实上,我们不能把封建国家同当代国家进行类比。这种类比是错误的。一般说来,中世纪的统治阶级没有表现出团结一致的趋向。统治阶级是由封建领主构成的,在这些封建领主之间,以及他们组成的群体和宗派之间,总是处于一种敌对的状态,处于一种反叛王权的状态。君主并不是权力的同义词,君主也不是唯一的掌权人,因为每一个最不重要的封建领主都竭尽全力——并未全部失败——把统治他的人民的权力集中在自己手中,由自己来

---

① P.鲁塞:《封建时期的奇迹观念》("Le sens du merveilleux à l'époque féodale"),见《中世纪》,第 LXII 卷,第 1—2 期,1956 年,第 32—33 页。

② M.A.扎博罗夫(M. A. Zaborov):《十字军东征史学概论》(*Vvedenie v istoriographiyu krestovykh pokhodov*),莫斯科,1966 年,第 70 页及下页、第 89 页。

统治他们。因此这就决定了，国家不是集中统一的，没有一个统一的行政机构。如果说国家是统一的话，也只是表现在只有一个君主。如果君主想拥有实权，那么，他就得像封建领主们那样，获得由他支配的属于他自己的力量。

中世纪并不是一贯坚持"公""私"分明，国家财产没有从君主祖传的财物中区分开来；国王是所有臣民的君主，同时有些臣民可以成为君主个人的附庸，处于君主的保护之下。国王和王子把他们的就职视为个人继承行为，继承权来自于他们的祖先。《撒利克法典》中所规定的有关地产和份地的继承程序最后变成了法国王位的继承程序。在《撒利克法典》中，父亲的遗产只能由男性后嗣来继承这一条是被这样"转译"的：法国国王的女性后嗣不能继承王位。一个中世纪统治者的统治权只有与他的领主权并存时，才具有实际权利。附庸关系与私人依附关系，同其臣属的身份交织在一起。大宪章是英国政府历史上的一个最重要文件，但是，实际上，大宪章只是调整国王——最高统治者——与其直接附庸诸侯的关系。

同时，领主以自己的名义行使公共职能，因为财产和权力被不 181
可分割地联系在一起；大地产实际上就是权力（土地所有者统治着土地和居住在这块土地上的附庸），同时权力又使财产权得到保证（拥有政治、法律和军事特权，就意味着把能够行使这些特权的地域变成了行使这些特权的个人的私有财产）。

在中世纪，理想与现实之间没有明确的界限，也就是说，人们理想中的完整的、完全公正的法律与实际应用的、法令法规中所规定的法律之间没有明确的界限。这样，人们的行动不仅要以实际实施的法律、法规为指南，而且还要以行为准则为指南，它们尽管没有被编入到法典中去，但是与中世纪人们的正义感、法律感和秩序感一致。用文字记录下来的中世纪法律是零散的，有很多空白之处；而且完全无体系可言，许多生活领域在法律中是“无人区”。封建制度下最重要的社会关系都由地方惯例来调整，这些地方惯例要么根本就没有用文字记录下来，要么只是到了很晚才部分地被记录下来。如果我们把加洛林王朝的法律同封建社会鼎盛时期西欧统治者的立法活动加以比较的话，那么我们立即就会发现后者的法律十分贫乏。加洛林王朝的法律事业几乎影响着人类事务的各个领域，加洛林王朝的君主把自己视为罗马帝国的继承人，他们发扬了古代立法者们的伟大传统；而封建制度实际上一直不具备一套用文字记录下来的法令。是通过选举还是通过继承来获取王权？在继承封地方面必须遵守的确切程序是什么？附庸向领主提供服务的程度和性质是怎样的？统治者和臣民的法律权利是什么？教会与国家的关系怎样？——所有这些，以及其他许多对封建制的正常运转起同等重要作用的关键问题，在法律中都没有明确的规定。当人们面对一个需要解决的争端，当人们要澄清某个不明确的情况时，只能采用某种特定的方式来解决这些问题。人
182 们在处理日常封建法律问题时，越来越借助于随地点、时间、人物以及其他重要因素的变化而变化的习惯法，而不是通过成文法，约束有关各方，为以后提供先例来明确地使问题得到解决。

在这种情况下，“强者的法律”就开始发挥作用了。在法庭上，根据法律程序不能得到满意解决的问题就通过武力和内乱来解决。有权势的领主不愿意把自己的事情诉诸法律，他们在没有把

握取胜的时候，不是借助于暴力，就是设立自己的法庭。封建法律的实施总是要伴随着格斗、战争、血亲复仇。但是，目前所流行的那种把中世纪看作是暴力法律时代，看作是用武力代替法律和惯例解决问题的时代的观点，也是缺乏根据的。这种观点产生于新兴的资产阶级法律正在取代日益丧失信誉、不再能够满足人们要求的中世纪法律的时期。

诚然，中世纪存在着大量的暴力行为，但是，中世纪社会并不是以暴力为基础建立起来的，除了在封建生产关系中起重要作用的经济因素以外，其余的制约因素也不能简单地归结于暴力。任何社会的统治阶级，只有当他们感到有必要强迫百姓跟着他们走的时候，才求助于暴力，同样，被压迫阶级只有再也不能忍受统治阶级对他们的剥削的时候，才以血还血，以牙还牙。不错，封建社会的统治阶级——全副武装的好战贵族——极易求助于暴力。但是，任何社会都感觉到法律存在的必要性，感到有必要由司法部门明确地阐述那些正在实施的、行得通的法律条款，中世纪社会同其他任何历史时期的社会一样，也敏锐地觉察到了这一点，这也是不可否认的事实。

事实上，由于封建社会摆脱不了传统的束缚，封建社会的社会关系很容易放射出古代的光辉，很容易呈现出法律的力量。我们已经看到了崇尚古风是怎样被视为中世纪法律的一个重要的特征，以至于革新事实上都被视为对古代并不曾有过的法律的恢复。 183
革新被视为恢复，进步被视为回归过去；因为只有自远古时代就存在的事物才具有道德力量和不容置疑的权威性。这种看法不仅是法学领域所具有的特征，而且也的确能够代表其他社会领域，如：

生产关系领域、神学领域、哲学领域和家庭事务领域。解释发展和变化的概念必然要使用 *reformatio*（重建）、*regeneratio*（重获新生）、*restauratio*（恢复）、*revocatio*（重申）这些词汇。人们认为理想国家在过去曾经出现过，重要的是要么使理想国家得到恢复，要么回到过去的理想国中去。不合乎常规的行为，标新立异的尝试，不是中世纪社会的特征。人们要想出人头地，不能靠破除先例，而只能尽可能地把自己同先例紧密地联系在一起。这样，就有必要建立起一套严格的习惯法结构，人们在这个结构中不管怎样都能明确地了解：在什么情况下，应该怎样做；法律和习俗惯例在形成这个结构，使一切社会行为程式化的过程中，发挥了重要作用。它们不只是简单地确定关系——在很大程度上，它们本身就是这些关系中不可分割的一部分，不仅提供了人们在一般情况下使用的现成的规程，而且提供了人们在特殊情况下使用的具体规程。

如果说中世纪政府没有以其立法活动而引人注目的话，导致这种情况的部分原因是习惯法的盛行。恰恰由于生活的一切方面都由习惯法来控制，而习惯法又包罗万象，人们不可能把它编纂成为任何统一的法典形式。每一个地区都根据自己所拥有的，与相邻地区有别的习惯法来生活，实质上，习惯法就是地方法，这使得习惯法更加难以用文字形式明确地固定下来。许多惯例条令、“宝鉴”（“mirrors”）、手册都不能完整地解释习惯法。人们能够实现的最好的方法就是确立一些先例——当相同或相似的情形出现时，就可以考虑使用这些具体的诉讼程式。但是，问题不只是在于人们无法把难以整理的大量习惯法编成一个法典。中世纪社会在很大程度上是一个文盲社会，农民以及大多数封建绅士都不具备读写能力，成文法对他们没有任何意义。因此,即使许多法令都以法典形式撰写出来了,人们在实践中仍然是根据习惯法,根据过去的人们在处理 184
相似情况时的所作所为,根据道德良心本能的暗示来决定自己的行为,而不是以成文法来指导自己的行动。

这里我们涉及了习惯法与成文法的主要区别:准则一旦被制定成法律,就是不可改变的了,那就意味着从此以后人们必须要严格地遵守这个成文法。法律摆脱了自己赖以产生的环境,而以独立的形式呈现在人们面前。关键问题在于,法律由于获得了文字形式,它与立法者的距离就“疏远”了,从此以后,立法者就不能再对其施加任何影响,或修改它;它的解释权由司法官和掌握统治权柄的人所垄断——共同体也无权解释,它也必须服从法律。另一方面,由于习惯法尚未用文字固定下来,因此,它与共同体,以及现实生活中的社会阶层之间联系的纽带还没有被切断,尽管习惯法在受其影响的人看来是不变的,但是它实际上在不断地改变自己以适应新的需要的产生,这个变化是人们难以觉察的。习惯法并不是以一种不变的形式被储存在人们的记忆中,它是由那些也许还没有意识到习惯法的人创造的,人们一直认为习惯法“很久以前”就已经存在了。习惯法与共同体没有“分离”,它仍然是人们创造性的源泉。中世纪法律是 *ratio vivens*(活动着的体系),而不是 *ratio scripta*(书写下来的体系)。人们无论什么时候使用习惯法,总是不自觉地根据案件的实际需要,也就是当事者的实际利益,而不是根据记忆中的习惯法条款来解释它。

由此可见,尽管习惯法不如成文法那样拥有一套表达清晰、系统、确切、完善的法律文件,但是,习惯法在中世纪法律中是具有创造性要素的，中世纪社会的许多阶层中的人都能依据习惯法来参与法律的解释和补充。立法者必须认真地考虑习惯法，因为任何人都要遵守习惯法，甚至统治者也不能改变它，一切法律都由君主本人来保护和保持这一学说使得君主的权威得以维护。然而实际上，就中世纪法律的这两套体系——成文法和习惯法——来说，习
185 惯法更重要，更能够直接用来解决实际生活中的问题。“对前所未闻的新事物”的担忧也影响着政府的立法工作，这就给以维护传统和不改变社会秩序为原则的习惯法的继续发展留下了余地。

把中世纪当作一个没有法律只有“盔甲拳头”的时代而加以贬斥，是片面的；只看到中世纪社会还没有摆脱无法可依和专断横行现象，同样也是肤浅的。封建社会是建立在统治与服从的基础上的。中世纪社会中的任何人在一切方面都不是自由的，因为人人都有自己的领主。如果我们想理解封建社会中统治与服从之间关系的确切含义，我们必须搞清楚诸如自由、依附等概念的真正内涵。

中世纪的社会关系主要是人与人之间的关系。人们之间的关系还没有像资本主义社会那样，被罩上一层物质关系、商品关系和其他物质价值关系。人与人之间无中介的、直接的关系是前资本主义社会的特点，社会主体还未受到“异化”力量的影响，那种力量在一个由商品生产驱动的社会中具有很大的影响力。在资本主义社会，人们之间的关系被商品关系所掩盖，商品在市场上可以代表人；正如马克思所指出，资本主义社会人与人的关系是“拜物教”式的。由于人的关系被物化了，因而它也就失去了直接性，每个人都被他所拥有的商品所取代，在这种关系中，个性起不了任何作用，

而“商品拜物教”是中世纪人们闻所未闻的。具体地说，在中世纪，每件物品的价值既不取决于市场，也不取决于该物品中所投入的劳动：每件物品都带有制造者的印记，物品的特性与制造者的个性有着紧密的联系。在中世纪社会中，商品和货币还没有结合起来对社会关系的形成起决定作用，这种调节作用是由法律来实现的。

当我们谈到中世纪时期——特别是中世纪早期社会关系的人际性质时，我们必须记住，人的个性还没有被个体化。个体的人仍
然与集体、群体密切地联系在一起，实际上是集体、群体中不可分 186
割的一部分。[①] 市场经济的胜利，货币统治的巩固，摧毁了人际关系体系，使个体摆脱了共同体的硬壳，使个人获得了自由。个性有了立足之处，并且在一个否定社会关系中的个人特性的社会中盛行起来。

中世纪的社会关系中贯穿着相互依赖和相互依存的原则，这个原则在社会关系的形成中起了不小的作用。附庸为自己找一个领主，由此形成的两者之间的联系，不是像蛮族社会中那种天然的联系，而是纯粹的社会联系（尽管固有的群体或者保持着它们以前的性质，如家庭；或者被长期地保留在封建制度下的血缘关系中）。此外，与蛮族社会的集体关系相对立，封建关系是以个人为基础而建立起来的。领主与附庸之间的关系，保护者与被保护者之间的

① L. 热尼科（L. Genicot）：《个人的价值或具体性：中世纪早期社会的基础》（“Valeur de la personne ou sens du concret. A la base de la société du haut moyen âge”），《纪念扬·弗雷德里克·尼尔迈尔中世纪杂集》（*Miscellanea Mediaevalia in memoriam Jan Frederic Niermeyer*），格罗宁根，1967 年。

关系形成的前提是，双方已经以某种形式承认相互之间的某些义务。附庸的任务是为领主服务，从各方面帮助领主，无论在何种情况下都要忠于自己的领主。对领主来说，他的责任是保护自己的附庸，为附庸辩护，并公平地善待附庸。如果双方想建立这种关系，必须要严肃地相互起誓，并举行使附庸关系生效的效忠仪式。一旦双方中任何一方违犯了这个封建契约，另一方就可以从他对对方的义务中解脱出来。一个穷人无依无靠，找到一个保护人，要求得到他的保护和帮助，作为回报他答应在任何事情上都服从保护人；保护人就承担了供养和保护这个被保护人的责任。一个农民为了赢得某个教会或世俗显贵的欢心，放弃自己的财产权，依附了显贵，在法律上，这个农民就有权期待得到他的新保护人的保护，而且可以期待土地所有者免除他对国家所承担的赋役义务。总的来说，领主与附庸之间的关系的真正意义，存在于领主对附庸
187 的剥削中，这种关系的调整要以双方都认可的互相交换义务和服务的原则为根据。

封建法律与要求臣民无条件服从神授政权的学说不同，后者强调的是人的职责或贡献所起的作用，而不是发挥这种作用的人，而封建法律是建立在两个人的相互关系的基础之上，这两个人虽然被认为是站在等级阶梯的不同梯级上，但都是以同样的方式被纳入法律范围之内，分别负责履行他们应尽的义务。同样，国王的统治也不再建立在国王对臣民单方面“向下头”行使权力的基础上，而是建立在他与他的附庸合作的基础上，附庸和他的关系是个人关系。

无需赘言，互换原则在骑士与男爵的关系中比在土地所有者

与农民的关系中更容易被识别出来；但是，在任何情况下，中世纪人与人之间关系的建立都是以个人关系为基础的。也就是在这个意义上，封建社会的农民依附与奴隶社会的奴隶依附存在着根本的区别，奴隶主把奴隶当作一个可以驱使和利用的东西，而不是一个人来对待。

中世纪的人不能像古代的奴隶那样被变成可以随意处置的东西，因为，从原则上说，中世纪的人已不是一个孤立的单位，不能像牛一样可以轻易地“隔离”开来。中世纪的人永远是群体中的一员，他与群体之间保持着一种紧密的联系。在中世纪社会中，从社会上层到社会下层，都是互相联系在一起的。诸如诸侯联合体，骑士阶层，修士兄弟会，天主教教士会，城市公社，商人贸易行会，防御联盟，宗教兄弟会；村社，血缘家族，父系家庭和个体家庭，——所有这些以及与此相似的群体把个体紧紧地结合在一起，这些群体就像小宇宙一样给个体以保护和帮助，这些群体的建立是以个体之间相互帮助、相互支持为基础的。有些群体的结合是天然的——人们出生在某个群体中，并且生活工作在这个群体中，在这个群体所限定的范围内满足自己的全部需要。有些群体结合得不那么紧密，而且也不完全同化其成员的个性。但是中世纪人无论 188
以什么方式总是与某个共同体联系在一起。一个群体内部的人们之间的联系比不同群体之间或属于不同群体的个人之间的联系要紧密，中世纪社会的社会联系主要是群体内部的联系。每个群体都有自己特有的规章制度——成文的或不成文的章程、法规和行为准则，这些规章制度把群体内的个体紧紧地结合在一起。这些规章制度并不是由哪个较高的权力机构或权威人士强加给群体的;而是由群体本身根据一致通过和自治的原则制定出来的(或从其他与他们相似的共同体中借用过来,如城市法律)。代议制原则就是在合作关系范围内形成的,这与统治者权力无限的思想存在着天壤之别。

每种类型的社会群体都有自己的道德倾向,自己的社会政治理想。生活在某个群体中的个体从这个群体中获得一份工作,群体是个体拥有某种生活方式的保证;在许多情况下,群体还保证向个体提供具体的物质帮助。然而,除此之外,最重要的是:群体向个体建议或规定行为方式、思维方式和对事物的反应方式。中世纪所具有的合作式的社会结构同时也表现出一种思想的协调一致。

共同体拒绝接受其成员的反传统行为,任何与共同体公认的标准相背的东西都会遭到共同体的排斥。那些破坏法规的人要受到道德的谴责,受到惩罚,甚至被驱逐出共同体。在这种情况下,究竟是以什么形式违背准则,却不是十分重要的问题。如果一个工匠的产品在质量上高于他所属的行会的标准,或者他的生产效率和速度比他的同事们高,那么这个工匠就会像那些粗心大意的工匠一样受到共同体的惩罚。惩罚措施并不是由竞争而带来的威胁所引起的,而只是由违反公认标准这个事实引起的。

结论是显而易见的——中世纪社会生活的共同性阻碍了人类个体的发展,抑制了人的创造性,剥夺了人们开辟新的生活道路的
189 机会,使个人思想服从于群体的集体思想。由中世纪现实存在的整个结构和封建制所固有的劳动分工而产生的行会和其他共同体,利用自己的影响巩固了封建社会中普遍存在的这种合作关系。

这种共同体代表了一种形式或模式,在这个形式或模式中,社会更易于依照自己的面貌来再创造自己,而不易于改变或发展自己。这些共同体维护已经取得的生产水平,压制共同体成员中的新观念。

尽管所有这一切都是事实,但是我们也要看到中世纪共同体生活的另一面。行会和其他合作团体中虽然并不是全体成员都享有平等的权利,但它们都是根据全体成员平等的原则建立起来的。合作群体把不仅属于同一行业,从事同样工作,而且还把处于同一社会阶层的人们联合在一起。在这种群体的范围内,不存在把封建领主和附庸联合在一起的上下级范围内存在的那种主仆关系:封建领主和附庸分别属于不同的社会阶层和集团——有些属于骑士阶层,有些属于从皇帝那里直接获得地产的诸侯,等等。在合作群体内部,社会关系不是“垂直的”上下级关系而是“水平的”平等关系。合作群体在要求其成员遵守群体的规章制度,按照它的单一范例生活,甚至思考问题的同时,还培育着他们的平等精神,以及群体中全体成员之间互相尊重个人权利的精神。合作群体把全体成员联合起来,共同捍卫这些权利,捍卫群体的共同利益,反对任何可能出现的来自群体外部的干扰和侵犯。即使合作群体的成员在实际生活中没有遵守平等的原则,平等原则仍然是合作群体的一个重要标志。工匠之间的差别可以导致行会的分裂,就像城市公社统一体可能因此而分裂一样;但是,平等的观念已经被牢牢地印在他们的头脑中,而且会成为恢复统一的复兴起点。中世纪从来没有实现完全的平等,但是理想与现实之间的差距却从未削弱这种理想。

190 由此可见，领主与附庸的关系(统治与服从的关系)和合作关系这两个既相互对立，又在功能上相互联系的组织原则，构成了西欧封建社会社会结构的特征。主人和从属者是合作群体中的组成部分，合作群体捍卫成员权利，保证成员在社会中的特定的法律地位。合作群体不给人的个性的自由发展留下任何余地，从而为自己在特定范围内的存在创造了条件。所谓特定的范围，是指行为界限，也就是说，在合作群体中只允许存在那些与集体利益和集体目标不发生冲突的行为。中世纪法律反映了这种双重性：把创新贬为应受指责的甚至犯罪的行为，同时捍卫人们由于依附于某个社会群体而享有的社会地位。合作群体像是一个苗圃，它培育每一个成员自尊自重的精神。那些依靠同仁的支持，感到自己和同仁们是平等的人们，学会了尊重自己，也学会了尊重和自己一样的人。人们并不是由于害怕或敬重较高的权势才结成群体的，而是由于同事关系和相互尊重的感受使人们从情感上结成群体。

如果我们想更加深入地理解中世纪欧洲的社会结构，我们必须既要考虑领主与附庸之间的“垂直的”上下级关系，也要考虑合作群体所具有的“水平式的”平等关系。从个人的角度上说，附庸从属于他的领主，但是附庸从他与其领主结成的这个群体中，从社会法律背景即合作关系中获得了自己的身份，领主和主人无论做什么事都要考虑到附庸的这个身份。

如果我们把西欧的合作结构同拜占庭帝国所拥有的相对个体化的社会关系和意识形态关系作一比较的话，那么合作社会在人的个性发展中所起的作用就会显得更加明显。在拜占庭，统治阶级并不是像西欧那样结合成由领主与附庸组成的群体，对暴发户来说，很容易从下层社会上升到上层社会去。从理论上说，东罗马帝国的个人有更多的机会在社会上出人头地，改善自己的社会地位。但 191
是，如果我们进一步深入地研究一下拜占庭的“个人主义”，我们将会认识到那种个人主义与真正的人类个性发展几乎没有任何关系。

拜占庭人对封建条约、附庸的忠诚和贵族群体的团结一无所知。在拜占庭社会，不存在同一社会阶层的人结成的“水平式的”平等关系，只有普遍存在的君主同臣民之间“垂直的”上下级关系。① 拜占庭社会的特征不是互相帮助，互相服务，而是下层对自己主人单方面的、奴隶般的依附。已经取得高级官职的最有势力的显贵、王公和那些巨富们一点儿权力都没有，他们同皇帝之间的关系也不受法律保护，皇帝可以根据自己的意愿剥夺他们的财产，免掉他们的官职，夺去他们的性命，皇帝也可以根据自己的意愿提升任何人的职务，可以把一个粗俗的暴发户变成国家的最高官员。值得注意的是：在拜占庭，人们从不怀疑君主（巴西琉斯）无限制地惩罚和剥削臣民的权力，人们只是把它看作是事物的自然秩序。在拜占庭的社会背景下，像《大宪章》那样，用法律来调整君主与臣民之间关系的事情是根本不可想象的。拜占庭贵族的个人主义是一个不能寻找出路，没有机会致富，缺乏个人尊严，在上级面前卑躬屈膝，为了赏金宁愿降低身份的个人主义。②

① A. P. 卡日丹（A. P. Kazhdan）：《10—12 世纪拜占庭文化》（*Vizantijskaya kul'tura* [X—XII *vv.*]），莫斯科，1968 年，第 49 页及下页。

② A. P. 卡日丹：《论拜占庭专制制度的社会本质》（“O sotsial'noj prirode vizantijskogo samoderzhaviya”），载《亚非民族》（*Narody Azii i Afriki*）杂志，1966 年，第 6 期，第 52—64 页。

在拜占庭皇帝举办的一次宴会上，洛林一位参加第一次十字军东征的骑士，看到“那么多伟大的军人都必须站着，却唯有一个人可以坐下”，十分气愤，于是就大摇大摆地向前走去，坐在王位上。[①] 这是否能说明在细致入微的拜占庭礼仪上，西方官员表现出的是一种缺乏教养的行为？毫无疑问，的确如此；但是，在此我们还应看到骑士所具有的那种个人尊严，这个尊严即使是在君主面前也不能放弃，君主只是“贵族中的为首者”（“*primus inter pares*”）——而不是奴隶的主人。

在拜占庭帝国，好像实际上只存在一个人——神圣的巴西琉
192 斯本人。但是，事实上，是皇帝这个职位本身被人们看作是神圣的，即使帝国一分为二，人们用暴力手段推翻了皇帝，背叛了皇帝，暗杀了皇帝，皇帝的职位以及与此相关的一切仍被视为神圣不可侵犯的。甚至当皇帝在位时候——表面上拥有全部权力，他实际上是复杂的宫廷礼仪的奴隶。那些此刻拜倒在他脚下的臣民转身就可以背叛他；在这种关系中找不到骑士式的忠诚和各尽其职的痕迹。拜占庭社会从上到下都是奴隶。由此可见，拜占庭人对待法律的态度与西方人存在着根本的区别。拜占庭帝国的特点是，拥有中世纪最重要的法典——《查士丁尼法典》，统编起来的罗马法，但对法律和秩序没有任何感知，根本没有把法律看作是维护人的权利的保证。“凡使皇帝高兴者，就是法律”，这是专制的、目无法律的原则。独裁统治与人的个性是不相容的，奴性成了强固的

---

① 安娜·科穆宁娜（Anne Comnena）：《安娜·科穆宁娜的阿列克塞》（*The Alexiad of Anne Comnena*），企鹅丛书，哈蒙兹沃思，1969 年。

行为准则,结果必然导致独裁与专制主义,虚伪与“拜占庭主义”。

西方也有目无法律和背信弃义的情况,但是,欧洲在整个中世纪时期,从未忘记:君主必须遵守监督着他并高于他的法律。如果王权忽视各个合作等级的利益,它就不可能行使统治权;相反,如果王权把各阶层团结在一起,那么就会在各种复杂的政治形势下得到他们的支持。拥有共同的社会地位和同等权利的人结成的强有力的合作群体的存在,是了解封建国家的合作性质的首要因素。

我们可以看到个人与合作团体之间的关系是极其对立的。合作团体严格限制人的个性发展范围,并把它纳入法规之中,同时也促使其成员珍视自己的个人尊严,珍视合作团体成员的团结,珍视他们享有的平等权利。不错,这个平等权是相对的,是一定程度上
的平等,它只在团体范围内有效,但这是后来向着承认全体公民在 193
法律面前人人平等的道路上迈进的必要的一步。

中世纪的自由概念在内容上同样也还有不少矛盾和特异之处。中世纪“自由”的含义与古代和当代的自由的含义都有很大的差别。它不只是奴役和依附的反义词。在中世纪社会中,没有一个人是完全独立的。农民从属于他的主人,甚至封建主也是比他大的封建主的附庸。土地所有者是他的土地的主人,但是他要服从于封给他这块地的人,并为其服务。封建领主的权利与附庸应尽的义务的结合,是封建社会各个阶层的每一个成员,包括居于最高地位的君主所具有的一个共同特点:因为,在某种意义上,君主也是一个附庸,他对皇帝和教皇宣誓效忠,或者说他把自己视为上帝的附庸。在这个社会中占有完全的、最终的统治权是不可设想的。封建社会的每个成员都依附于某个人,尽管有时依附是有名

无实的。可是,中世纪社会中位于显赫阶层的人们都把自己看作是法律上的自由人。因此,自由不可以被解释为依附的反义词;自由和依附是相互独立的两个不同的概念。从另一个角度上来说,诸如“自由地依附”“自由地服务”“自由地服从”等概念,的确是有实际意义的。[1] 就如同自由不排除依附一样,依附概念也不意味着丧失全部权利。

实际上,中世纪社会的自由程度和依附程度的范围是非常广泛的,这是中世纪社会的一个特征。人们所规定的任何一种自由的定义都不能普遍适用。自由和依附是相对的,而不是绝对的。一个人自由程度的扩大或缩小取决于他所拥有的权利的性质。一个人可以同时成为自由人和非自由人。他在依附于封建领主时,对封建领主来说,他不是自由人,但对其他人来说,他就是自由人。清楚地、确切地规定某个人的身份或社会阶层是困难的,而且常常是不可能的;法律范畴是不固定的,常常要发生变化,中世纪法庭总是要处理一些有关个人权利的案件。依附的定义随着时间的变化而变化,例如:经过很长一段时期以后,我们就不能确定谁属于
194 农奴阶级,即法国人所谓的依附农民。事实上,在西欧,农民在同他的地主的关系上所表现出的不自由并不意味着农民一点权利都没有。担负着沉重的劳役,以货币等形式交租,无权离开领主,在法律上属于领主的依附农民,都决不意味着完全处于被奴役的状态。人们也不认为他对领主的依附是由领主单方面决定的。庄园的领主有责任保护依附农民所享有的某些权利。他在剥削农民

① K.博斯尔:《中世纪欧洲早期的社会形式》,第39、58、185页。

时,也要考虑习惯法,习惯法限制他对农民的剥削程度,也限制他向农民的劳动和农民本身提出过分的要求。领主必须要同共同体,同整个村庄或地区而不是农民个人搞好关系,因为,无论在什么情况下,只要领主违背习俗惯例,提高剥削农民的程度,共同体就可以授予农民进行反抗的权利。值得注意的是,农民反抗领主最一般最普遍的形式就是诉诸法律;让法庭调查引起争议的习惯法,并还其本来面目,让法庭核实文件,这种反抗形式突出地反映了中世纪社会最高的社会价值是法律。[①] 把西欧封建制度下的依附农民同16至18世纪东欧的农奴等量齐观,从历史上说是不确切的。俄国农奴的特点是一点权利都没有,正因为如此,俄国农奴与奴隶几乎没有什么区别,这与西欧封建制度下,依附农民所享有的具体法律地位有着很大的区别。

法律上对个人地位的处置具有很强的宗教因素。上帝面前人人平等,以及基督为拯救一切人的灵魂而死的学说,与教会那偷吃禁果导致人间不平等的说教混合在一起。由于真正的自由,正如教会所指出的那样,只能到天堂才能找到,因此,人人都应该以逆来顺受、谦卑的精神来忍受人间的苦难和不公平。“不是所有的人都应该像鸟必须飞一样,生来就得劳动吗?不是所有的人都要么以领主的身份,要么以农奴的身份提供服务吗?按上帝意志被称

---

① P.维诺格拉多夫(P. Vinogradoff):《英格兰的农奴》(*Villeinage in England*),牛津,1892年,第2章;E. A.科斯明斯基(E. A. Kosminsky):《13世纪英格兰农业史研究》(*Studies in the Agrarian History of England in the Thirteenth Century*),牛津,1956年;M. A.巴尔格(M. A. Barg):《11—13世纪英格兰封建制度史研究》(*Issledovaniya po istorii anglijskogo feodalizma v XI-XIII vv*),莫斯科,1962年,第254页及下页。

195 为农奴的人不就是上帝的自由人吗？而被称为自由人的人不就是基督的农奴吗？因此，既然人人都要劳动，都要有所贡献，农奴是上帝的自由人，自由人也是基督的农奴，那么无论是对人间来说，还是对上帝来说，除了自尊以外，谁是农奴，谁是自由人又有什么关系呢？”坎特伯雷的圣安瑟姆就是根据这些观点力图证明社会中存在的不平等的正当性。①

基督教产生于罗马帝国晚期，它起初是作为一种拒绝承认并反对罗马帝国的统治的思潮而产生的，但不久就改变了态度，变成了适应社会剥削现存形式的思潮之一。在封建社会中，教会提出了一个社会有机结构的理论，在社会的有机结构中，人人都是这个社会整体结构中不可缺少的一部分，因此，人人都要完成分配给自己的任务。与封建制度相并而行，还演变出一个基督教学说：社会结构包括三重起作用的被规定好了的社会等级（*ordines*）：教士（*oratores*），它的任务是负责王国的精神健康；骑士（*bellatores*，*pugnatores*），它的任务是保卫王国；农夫（*aratores*），这些劳动者（*laboratores*）的任务是为王国提供食物。违反这一和谐关系的任何行为都有可能给整个社会有机体带来严重的灾难。拉昂（Laon）主教阿达尔贝龙（Adalberon）（10 世纪末，11 世纪初）曾经写道：“天堂有三重，但信仰只有一个，因此，就得有人祈祷，有人打仗，有人劳动；他们共同组成三个层次，他们的分裂是社会所不能

① 引自 R. W. 萨瑟恩：《中世纪的形成》（*The Making of the Middle Ages*），伦敦，1953 年，第 104 页。

容忍的事情。”[①]我们不能说这个社会结构的三功能学说把存在于社会的一切差别当中的复杂的结构都描述出来了，但是它是建立整个社会结构理论的一个尝试，因此，它反映了中世纪社会自我意识的一个重要方面。[②]

除了在苦难中磨炼和消极忍受苦难的道德价值学说以外，中世纪基督教还提出了一个自由学说。基督教的上帝与异教神不同，异教神必须服从一个不可改变的命运之神，而基督教的上帝是完全自由的，没有任何限制，自由的确是上帝全能的标志。人就是要与上帝保持一致，上帝赋予了人们自由的意志，人们可以选择正确之路，也有背离正确之路而走上一条罪恶和邪恶之路的自由。自由本来是上帝的特权，现在也成了人的品性，这种自由所造成的结果是每个人本身就是一个斗争的舞台，斗争结果不是获得灵魂的拯救，就是被罚入地狱。[③] 基督的赎罪行为使得每一个人都面 196
临着选择并自愿地完成自己的道德义务的问题。基督教强调个人灵魂拯救，并把意志自由作为一个重要教义，从而比较重视人的个性，把那种个性归结为与上帝之间的直接的无中介的联系。

正如我们已经指出的，在中世纪，人类个体与上帝之间的关系被视为一种服务关系。如果一个人忠诚地为上帝服务，并且在任

---

① 阿达尔贝龙(Adlberonis)，《致法国国王罗贝尔的诗》(*Carmen ad Rotbertum regem Francorum*)，《拉丁教父集》，第 141 卷，巴黎，1853 年，第 781—782 栏。

② 参见 G. 杜比(G. Duby)：《三个等级或封建主义的想象》(*Les Trois ordres ou l'imaginaire du féodalisme*)，巴黎，1978 年；雅克 · 勒高夫：《印欧语系的三个功能：历史学家与欧洲封建制》，《年鉴》，1979 年，第 34 卷，第 1 期，第 1187—1215 页。

③ G. 古斯多夫(G. Gusdorf)：《人类自由的重要性》(*Signification humaine de la liberté*)，巴黎，1962 年，第 81 页及以下诸页。

何事情上都服从上帝，那么他就会得到自由。那些忠于上帝、全心全意地信仰上帝的人将成为自由人；而那些不肯放弃自傲感，不情愿服从上帝的意志的人只能想象自己是自由的，而实际上他们是不自由的，他们在现世是自己情感的奴隶，来世还要在地狱中受折磨。在这个意义上，"按主的意志自由地受奴役"（"*libera servitus apud Dominum*"）与"人间受奴役的自由"（"*servilis mundi libertas*"）是完全对立的。只有忠诚的仆人能享受最高意义的自由。圣奥古斯丁已经对虔诚的真自由（*vera libertas*）和罪恶的假自由（*falsa libertas*）做出了区分。奥古斯丁把"正义""和平"和"服从"几个概念联系在一起，因为，只有服从上帝并与其结为一体，才能使人间的和平和正义得到保证。因此，在神学层面上，我们也能看到"自由""依附""忠诚"几个概念在意义上相似，而且可以联结在一起。

在中世纪，忠诚是最重要的基督教美德。在宫廷史诗和宫廷爱情中，主要的英雄人物都是既忠诚又勇敢的附庸，他们的行为大胆、英勇。他们的光彩甚至超过了国王，使国王黯然失色。在《罗兰之歌》中，罗兰是一个比查理大帝更积极、更充满活力的人物。在后期作品中，君主扮演的角色甚至更加消极被动。查理大帝变成了一个病老头，亚瑟王在他的圆桌边上打瞌睡，英雄精神完全体现在附庸身上。[1]

中世纪基督教中，主要的社会政治价值和道德宗教价值是服

---

① F. 格罗斯(F. Graus)：《中世纪的文学与思想：国王与人民》("Littérature et mentalité médiévales：le roi et le peuple")，见《历史学》(*Historica*)，第 16 卷，布拉格，1969 年，第 58 页及以下诸页。

务、忠诚，而不是自由和依附。神学和法学以十分相近的方式看待 197
这些价值，因为，无论如何，法律被视为基督教道德范畴的一个组成部分。自由与非自由之间的辩证关系既具有理论意义又具有实际意义。法律是一个综合的全面的整体，任何事物都要服从法律。它是把人们结合在一起的总的纽带。但是，这种联系在人们之间存在着程度上的差别。非自由人被限定的法律权利范围比较窄，而自由人的法律权利范围就比较宽；实际上，一个人越自由，他所享有的特权就越多，他就越得严格地遵守法律，法律所赋予他的道德义务也就越重。封建主所享有的权利范围比依附农民要大得多，但也恰恰因为如此，他必须遵守一套行为准则，行为准则要求他服从一整系列对普通人无约束作用的限制条件，即所谓的“贵族义务”（“*Noblesse oblige*”）。

在这方面，出身低贱的人、非自由人同自由人和出身高贵的人之间的区别是：前者无权选择自己的处境或行为，他们的处境和行为是由他们的出身和血统决定的；然而，自由人可以选择成为一名骑士，成为某个大领主的附庸，但他必须向这个大领主宣誓效忠，自愿承担某些具体的责任，包括遵守骑士准则的全部礼节法规和仪式行为。在这个自由意志的行使过程中，贵族都自觉地承认法律，就好像牧师自觉自愿地在自己良心的驱使下，争取尽职一样。自由人根据自己的意志生活，并为自己确定行为界限，而非自由人是根据他人的意志生活，他要服从的不是法律而是他人的意志。特权、自由、依附和奴役的等级差别同时也是服务的等级差别。附庸给领主提供的服务中包含着类似于基督徒对上帝的服务中所包含的维护道德约束力和弘扬道德价值的意义。

由此,我们可以看到,在封建关系的实践中,人的自由并没有被否定。但是,封建社会的“自由”概念是一种十分特殊的概念,它与我们现在对自由的理解完全不同。实际上,在中世纪,一个人的权
198 利并不是指他的个人权利。如果有人想行使自己的权利,那么他必须成为合作群体或共同体的一员,只有这样,他才能够从共同体或合作群体中获得自己的权利;共同体的作用是维护这些权利免遭侵犯或抹煞。如果他脱离社会群体,那么他就不再是社会成员;他成了一个无家可归的人,不能得到任何人的保护,一点权利也没有。

只要你是某个社会群体中的一员,那么你不仅可以从群体中获得法律权利,而且可以在群体中发挥你的职业技能,表现你的思想品德。实质上,一个人的社会地位、工作能力、思想意识,代表的不是他自己的个性,而是他所属的那个群体的特性。

封建社会是一个把社会角色明确化、具体化的社会,封建社会的社会角色是根据该社会的习俗和法律进行分配和确定的。每一个人都以最紧密的方式与自己的社会角色联系在一起,每一个人只有扮演自己的角色,才能使用这个角色所赋予的权利。更重要的是,人的个性在很大程度上是由他在社会中所扮演的角色决定的。不仅个人权利属于集体,而且个人的内在性格、思维方式、行为方式也从属于集体。中世纪人或是骑士,或是牧师,或是农民,——而不是像骑士、牧师或农民那样做人。中世纪的社会分层被中世纪人视为上帝安排好的事物的天然秩序。

共同体决定了个体。从现代个人主义观点来看,中世纪的群体阻碍了个性的发展,但在中世纪——至少在一定时期之前——这并没有被视为压制因素,而是被视为当然的形式,只有在这个形

式中,个人的能力才能得到发展。个人在自己所处的社会领域范围内,享有较大程度的自由,因而能够在日常活动和感情生活中表现自己。一般来说,个体从属于群体,就个体而言,他并不觉得这是一个负担,相反,他还从中得到满足,而且有利于自信心的加强。由此可见,中世纪人的个性中缺乏现代人已获得的那种普遍化的——因而也是抽象化的——特征。中世纪的个性是一种具体化了的个体,它在总的社会秩序中扮演着分配给它的角色,中世纪人把个性理解 199
为神赋予的。社会角色是确定个性的主要依据。因为个性与社会角色和社会身份融为一体,法律是整个社会存在的主要调节者。

然而,并不是一切共同体和社会群体都以完全相同的方式被结合为一个整体,共同体对其成员所起的决定作用在程度上存在着很大的差别。

农民的社会和生产活动是十分单调的,而且差别不大,这有利于维持传统的思维方式和行为方式。农民认为自己同自然环境是一体的,农民的视野在很大程度上被局限在他所生活的村庄的范围内。自然界的节律决定着农民生活的每一个细节。正如我们以上所看到的,时间对于农民来说就是循环的,与变化着的年度和季节密切相关。在农民的头脑中,基督教是多层次的巫术和神话信仰沉积而成的,这些巫术和神话信仰丝毫没有失去影响力。[①] 农民把自己看作是农业共同体中的一员,而不把自己当作一个单独

① E. 弗罗姆(E. Fromm):《逃避自由》(*Escape from Freedom*),纽约和多伦多,1941 年,第 41—43 页。

的个体。从内部来看,中世纪的群体并不是统一的:低下的个人生产率使得中世纪的群体中的成员不得不服从于总的日常工作方式,但同时低下的个人生产率也是导致群体成员之间斗争、分歧和不平等的源泉。在某种程度上,农民与封建领主之间的对抗有利于促进农民之间的团结,但是土地承租人被划分成具有不同的权利和义务的类别,而且租入的土地在面积和产量上也有明显的区别,这些差别都是促使农民之间分化的一个因素。但是,不管怎样,农民的思想仍然是集体主义思想。在乡村,破坏传统惯例的行为几乎是不可想象的,那种行为的出现主要通过变化职业方式实现从农民变成手工业者或商人,或从农村迁居到城市。如果你选择继续当农民,即共同体成员——也就是说继续当一个大部分权利都被剥夺的封建社会的承租土地的依附民,那么,你就必须服从那无所不包的社会传统惯例。在封建社会中,封建地主的压迫是与人们对牧师的精神依赖和思想上的落后、愚昧结合在一起的。

200 很多世纪以来,民间文化一直是以口传形式出现的;像乡村音乐一样民间文化从未被用文字记录下来。历史学家所能找到的关于农民的精神生活和情感生活的史料,都包含在属于较高层次的作者的作品中,他们在自己的作品中偶然地提到农民,而且描写方式也是不恰当的。他们对待农民的态度是轻蔑、敌视或傲慢式的同情。在中世纪作家的专用词汇中,*rusticus* 一词专指粗鲁的乡下佬。中世纪社会中,农民是沉默的大众,他们只有在社会冲突加剧的时候,只有在诸如反叛、异教起义和宗教狂热爆发的时候,才能使世人听到自己的声音。通常情况下,封建领主很能对付这些反叛暴乱。历史学家很难深入研究农民的信仰和态度,在少有的例外条件下，历史学家进行那样的研究时所获得的信息，是基督教因素和民间文化的奇特的混合。[①]

与此同时，占统治地位的牧师们对农民的思想和精神生活施加了很大的影响，目的是告诫农民以应有的谦恭态度接受自己的命运。牧师布道传教和礼拜仪式是保证对社会中被压迫阶级的行为进行控制的最有效的办法。《圣徒传》是中世纪时期由僧侣编成的一种最普及的读物，在这种书中，作者再三强调：穷人的命运只有在上帝和圣徒的手中才能得到改善，上帝和圣徒总是被描写成这些人中最卑微者的保护人和捍卫者。但是，意味深长的是，在很长一段时期，这些圣徒传记中的英雄们全都是中世纪上层社会的代表性人物，“圣徒”主要是主教和牧师。这样，在普通人的头脑里被灌输了这样的信念：神圣的权威在关注着百姓；正是为了百姓的精神幸福，为了拯救百姓的灵魂，神圣的权威才从天堂向人间降下疾病、自然灾害和残酷而不公正的暴君，以此表示惩戒。普通人得到的启示非常简单：依靠奇迹，而不要依靠自己的力量。[②] 但是认为上帝一定会创造奇迹，会帮助人们的这种信仰，是教士强加在他们的教区居民头脑中的，这就过于简单化了。普通百姓自己感到有必要把希望寄托于超自然力量。对圣徒的崇拜往往是自然而然产生的；而害怕地狱、渴望得到拯救驱使着人们去朝圣，虔诚地倾听恶魔制造诡计和走向地狱与炼狱的故事。

---

① 参见 E. Le Roy Ladurie, *Montaillou*, Paris, 1975, London, 1978; J. C. Schmitt, “Le saint lévrier”, *Guinefort, guérisseur d'enfants depuis le XIIIe siècle*, Paris. 1979。

② F. 格罗斯：《墨洛温王朝的平民、统治者和圣徒》(*Volk, Herrscher und Heiliger im Reich der Merowinger*)，布拉格，1965 年，第 300 页及下页。

贵族拥有发展自己个性的某些可能性。贵族在自己的城堡中过着与世隔绝的生活。作为服从于他并受他奴役的那片小天地的首领,他可以自己制定城堡的法规和规章。对外面的世界
201 来说,他是一个相对独立的单位。他的军事职守在很大程度上是一种个人技能,在这方面,他必然依靠自己的力量、勇猛和战场经验。即使骑士为自己的领主打仗,他的行动也在很大程度上具有自主权,而且自担风险。骑士与其他封建领主的关系也主要是个人之间的交往,正如他们所做的那样,包括互访、宴请、争端、谈判和缔结婚约。

贵族阶层成员比封建社会的其他人更要严格地遵守限制他们行为的法规。与领主建立或解除附庸关系、宣战、参加比武、出庭、当法官——就他们的一切活动而言,中世纪社会都制定了法规,他们必须小心谨慎地遵守这些法规,而且中世纪还规定了严格的礼节,贵族对其中的每一个细节都必须执行。骑士准则列出了复杂的礼节程序,骑士对这些礼节不能有丝毫的违背,如果哪个骑士违背了,他就会在本阶层的其他成员的眼中败坏自己的名誉。骑士准则不要求骑士在对待那些无特权阶层的人们时小心谨慎地按礼节行事,但是在他自己所处的社会圈内,他必须时刻保持警惕不要违反行为准则。骑士所具有的高贵出身和较高的社会身份使他不得不承担一些限制他自我发展程度的义务。当我们说,在封建制度下的社会关系中,“主角”(这是一个很不容易扮演的角色)落在了骑士身上,这不单单是一个比喻。要想恰如其分地扮演这个角色,必须时刻把自己的观众放在脑子里,无论这个观众是国王还是他自己的直接上司,或是一位女士,或是一个与自己一样的骑士。

关键问题是荣誉:这并不是对人的自我价值的内在认识,也不是人们对自己的独特个性的自我认识,而是人们在自己的社会圈内所享有的声誉。人们是通过他人的眼睛来认识自己的,人的英勇行为并不存在于他同本阶层其他人之间的差异性中,而存在于他同他们所具有的同一性和共性之中。

由此可见,礼节只不过是对社会行为的精致演示。甚至有时看起来似乎需要一点点个人主动权和随机应变,但骑士也不能以常识为行动指南,而必须使自己的行为符合共同的伦理要求。一 202
个在激烈的战斗中承担着向国王传递信息任务的骑士,绝不能直接出现在国王面前,而必须等待国王的召见,即使延误时间意味着战场上会出现灾难,也要等待。[①] 中世纪文化是一个精致的符号体系的鲜明例证,从其中可以清楚地看出,统治阶级的成员之间的关系。骑士的每一个行为,他所使用的每件物品,他的服装及其颜色,他的词语,他的表达方式,他使用的语言——所有这一切都被赋予了符号意义。在社会中,封建上层阶级用礼节和符号来表现自己。尽管这个阶层的人居于社会的统治地位,而且能够在一个集体权力普遍起决定作用的时代中,享有最大限度的法律自由,但是,他们却不能自由地选择自己的行为方式。由此产生的必然结果,就是骑士不得不在固定的、传统的方式中表现自己的个性。

在这一点上,骑士文学具有启发意义。骑士文学最早的基本形式是史诗。与史诗相适应的思维方式,是与社会和精神上的集

① 赫伊津哈(J. Huizinga):《中世纪的衰落》(*Le Déclin du Moyen Âge*),巴黎,1948 年,第 51 页。

体原则和强固的群体态度占支配地位相联系的。宫廷史诗中的角色都体现了传统的思想和品德——勇敢、忠诚、坚强，而不是腐化堕落、背信弃义和懦弱胆怯。这些角色是人们抽象出来的典型而不是真人真事。骑士制度中的英雄都没有个性。

然而我们却能在宫廷抒情诗中找到同一阶层的人与人之间关系发生改变的证据。处于极盛时期的德国游吟诗人和法国南部以及意大利北部的游吟诗人所写的爱情抒情诗，表现出了一种深入分析个人的内心世界的特殊能力。普罗旺斯诗人在 12 世纪以及 13 世纪早期所歌颂的爱情（这种爱情与所谓的家庭式爱情和王朝式的爱情有所不同），有它自己独特的韵味：诗人只爱一个女人，什么都比不上他心中的女人重要。吸引诗人的不是她那高贵的身世和万贯家财（尽管诗人绝不是不重视这些财产），而是她的美貌和
203 她的爱情（*courtoisie*）。在这里，我们看到的是，出身的高贵与灵魂的高贵这两个概念已经开始分道扬镳了。[①]

但是，无论这个女人是谁，我们在普罗旺斯抒情诗中所见到的对她的描述都是一个样子，都是用那些被人们用烂了的词汇来歌颂她的美丽。表现女人魅力的，从她那"美丽的金发"，那"比百合花还要纯洁"的面容，到她那"雪白的手，修长、光滑的手指"和她那"动人的身材，既柔软又年轻"，这一系列用语成了文学作品中惯用

① R. A. 弗里德曼（R. A. Fridman）：《法国南部游吟抒情诗人爱情诗中向女士求爱的"规约"和"规矩"》（"'Kodeks' i 'Zakony' kurtuaznogo sluzheniya dame v lyubovnoj lirike trubadurov"），载《梁赞国立师范学院学刊》（*Uchenye zapiski Ryazanskogo gospedinstituta*），第 34 卷，第 2 辑，莫斯科，1966 年，第 64 页及下页。

的俗套子。[①] 这些抒情诗中所歌颂的女人没有任何与众不同的地方:她是一个抽象出来的典型人物,主要是用"群体的眼光"来塑造的。同时她也是一个没有个性特征的人;通常诗人给她取一个多情的亲昵的名字。诗人也没有真正使她的内在品质个性化。抒情诗中的美女总是足智多谋,可爱可亲,老于世故,穿着高雅,媚态适度,出身高贵,聪颖伶俐,谈吐不俗。总之,集才貌华贵于一身。根据游吟诗人的抒情诗来判断,情人之间的关系有很大的区别:有的诗人对某个难以接近的女士作纯粹精神上的"献爱",一种使诗人自己变得崇高和振奋的崇拜;有的诗人和他心上的女子密切相交,并往往用直率、粗朴的语言加以描述。然而,求婚和建立恋爱关系的明确仪式很快就被确定出来了。它成了那些重视自己名誉的文人雅士们必须履行的仪式。一个贵妇人肯定会有一个情人,她以上述方式来对待他,而她的骑士也保守这个"爱情秘密",而且就像附庸对待领主那样全心全意地为自己心中的女人服务。封建体制中所使用的术语很容易转用于表达比较密切的关系。[②] 喜欢分类是整个中世纪时代的特点,它导致"爱情的繁琐哲学"的产生,爱恋行为和表达感情的规范形成了一套专门的套路。诗人从他们与贵妇人的私通事件中增添了荣光,而且想逐渐成为一个胆大而又有魅力的情人。促使骑士们进行军事冒险的动力,不只是来自勒索和掠夺所带来的物质价值,重要的是,军事冒险给他们提供了以炫耀式地(因而也是象征地)挥霍财富的方式来获取名誉的机会;同 204

① E. 德布鲁因(E. de Bruyne):《中世纪美学研究》(*Etudes d'esthétique médiévale*),第 2 卷,布鲁日,1946 年,第 177—180 页。

② E. 克勒(E. Koehler):《从历史学和社会学角度看游吟诗人的诗歌》,第 34 页。

样，在宫廷式爱情生活中，骑士所获得的最大社会价值，就是他通过赞美被自己征服的人——他心中的女子——以及他对她的情感而获得的名誉。诗人的个性被限定在一套老框框中；他不是直接表达自己的感情，而是矫揉造作，因袭传统，玩弄文字游戏。[①]

宫廷抒情诗的这些特点也许被视为骑士阶层中一种共同意识产生的标志。游吟诗人通过歌颂某种理想的爱情，并使之仪式化，从而创造出一个特别的理想化的世界，那个世界只存在于封建社会等级阶梯的骑士阶层内，它既不同于普通人，也不同于上层贵族。

但是，除了中世纪社会所具有的这些一般的传统特征以外，宫廷抒情诗还提供了一些新东西。处于这种恋爱关系中的女子的地位与她在正式婚姻中所处的地位完全不同，她在正式婚姻中所起的作用是促成两个家族的联合。宫廷式的爱情不可能在夫妻之间产生。一位游吟诗人曾明确地表达过这个意思："如果一个丈夫像骑士爱他心中的女子一样爱他的妻子，那他就会触犯名誉；因为，他这样既不会增添爱情的价值，这种关系也不能产生出任何法律上不存在的东西。"夫妻之间不存在宫廷式的爱情[②]这个由"爱情法庭"做出的判决，据说是出自阿基坦的埃莉诺(Eleanor of Aquitaine)(如果这种"爱情法庭"的确存在，不是由诗人编造出来的话)。宫廷爱情是非法的，在法律范围之外；但是抒情诗越深入地触及个人

① М·Б·迈拉赫(M. B. Meilach)：《法国南部游吟诗人的语言》(*Jazyk trubadurov*)，莫斯科，1975年。

② A. 凯利(A. Kelly)：《阿基坦的埃莉诺与四个国王》(*Eleanor of Aquitaine and the Four Kings*)，纽约，1967年，第207—210页。

的内心世界，它就越鲜明地显示出诗人的精神实质。宫廷抒情诗为人的自我表现提供了一个新的基础。[①] 这是欧洲文学中首次把对内心体验的剖析置于诗歌写作的中心地位。个人的热望实际上成了生活的主要目标。诗人承认爱情丰富了他自己的内心世界。情感是骑士阶层的道德和美学范畴之一；如果说游吟诗人歌颂的女子仍然没有个性化，仍然是法国南部宫廷中流行的美女形象的理想
化身，而诗人则沉浸在自己的内心世界中，精神振奋地概述自己的 205
冒险经历，经受着爱情的欢乐和悲哀，那么所有这一切就等于对道德价值的重新估价，并使骑士自我意识的发展向前迈进了一步。

尽管骑士在自己所处的社会环境中比农民或市民在自己的社会圈内所受到的礼节限制要严格一些，但是骑士有更多的机会在文化范围内发现并发展自己的个性。尽管他在自己的权利范围内作为个人出现还会受到某些限制。

城市居民的境况与此完全不同。极为不同的因素导致了这个社会阶层的形成。中世纪城镇的社会结构远比较为单一的农村公社的社会结构要复杂得多，从本质上说，作为商品生产者的市民的活动导致他们产生了一个与农民完全不同的生活态度。市民已不像农民那样过多地依赖自然及其循环变化。人们为人类劳动产品的流通创造了一种新的手段，来取代自然的直接交换关系。这就

① V.希什马廖夫(V. Shishmarev)：《中世纪晚期的抒情诗人和抒情诗歌：法兰西和普罗旺斯诗歌史概论》(*Lirika i liriki pozdnego srednevekov'ya. Ocherki po istorii poezii Frantsii i Provansa*)，巴黎，1911 年，第 296—297 页；W.韦克斯勒(W. Wechsler)：《游吟诗的文化问题》(*Das kultur - problem des Minnesangs*)，第 1 卷，哈勒，1909 年，第 105 页及以下诸页；E.克勒：前引书，第 45 页。

是城市工业产品的生产与交换的重要性所在。在城镇中，人与自然的关系是第二位的。*Homo artifex*（手艺人）不得不重新思考自己在世界上的作用。当人们面对已被自己改造了的世界的时候，他可能会向自己提出一个农民从未想到过的问题：这些产品以及他在制造这些产品时所使用的工具究竟是上帝创造出来的呢，还是人，也就是他自己创造出来的呢？[①] 人们会更加综合地理解艺术（广义上的艺术，即中世纪时期所指的各种各样的技能）与自然之间的关系。城镇居民使自己的时空观合理化。在这一过程中，市民的个性必然会受到随之而来的市民自我意识的变化的影响。

尽管如此，中世纪城镇居民的生活仍然会受到各种规则的限制。诚然，这些规则首先是由生产环境造成的，人们为了把小手工业者从竞争中解脱出来，为了保证大家能有更好的发展商品生产
206 的条件，为了市场的组织和管理，为了使学徒服从于匠师的统治，制定出这些规则。

但是城镇中普遍存在的 *Zunftzwang*（带有强制性的行会成员资格）的根源比这要深得多，我们只能联系中世纪社会生活的重要特点来理解它。行会统治与其说是对人的限制（长期以来，人们从主观上并没有意识到行会对自己有任何限制），不如说是用一种具有普遍意义的形式来表明他的行为特征，这种形式能够明确地表明他的市民身份。

---

① 舍尼（M.-D. Chenu）：《人与自然：对十二世纪文艺复兴运动的透视》（"L'homme et la nature. Perspectives sur la Renaissance du XIIe siècle"），《中世纪教义与文献历史档案》（*Archives d'histoire doctrinale et littéraire du Moyen Âge*），第 27 卷，1953 年，第 62 页。

市民行为是由行会和城市法规限定和调整的。这些准则和那些控制生产过程和经济生活的其他方面的规定都含有关心穷人的条款。这些条款详细地说明了基督教的洗礼仪式，学徒的特定服装，甚至哪些话是骂人的话，骂了人应罚多少钱等等。这还只是一小部分。在奥格斯堡的婚姻规定中，对结婚仪式和程序的描述同《蛮族法典》的全面而详实的叙述一样具体细致。从这个婚姻规定中我们了解到：市民最多可请多少人参加婚礼，在结婚的第一、二天中，人们可以换几次衣服，应该付给乐师多少钱；此外还规定了婚礼进行的程序。我们还可以了解到，可由多少女人陪新娘沐浴，又可以有多少男人陪新郎沐浴。一切活动，甚至看起来是最普通的日常活动，都要举行仪式，而且还要听从地方法官的指挥。[①] 举办宴会的规定，连同规定的具体细节——例如，与会者的举止应该是怎样的，客人失去理智时应该怎样行事——不禁使人联想到对任何事物都要加以严格规定的日耳曼法规。[②]

在行会中，我们见到了中世纪市民努力保持共同体团结的有力证据——从中不仅可以看到城市的特殊条件，而且可以看到中世纪时代人的个性的典型特征。行会——这个手工艺人的联合会——是一种组织形式，手工艺人和他们的家属就生活在这个组织形式之中，促使手工艺人结合起来的因素不只是生产和销售的 207
利益或社会竞争；共同拥有的行会成员资格，正义，保护的需要，宗

① 《奥格斯堡的城市登记簿》(*Das stadtbuch von Augsburg*)，Chr. 迈尔(Chr. Meyer)编，奥格斯堡，1872 年，第 240—244 页。

② 《与法国工业史和商业史有关的文件》(*Documents relatifs à l'histoire de l'industrie et du commerce en France*)，G. 法涅(G. Fagniez)出版，巴黎，1898 年，第 130 期。

教的作用，闲暇时间的安排，娱乐，互相帮助等等，也是促使手工艺人团结起来的重要因素。值得注意的是，*Zeche* 一词的含义是“酒宴”“盛宴”。行会一词是从古英语 *gild* 一词引申而来，*gild* 是指“圣餐”。古斯堪的那维亚语的 *gildi* 一词是指“宴会”“节日”，还指“支付”或“价格”。中世纪早期的行会具有神圣性，而且与异教崇拜有关。行会成员之间互称兄弟。尽管在城市公社和行会中存在着很大的差别，但是民主形式和民主传统在中世纪城镇中起着相当重要的作用。

手工艺人同自己所生产的产品之间的联系是十分紧密的；他把自己的产品视为自己的一部分。*chef d'oeuvre*，即“样板产品”的概念具有道德色彩，因为只有工作踏实，生产高质量产品的有良心的人，才能成为行会会员。行会手工业者对每件产品质量的关注说明他们的生产不是大规模的生产，而且他们的销售市场也是极为有限的。在冰岛的传奇中，我们发现了一个令人吃惊的例子：匠师对自己的产品感到妒忌。挪威国王奥拉夫·特里格维松(Olaf Tryggvesson)下令建造一艘全国最强大的战舰。在这艘船就要下水的时候，人们发现它已被人损坏了——有人夜间在船体四周钻满了孔。于是，国王就悬赏捉拿这个罪犯。国王想将他处以死刑。这时，这艘船的主要建造者索尔贝格(Thorberg)承认是他自己毁坏了这条船。国王命令他进行修补。经他修复之后，这条船比以前的那条更美了。①

① 斯诺里·斯蒂德吕松:《海姆斯克林拉》(*Heimskringla*)，第2卷，《奥拉夫·特里格瓦松萨迦》(*Ólafs saga Tryggvasonar*)，第88章。

如果你参加一个行会，你就会与该行会的其他成员有一种共同情感：为自己的行会而感到自豪，谨慎地捍卫行会的名誉和权威，参加行会举行的会议，共同作出决定，维护自己作为一个与城市贵族抗衡的成熟市民的尊严，与那些未被组织起来的手工艺者、学徒弟子、侍从等城市平民相比，行会会员从行会中获得一种优越 208
感。一个匠师在他的工作中追求并发现的不只是物质财富的源泉。工作本身就可以使他得到满足。因此，他的工作及其产品可能是他获得美的享受的一个途径。对尽善尽美的追求在手工艺界代代相传，形成了优秀的传统，并使手工艺品的生产和艺术性达到极至。一项工艺就是一项技能，而技能就是艺术才能。匠师在行会中的自由创作是表明其个性，提高其社会意识的一个途径。

生产、伦理和美学原则在匠师作品中的凝聚，使得其作品具有很高的社会意义。它为人们在中世纪共同体中最大限度地发展自己的个性提供了基础。市民既是自己所属的共同体中的一个公民，同时也是一个所有者，一个个体工作者。他的社会关系的多重性，使得他高于封建社会其他阶层的代表。

建立在手工工艺基础上的生产固有的局限性，当然也限制着社会的发展。中世纪市民的眼界是有限的。狭隘的、封闭的社会群体，既导致市民之间的联合（以公社、行会和团体形式），也造成他们之间的分裂（行会之间的分裂，到中世纪末期对制造者的敌意开始出现，城镇狭隘的乡土观念使得他们认识不到国家统一的重要性）。城市社会不能迅速发展；尽管城市与乡村相比还是能动的，有生气的，但是它与乡村一样，也有在过于狭小的基础上使自己重复地再现的趋向，而且也同样固守传统的形式和标准。

但是，经过一段时期以后，人的个性恰恰是在城市获得了一定程度的发展，并形成了一种中世纪特有的个性。在这方面，滕尼斯(F. Tönnies)对“共同体”(*Gemeinschaft*)与“社会”(*Gesellschaft*)两个概念所做的区别是有参考价值的。[①] 他把“共同体”一词应用
209 于中世纪，来说明他所了解到的中世纪人的总的特征以及他们同其所处的社会环境紧密而有机的结合。另一方面，“社会”不是建立在个人之间的直接人身关系基础上，而是建立在非人性化的商品所有者之间的关系的基础上——这就是资产阶级的社会。

① F. 滕尼斯(F. Tönnies)：《共同体与社会》(*Gemeinschaft und Gesellschaft*)，柏林，1926 年，第 22、35—38 页。

第六章

中世纪人对待财富和劳动的态度

任何社会的世界观都包括社会对财产、财富和劳动的看法。这些看法不仅属于政治经济学范畴,而且也包括在道德和思想意识范畴之内。人们对劳动和财富在社会、人生中所起作用的评价可能是多种多样的:有些人可能重视它们;有些人可能鄙视它们。经济活动在社会实践中,在人类与其所生存的环境之间相互作用的过程中,在人们创造性地改变生存环境的活动中,都是一个不可分割的组成部分。经济活动反映着一个社会首先关注的领域。如果我们想深入地研究某个社会的心态,那么了解该社会对劳动和财产所持的态度就具有十分重要的意义。

劳动可以被看作是人类不得不忍受的困苦;也可以被看作是一种能够使人类从其余万物中区分出来并使自己成为自然主人的幸事。财富本身可以被视为一种目的;财富也可以被视为达到其他目的的手段。因此,我们在某个现存社会中揭示出来的人们对待劳动和财富的态度,是该社会世界观不可分割的组成部分,它决定着其社会成员的行为并引导他们实现自己所追求的理想。不错,在某个现存社会中,普遍流行的财产观和劳动观的产生是由该社会所具有的生产关系的特征决定的;但是,这些观念本身也会渗入到各种生产关系中去,并成为它们之间相互作用的一个重要因素。

从一开始,中世纪的人们对待劳动和财富的态度就与古代的人们有着很大的区别。古代人根本不把劳动视为一种美德,甚至没有把劳动视为自由人应作之事。古典古代的理想集中关注的是个人,是全身心地投入到自己的社会、政治和文化生活之中的古代城邦成员,国家成员和公民,他们与体力劳动无关。劳动主要是奴隶和被释奴的事，城邦公民是武士——他们出席公民大会、参加体育竞赛、举行宗教祭典、看戏、与朋友聚餐。他们的个性完全是在 213
物质生产领域之外得到发展的。公民之所以能够过上这样一种生活，是因为他们拥有财富。由此可见，古代世界的经济理论可以被归结为一个问题：什么样的所有制形式能够培养出最为优秀的公民？古典古代时期的古代文明不承认体力劳动的尊严及其宗教、道德价值。柏拉图把这个看得见摸得着的世界贬为理念世界的简单复制品，亚里士多德强调人的政治天性，他们两个人都以贵族式的轻蔑态度来看待生产性劳动。贵族式的游手好闲是人们所向往的生活方式。在古代人看来，劳动是对闲暇的否定，是对正常生活主旨的一种背离。然而，必须指出：古代人对闲暇的理解并不是完全闲散，不做任何事情。古希腊语 σχολή（拉丁语 *schola*）一词的含义是自由时间、闲暇、放松、闲散；但它也表示用来进行学习和学术讨论、教学的时间，特别是哲学教学（在中世纪时期，教学被称为 *scholastica*）的时间。

关于劳动，πόνος* 一词还有另外一种含义，在古希腊人的头脑中，它与第一种含义紧密相关：负担、痛苦、不幸、苦难。体力劳动——劳累、辛苦——是非自由人和卑贱者的命运，是把人降低到动物地位的重活、脏活。自由人使用奴隶和仆人为他服务，这些人是保证自由人幸福康乐的工具和手段。最初，只有农耕属于例外。但是，在上古末期，甚至农耕也不再像元老派掌权时期，如金基那图斯（Cincinnatus）时代那样被视为公民的美德。在罗马帝国时

* πόνος，希腊语，意指劳动。——译者

期，统治阶级普遍认为：那些从事体力劳动的人，特别是奴隶，天生就是卑贱之人。有些思想家对这种否定劳动的态度不赞成（例如犬儒学派，塞涅卡、爱比克泰德），在他们的观点中，我们发现了打破古老的占有奴隶的道德规范的最初倾向，那种观点最终在基督教中表现出来。重视劳动的人只有劳动群众自己。古代人对减轻
214 体力劳动的机械发明毫无兴趣；却又对将会保证人类永久闲暇的机器人和其他装置怀有奇特的梦想，这两方面结合在一起，也许可以代表古代世界对体力劳动所持的基本态度。古代人认为：劳动不能使人变得高贵；劳动是愚蠢的，劳动是残酷的，劳动没有也不可能具有内在的美。西西弗斯（Sisyphus）不停地把一块石头向山顶上推，结果只是看到石头是怎样一再向山下滚的*；这种想象只能出现在把劳动视为一种惩罚的社会中。游手好闲、使自己免于操劳，这不仅是富人的理想，而且也是穷人追求的生活目标。古代无产阶级的口号是"面包和马戏"，以牺牲他人为代价的生活方式似乎永远是使自己摆脱困境的最佳方法。

基督教认为"若有人不肯作工，就不可以吃饭"（保罗答帖撒罗尼迦人后书，第三章，第十句）。基督教彻底地破除了这种对待劳动的态度。一个由小生产者组成的社会几乎不可能把劳动视为某种可耻的东西。人们开始把工作看作是人类生存的正常状态。实际上，即使劳动被看作人类生存的必要条件，这也不是由于劳动创造了人，而是由人类的堕落**造成的。也就是说，劳动仍旧被视为

---

* 按古希腊神话，西西弗斯原为科林斯王，诡谲而贪婪，被罚作推巨石上山的苦役。——译者

** 指亚当受诱惑偷吃禁果之后堕落人间。——译者

一种惩罚。然而，重要的是，游手好闲这时已被视为最为严重的罪行之一了。尽管任何工作对于共同体来说都是必不可少的，但是，上帝并不是平等地接受各种不同的工作。尽管如此，每个人都必须完成自己所承担的任务，从事自己的工作。像劳动一样，不仅财富本身不再被视为目的，而且财富也不再被视为保证获得闲散生活方式的手段。希望在来世能够得到拯救的思想决定了人们的财富观，因为拥有财富，尽管可以有所帮助，但是它实际上有可能妨碍人们使自己的灵魂进入永久极乐的世界。那些宣讲贫困和禁欲主义的基督的虔诚布道者们，把占有财富看作是非常值得怀疑的，而且从道义上说很可能是非正义的事情。《马太福音》第十九章第二十四句中讲到："财主进天国比骆驼穿过针眼还要难！"这句话成为整个中世纪时期引发众多精神与社会冲突的源泉。

中世纪基督教会的经济主张是把财富看成维持每个社会成员
在适当条件下"生存"的手段，而不把财富本身当作目的，以此来适 215
应封建制度的社会现实。中世纪早期的生产并不是追求积累和利润。它的目的是保证使全体中的每个部分都能过上一种"适当"的生活；圣体（*corpus Christianum*）是根据上帝的意志来进行共同分配。在中世纪封建社会，财富充当的是获取和加强社会权力的手段，而在资本主义社会中，实质上，财富本身就是具有决定性的社会权力。在中世纪社会，财富究竟以什么形式体现出来——是以土地或实物的形式，还是以动产或金钱的形式体现出来——并不是无关紧要之事。对财产的衡量标准取决于财富的体现形式和所有者所处的社会阶层，这与资本主义社会不同；在资本主义社会中，财富与社会或伦理准则没有任何关系。

诚然，在封建社会中，属于不同社会阶层的人并不总是以同样的观点看待劳动，而不同的劳动观和财产观是引发中世纪许多社会冲突的因素。

“礼尚往来”

有若干种因素促成了中世纪财产观和财富观的形成。不错，基督教正如它在中世纪文明其他方面的形成过程中所起的作用一样，在这方面也扮演了一个重要的角色。但是，并不单是基督教起了作用，根据罗马帝国衰亡时期居住在欧洲领土上的许多蛮族部落中盛行的价值观来看，基督教只不过是在这方面起作用的数种因素之一。蛮族社会的社会结构，无论是日耳曼的社会结构，还是斯拉夫的社会结构，在许多方面，都能使人回想起处于前阶级社会或阶级社会的早期发展阶段的其他民族中所盛行的人与人之间的社会关系体系。换句话说，欧洲蛮族人的社会态度、信仰和思想往往与所谓的原始人有很大的相似之处，前阶级社会具有一些特别的社会习俗，世界各地都曾有过那些习俗制度的种种表现。它们
216 在从野蛮时代向文明时代过渡的过程中至少被部分地废除了。由于阶级社会需要一套新的道德和理想，于是，新的宗教体系被建立起来了，而且社会生活的各个领域都发生了剧烈的变化。但是，即使是在阶级社会，某些古老的关系体系仍然保留下来，与新的关系体系、新思想和新的信仰共存，而且继续在新的社会环境中起着十分重要的作用。

中世纪的欧洲也正是如此。无论基督教对社会总体的世界观

产生了多么深刻的影响，它也不能够根除在蛮族时代占统治地位的全部思想观念。最终的结果是蛮族社会、基督教社会和古典古代时期的价值观的复杂的综合。

居住在蛮族人周围的那些已进入文明社会中的人们一致认为：蛮族人在侵占他人财产物品的时候，毫不迟疑。富裕国度中贮存着大量财宝，这种想法像磁石一样吸引着蛮族人，掠夺是他们从事军事探险的主要动机。在他们看来，诉诸暴力比付出辛劳要合算得多。年轻人成群结队地投向贵族领袖，盼望一场迅速而成功的战役将会带来大量的战利品，然后，领袖将把它们一一分给自己的士兵。

不过，怎样使用以此而获得的财富呢？塔西佗已经告诉我们了：日耳曼扈从兵不对外进行军事袭击的时候，就花大量的时间饮酒作乐。许多掠夺物都变成了酒宴消耗品。士兵们在宴席上公开地大肆炫耀，大吃大喝，一醉方休。得手的战利品不只为领袖提供了供养自己士兵的犒饷，而且更重要的是，它成为凝聚士兵和确立领袖权威的最佳途径。蛮族人不屑于干偷偷摸摸的军事行动。他们用游吟诗人的歌曲来庆祝自己的胜利，只有这样，胜利才会永远保留在士兵和部落其他成员的记忆之中。将士们自豪地把掠夺来的财宝、衣物、武器公开地向人们展示出来，他们把这些掠夺物作为英雄式生活方式所具有的种种美德以及领袖及其士兵所具有的英勇果敢精神的有力证明。这时，蛮族人还没有把金银当作货币使用，以物易物是最直接、最自然的平等交易。他们把从先进国家中掠夺来的硬币变成铸块，然后切成片，或制成戒指、手镯、胸针等
等。那些有价值的器皿和珠宝往往就是这么来的。 217

由此可见,从军事冒险中获得的财富是社会荣誉的标志。在蛮族社会中,财富既不是商品交换的手段,也不是需要贮存起来的东西。甚至,财富根本就没有被放到流通领域中去,财富只起地位重要的象征物的作用。

这个结论似乎与下列事实背道而驰:众所周知,蛮族人喜欢把掠夺来的财宝埋藏起来。在日耳曼部落定居的所有地区,都发现了被埋藏起来的罗马钱币。斯堪的纳维亚海盗窖藏的钱财尤其丰富,甚至有些学者把北欧的这段时期称为“白银时代”。此外,在萨珊、拜占庭、日耳曼、盎格鲁-撒克逊地区也很容易找到贮量丰富的钱币,大部分都是银币。已经被挖掘出来的宝窖就有几十万处,这个数目还在继续增长。我们能否据此得出结论:货币制度在10、11世纪的斯堪的纳维亚地区已经发展起来了,那些硬币是被当作货币而使用的呢?有些人对此持肯定的态度,甚至一些学者还撰写文章指出:北欧国家的商业繁荣是由海盗活动带来的。还有一些人坚持认为有这样一种可能性:在遇到危险的时候——例如,遭受袭击——当地居民就赶紧把值钱的东西藏起来,危险过后,也没有再把它们挖出来。①

但是,这种观点看来还有一些令人迷惑不解的地方。首先,晚期的冰岛文化传奇中常提到那些埋藏硬币的人们,而且确实已经查明:这些财宝不仅最终未被挖出来,而且人们也没有任何想把财宝再挖出来的意识。钱被永远地埋藏起来,以便没有人可以使用它。统治者常常在临死之前就把自己的钱埋藏起来,而且还要确

① S. 博林(S. Bolin):《货币史》(*Ur penningens historia*),斯德哥尔摩,1962年。

信没有目击者，挖坑的奴隶们都被活活处死。考古发现证明，在沼泽地和湿地中也有大片被埋藏起来的财宝，这种“沼地银”不能再重新使用。其次，众所周知，大量埋藏财宝时期，斯堪的纳维亚的
贸易活动主要是以实物交换的手段进行的，某些商品本身，例如家 218
做的衣服，就被当作货币来使用，财富的多少用长角牛的头数来表示。掠夺来的硬币或纳贡所得的硬币在斯堪的纳维亚都未当作货币使用。维京人*肯定十分清楚金银在其他国家的价值有多么高，从他们不厌其烦地埋藏硬币和其他贵金属制品的行为中可以看出：他们自己也十分重视金银。但是，他们照例不在商业贸易中使用金银，也不把金银当作货币。

由此可见，一方面北欧人赞美贵金属，而且想方设法攫取它；另一方面，他们从不以此作为贸易手段，而且把它们埋在土地里、沼泽地里，甚至淹没在海洋中。他们喜欢穿戴那些用金银制成的垂饰、胸针和项链等装饰品，在公共场合下炫耀自己（在这一点上，男人丝毫不亚于女人），这种对待硬币的态度是那些只知道金钱的商业用途的人们完全不能理解的；同样，对今天的许多学者来说，也是不可思议的。

如果我们想了解古代日耳曼人和斯堪的纳维亚人对待贵金属的态度，我们就不能从狭隘的经济观点出发来研究这个问题，而必须把它放到促使欧洲人从野蛮向文明过渡的精神生活这一广泛的背景中去考察。在蛮族人中间仍然流行着这样的想法：一个人所拥有的财宝从某种意义上说，体现他的个人品质，并与他的命运和

* 维京人（Viking），8—10世纪的北欧海盗。——译者

幸福紧密相关。丧失了财宝就等于丧失或丢掉了一个最重要的品德和作士兵的才智。让我们回忆一下围绕着"莱茵黄金"发生的一场斗争：传说尼伯龙根人(Niflungs，德语称为 *Nibelungen*)把祖传的财宝沉入莱茵河底，这财宝最终成了导致他们毁灭的祸因。古代日耳曼人和斯堪的纳维亚人把黄金看作是其所有者交好运的物质体现。在这种思想的指导下，北方人试图把自己掠夺来的硬币藏起来，他们的确不想把财宝再挖出来。只要财宝被安安稳稳地
219 埋入地里或沼泽底部，那么这个埋藏财宝的洞穴就会把财宝所有者的成功保留在里面。因此，财宝绝不能被夺走。在蛮族人眼里，金银拥有魔幻和神圣的力量。

当金银被用来制作手镯和其他装饰品的时候，金银所具有的这种魔幻而神圣的力量并没有从金属中消失。人们没有把这些装饰品埋藏起来，而是把它们作为社会地位和才智的明确标志而加以炫耀。士兵们通过恳求而从自己的领袖手中得到的手镯和戒指不只是单纯的礼物，他们在接受礼物的同时也分享了包含在礼物中的领袖所拥有的某些成功因素。由此可以说，接受礼物的士兵也带有几分领袖的天才。"戒指的施与者""乐于赠给他人手镯的人"，——怀着感激之情的游吟诗人就是这样颂扬那些曾授给他们这种礼物的领袖或国王。如果一个领袖吝惜礼物，不施舍戒指和珠宝给自己的下属，那么他就不值得别人为他服务，因为他吝啬地扣留了自己的士兵本应分享的那些魔力和好运。慷慨同军事天才和勇猛一样，也是一个真正的领袖所应具备的品德。真正的领袖应该是慷慨大方，慷慨是领袖高尚的象征，《老埃达》中一首歌颂斯堪的纳维亚英雄赫尔吉(Helgi)的诗中，这样写着："他慷慨地把用

鲜血换来的红色黄金送给那些忠诚的随从。”①

蛮族人在战争期间和掠夺探险过程中所获得的丰富的战利品并没有变成我们现在所理解的用来购买财富的货币，他们不用这些战利品来购买牛、土地或其他任何物质财富。战利品被分给大家，供他们使用、消耗；有时，他们把那些具有神圣性的战利品埋藏起来让它为所有者施加魔力。

这种对待财富的方式，不可能导致基督教的产生，也不可能使商品货币在昔日的蛮族人中间流通起来。人们开始理解到货币的现实作用和金银的物质价值。但是，在封建制度统治下，财富仍然首先被视为社会关系中的工具，视为建立和巩固社会影响力的手段。

蛮族人对待金钱的特殊态度，也可以从蛮族社会结构的一个
重要方面——杀人赔偿金上得到证明。通常情况下，如果有人杀 220
了人或把人打残废了，或犯了什么其他罪行，那么他要对自己的行为做出赔偿。通常就以此来取代血亲复仇，或作为对一个人的杀害或伤残或其他严重犯罪的抵偿。在蛮族人的法律著作——《蛮族法典》中，就具体地规定着凶手应该对受害者及其亲属付多大数额的补偿。在确定补偿金额之前，必须认真地调查受害者（有时也许是罪犯）的社会地位、年龄、性别，以及犯罪背景和其他一系列因素。在日耳曼法典中，杀人赔偿金通常是用一定数额的钱来体现的。如果按“法典”的表面内容来看，只要某项犯罪行为的受害者

① 《埃达》（*Edda*）：G. 内克尔（G. Neckel）和 H. 库恩（H. kuhn）合编，海德堡，1962 年，第 131 页。

属于某个社会阶层(贵族、自由人、半自由人),罪犯就要按规定数额对受害者作出相应的赔偿。然而,实际上,我们有理由认为:“法典”中提出的数额并不是确定杀人补偿金的唯一标准。每个具体事例似乎都能产生出一个影响赔偿数额的特定标准。判决者在确定赔偿金时所依据的原则是不明确的。我们可以认为:补偿在很大程度上取决于受害者一方及其家庭的权势和社会地位。诚然,这一做法的目的是在法律规范下,尽可能多地使受害者一方得到补偿。但是,在许多案件中,我们发现:那些不得不付赔偿金的人实际上却坚持增加赔偿数额。乍看起来,这似乎令人费解,但是,如果我们记住杀人补偿金的特殊作用以及它对那个时代的人来说有多么重要的话,那么,我们就不难理解了。杀人补偿金的数额不仅能反映出被害者的社会地位,而且也反映着补偿者的社会地位。赔偿数额越高,就越有助于提高赔偿者个人及其家族的社会威望。因此,用金钱赔偿死伤者比用等值的物品赔偿,其意义要重要得多。

尽管《蛮族法典》用金钱的方式具体地规定了杀人赔偿金和其他应付款的数额,但是这些款项在实际中往往被换算成物品——因为货币的使用毕竟还不十分盛行。然而,并不是所有的农产品都可以作为杀人补偿金的。牛永远可以作为杀人补偿金来使用。许多法典规定了动物——通常用牛——的具体数量应该与赔偿金
221 的价值相等。其他可作为杀人赔偿金的还有奴隶、武器、盔甲、土地、纺织品。所有可以代替货币作为杀人补偿金的物品必须是优质无瑕的。此外,“法典”中还有一些具体规定:在挪威,可以作为杀人补偿金的只有被称为 *óđal* 的土地,*óđal* 是指继承来的土地,

也就是说，家族中几代人所拥有的土地，而且确实是家族中难以割让的土地。“买来的土地”，新近获得的土地，以及涉及不到让渡祖产这一复杂问题的土地，不能作为杀人补偿金。[①] 在这方面，似乎家族与杀人补偿金之间存在着一种特殊的关系。被害者亲属所得到的补偿不得随便转让，充当补偿金的土地和其他财产永远为该家族所有。

杀人补偿金象征着两个封建家族之间的重新和好。此外，它还能体现被害者及其家族的社会地位。由于为调解凶手与被害者家族之间关系而付出的这笔钱或其他有价值的东西，具有如此重要的符号作用，因而这笔钱财是不能随便转让或消费掉的。有时，生命垂危的人常常把这笔钱随同他所拥有的其他财产一起留给教会。在这种情况下，不会提到一次杀害或其他任何能以支付伤害赔偿金加以惩罚的罪行。在遗产中，杀人补偿金名目下的数额被单独列出，这说明杀人补偿金被赋予了某种特殊的意义：它以某种特殊的方式与人联系在一起并体现着人的社会地位和尊严。[②] 有时，那些把土地捐赠给寺院的大土地所有者，过一段时间又支付一笔适当的伤害补偿金把土地赎回来。这个例子可以清楚地说明保护个人生命的赔偿金与个人世袭财产之间的关系。[③]

与其他任何无阶级社会一样，交换礼物在蛮族社会中也起十

① *Gulathings-lov*, 223, 270, *Norges gamle Love indtil 1387*, Bd 1, Christiania, 1846.

② F. T. 哈默（F. T. Harmer）：《9—10 世纪英国历史文献选集》（*Select English Historical Documents of the 9th and 10th Centuries*），曼彻斯特，1914 年，第 2 期。

③ K. H. 加纳尔（K. H. Ganahl）：《胡符与杀人赔偿金》（“Hufe und Wergeld”），见《萨维尼基金会法律史杂志：日耳曼法分支》，第 53 卷，1933 年。

分重要的作用。与他人建立友情，结婚，宾客来访，成功地达成一笔交易或签订和约，葬礼，宴会，恩典的授予——所有这一切活动
222 以及其他许多社交场合都缺少不了礼物的交换。任何礼物都意味着相互交换，领袖把礼物赠给下属是对其过去为自己忠诚服务的奖赏，同时也是使其为自己继续服务的保证。从同等阶层的人手中获得礼物需要给予回赠。"礼尚往来"是古老的冰岛文化典籍《天神之言》(*Hávamá*)[①]中的一句格言。古日耳曼法典也记载了同样的原则：礼物只有在接受者作出相等回报的时候才有价值。在伦巴德人中间，在你赠送给别人礼物之后，如果别人作出了相应的报偿——*Launegild*，那么你送给别人的那个礼物才能得到承认，尽管这种报偿只不过是一个象征性的符号。[②]

由此可见，单方面送礼不符合蛮族人的传统观念，他们只承认交换礼物。应该指出，有趣的是，印欧语言最初只用一个字来表达"给与"和"索取"这两个概念。动词 *dō* 的这两个含义中的任何一个含义只有与特定的语句关系相联系才具有确定性。[③] 古斯堪的纳维亚语也同样如此：动词 *fá* 有双重含义，只有根据上下文和句

---

① 《天神之言》(*Hávamál*)，见《老埃达》，P. B. 泰勒(P. B. Taylor)和 W. H. 奥登(W. H. Auden)译，纽约，1969 年，第 57 页。

② A. 瓦尔·德·利埃夫尔(A. Val de Lièvre)：《Launegild 和 Wadia》，因斯布鲁克，1877 年；K. v. 阿米拉(K. v. Amira)：《古日耳曼法典》(*Nordgermanisches Obligationenrecht*)，第 1 期，莱比锡，1882 年，第 506 页及以下诸页；M. 帕彭海姆(M. Pappenheim)：《关于古代日耳曼人赠送礼物的法律本质》("Uber die Rechtsnatur der altgermanischen Schenkung")，《萨维尼基金会法律史杂志：日耳曼法分支》，第 53 卷，1933 年。

③ E. 本维尼斯特(E. Benveniste)：《印欧语系词汇中的礼物和交换》("Don et échange dans le vocabulaire indoeuropéen")，见《普通语言学问题》(*Problèmes de linguistique générale*)，巴黎，1966 年，第 317 页及以下诸页。

法结构才能了解究竟在哪种情况下使用哪一种含义。显然,“给与”和“得到”在古代许多人的头脑中都是不可分的,交换财产、相互宴请、相互效劳,是社会交往的普遍形式,人们以此来表达和加强已有的友情和信任感。[①]

人们在交换礼物时,内心深处存在着这样一种信念:被赠与的礼物带有赠与者的某些品质,通过交换礼物,赠与者与被赠与者之间的关系更加密切了。如果被赠与者接受礼物后不回赠,这说明他在某种程度上依赖于赠与者。士兵从首领手中接受礼物,他并不为依附于首领而感到烦恼,反而不断地设法巩固他与首领之间的这种依附关系,并希望在得到礼物的同时,也能够获得作首领的某些“成功”因素。如果你从有权势的人那里接受了礼物,你可以以忠诚地效劳或唱一些赞美他的歌曲来作为回报;但是,如果你是从与自己地位相等的人手中接受礼物,你必须回赠礼物,否则你的处境就不妙了。如果你不合情理地依附于他人,那么你就会失去自己的人格尊严和自由,如果你接受礼物而不回赠,有时甚至会毁 223
灭你自己。[②] 因此,要么赶紧回赠礼物,要么设法不去接受礼物。

---

① R.图恩瓦尔德(R. Thurnwald):《原始共同体的经济》(*Economies in Primitive Communities*),牛津,1932年;M. J. 赫斯科维茨(M. J. Herskovits):《经济人类学》(*Economic Anthropology*),纽约,1952年;J. H. 米歇尔(J. H. Michel):《罗马法中的赠与》(*La gratuité dans le droit romain*),布鲁塞尔,1962年;J. 巴达克(J. Bardach):《15世纪和16世纪礼节式的相互赠与》(“La donation réciproque en Lituanie aux XVe et XVIe siècles”),《纪念爱德华多·沃尔泰拉(Edoardo Volterra)论文集》,第1卷,1969年;A. Ja. 古列维奇(A. Ja. Gurevič),《封建制的起源》(*Le origini del feudalismo*),罗马和巴里,1982年。

② V. 格伦贝克(V. Grönbech):《条顿人的文化》(*The Culture of the Teutons*),第2卷,第6页及下页,第16页及下页,第54页。

对于我们来说，领悟接受礼物而未回赠的人所潜在的危险性，即使是可能的话，那也是十分困难的。显而易见，古代斯堪的纳维亚人以一种完全不同的方式来理解我所说的“不可思议的依附”（从非物质性观点来看）。明确地区分精神范畴与物质范畴之间的界限，在现代思维方式中起主导作用，但却完全不符合蛮族人的思维特点。以上我们已经看到了，蛮族人是怎样像理解物质实体那样理解时间的。同样，士兵从富有“好运”“吉祥”的首领那里所获得的“好运”“吉祥”就如同首领送给他的戒指和手镯一样具有物质实在性。接受者与赠与者仿佛被紧紧地联系在一起了，接受者处于赠与者的势力保护之下。这种依附在本质上属于不可思议的依附。

交换礼物在蛮族社会一直存在，被交换的礼物往往都是一些普通的东西，没有多少物质价值。在《天神之言》中，我们可以看到：

> 友善之言无需高价相求，
> 获得赞美的代价可能并不高昂：
> 用半块面包和一只空杯，
> 我为自己找到一个朋友。①

重要问题不在于礼物价值的高低，而在于通过交换礼物而结成的友好关系。因此，《天神之言》的作者说：

> 没有人如此慷慨以至于在接受别人回赠时感到讨厌，

① 《天神之言》，《老埃达》，第 37 页。

没有人如此富有以至于在得到回报时感到痛苦。

一旦你已拥有足够的财富，
你就不该渴望得到更多，
你为朋友节省的财富，
也许会被敌人拿走，
希望往往会变成谎言。

礼物使朋友之间互享快乐， 224
一块盾牌或一件贵重的外衣，
相互馈赠使友谊永存，
生活美满。

人应该一生一世对朋友忠诚，
不但忠诚于自己的朋友，
而且忠诚于朋友的朋友。
……
人应该一生一世忠诚于自己的朋友，
做到礼尚往来，
对朋友以笑还笑，
但当受到仇敌的谎言欺骗时，
应该以谎言回敬欺骗。

如果你认为一位朋友十分可信，

并渴望得到他的友情，
就与他互诉衷肠，互赠礼物，
常去他家拜访。[1]

友谊与互赠礼物之间的关系是显而易见的。礼物在建立和保持社会联系方面是最重要、最关键的因素。慷慨表明一个人已经在生活中取得了成功，并且已经得到了社会的尊重；而吝啬则体现了一个人在生活中无所作为，守财奴则决然被排斥于交游圈之外：

慷慨而勇敢的人总是生活美好，
很少被烦恼困扰，
但卑鄙之人到处都会遇到鬼怪，
守财奴总是为礼物担忧。[2]

慷慨、勇敢和好运总是相辅相生，就如同怯懦和吝啬总是结伴而行。道德品质的优劣，泾渭分明。吝啬者害怕接受礼物，因而设法回避别人的礼物，因为他知道接受他人的礼物需要回赠。什么都不想送给别人的人很容易遭受社会生活的不幸：

……送给人家一只戒指，
这样，人家就不会诅咒你。[3]

225 被人诅咒或遭人骂都是非常危险的事情，因为咒语中含有巫术，蛮族人确信：诅咒会给人带来邪恶的命运，甚至会使人遭到毁

① 《天神之言》，《老埃达》，第 43 页。
② 同上书，第 44 页。
③ 《埃达》，G. 内克尔和 H. 库恩合编，第 39 页。

灭。语言不是同行为一样具有真实性和物质影响力吗？从这个例子中，我们可以再一次体会到：蛮族人还没有认识到精神世界与物质世界之间的明显区别。在蛮族人那里，现实世界没有被划分为意识和物质、自然与超自然两部分，一切事物都在起作用，每项事物都有能力参与并影响人间事务，因此，蛮族人的一言一行都可能具有深远的意义，甚至能打乱世界秩序。因此，人们必须时刻警惕着。当我们阅读《天神之言》的时候，我们必须要牢记这一点。该书向人们提出了许多劝人谨慎，避免鲁莽行为发生的忠告。在古老的北方诗歌史料中，我们常常可以找到关于这种谨慎的提示，以此来对照地显示畏首畏尾、鼠目寸光的“小人”的小家子气和“农民式的狡诈”，与贵族和维京海盗的“豪爽气度”形成鲜明对比，后者被描写成敢作敢当的英雄。

不必强调，大家都清楚：限制普通自由民——农场主和农民——生活的行为准则同首领和维京海盗的尚武规范存在着天壤之别。人们对自己的一言一行——特别是在离开保卫家乡的岗位上时的所作所为——都必须谨小慎微：在开会期间、拜访期间、宴请期间，与陌生人或富人交往期间都要谨言慎行，语言要简练，慎之又慎，随机应变，思维要敏捷，在避免争论树敌的同时，还要设法保持自己的独立性，在吃喝方面要自我节制，在寻求知识、勤奋工作、生活节俭等一切方面都要保持适度，——这都是《天神之言》一书的作者认为应该引起人们重视的品德。然而，依我看，把这些说教看作只不过是狡猾的小人物的处世才智是不太合理的。《天神之言》中的格言不是在阶级社会中产生的，而是在一个等级差别极小的社会中产生的，有些人硬要把它分为贵族的格言和贫民的格

言这样两个部分，这是违背历史真实的。《天神之言》所提到的利己主义道德伦理具有注重实际和功利主义的性质，实际上，它反映
226 了人在这个充满危险的世界中处于一种十分特殊的地位，任何事物都可以对人产生直接的影响。各种神秘而不可测的纽带把构成这个世界的一切因素和现象都联结在一起，只有小心谨慎，机巧圆滑，才能理解这个世界。这就是为什么埃达（Eddic）民间格言集*中，一面期望贵族们具有勇武和重名的品德，一面却对他们提出利己主义和玩世不恭的忠告。没有必要把二者视为两种相互对立的世界观的表现。

享受幸福生活的主要条件之一就是与人们保持友好关系。你要时常拜访朋友，请朋友到家中作客，每次都要互赠礼物。从语言学的角度上讲，“好客”与“互赠礼物”这两个概念，一开始就有联系，这一点我们可以从很多属于印欧语系的社会中得到证明。[①] 参加宴会和互赠礼物——这些是蛮族人进行社会交往的主要桥梁。由于越来越多的人通过交换礼物来进行社会交往，最后交换礼物竟发展成了一套具有复杂仪式的完整体系。某些土特产品或果实在这套仪式上被人们传来传去，换取其他东西，这些东西并没有被吃掉或使用，而是被代代相传或积存在一起，以便公开地向人们展示出来。它们的重要性不在于其使用价值，而在于它们能够清楚地体现出交往双方之间的社会联系。通过仪式来交换礼物这种做法，把属于不同家族和不同部落群体的人们联系在一起。

---

* 指《天神之言》。——译者

① V. Machek, “Sl. gospod”, lat. hostes et lit. viešpats’, *Slavica*, Ⅷ, Debrecen, 1968.

在原始人中间，相互做东宴请，这一习俗有时会造成这样一种情形的出现：人们过分地争先显示自己比别人要慷慨大方，主人总是想使客人对自己的慷慨之举感到惊讶不已，而客人再做东的时候，其奢华程度不仅不能次于甚至还要超过他被宴请时的标准。这里存在着一个争强好胜的因素，这种好胜心有时表现得十分明显，主人宴请客人的目的不是争取客人的丰厚回报，而是想使客人
对自己的优越之处深信不疑。有些主人为了超过所有的来客，其 227
浪费程度是惊人的：他们竟会吃掉自己家里贮存的全部食物，破釜沉舟，丝毫不考虑宴会过后家里将会发生什么情况。这种宴请的目的就是要肯定挥霍者的道德优越感，对他们来说，这比单纯的物质享受要重要得多。[①]

在中世纪早期的欧洲人中间，通过仪式交换礼物和带有竞争意义的相互宴请，还没有像原始人那样走上极端。但是，宴请和交换礼物在社会联系中起十分重要的作用，这种思想在日耳曼人的头脑中是根深蒂固的。[②] 如何宴请，在特定场合下，人们应该具有什么样的言谈举止，这些都是《天神之言》一书所讨论的重要主题之一。

宴请是斯堪的纳维亚人最重要的社会习俗之一。当领袖

① M. 莫斯(M. Mauss)：《论礼物：古代社会中交换礼物的方式和理由》("Essai sur le don. Forme et raison de l'échange dans les sociétés archaïques")，《社会学与人类学》(*Sociologie et anthropologie*)，巴黎，1950 年。

② J. 布卢门施滕格尔(J. Blumenstengel)：《贝奥武夫中宴会的性质和功能》(*Wesen und Funktion des Banketts im Beowulf*)，马堡，1964 年。礼节性的宴会在中世纪也举行。参见 K. 豪克(K. Hauck)：《10 世纪和 11 世纪礼仪式的聚餐社群》，见《中世纪大学》，第 3 卷年刊，第 11 期，1950 年。

们——国王或首领——巡游他们自己所管辖的地区时，当地居民都设宴招待他们。大家在这种宴会上讨论人们关心的一切问题，并履行对异教神灵的各种祭奠。国王领导下的国家的统一不会由于宴会的作用而带来任何变化。① 这一古老而悠久的习俗一直是斯堪的纳维亚政治制度的基石。起初，统治者带着一个警卫有计划地游遍全国各地，后来，警卫的数量日趋增加——于是，食物的需求量也相应地增加。国王在国内某些地区拥有自己的庄园，他可以在旅行期间在自己的庄园里休息一段时间。招待国王及其随从所需的一切产品，都由当地居民提供。

随着王权的增强和巩固，宴会的性质也发生了变化，最初人们在提供必需品时所具有的自觉自愿特点已经消失了，现在所有的自由民都必须提供国王欢宴上所需的物品。但是，和以前一样，宴会仍然是农民和他们的领导者进行直接联系的主要渠道。

冰岛的传奇故事在描述这些宴会方面十分具体。在挪威国王宴会厅里参加聚会的人们包括国王的侍者和一些最有影响的自由民。国王坐在桌前的高台上，他的座位是用木柱支撑的，木柱上雕刻着异教神的形象，人们确信：这个宴会厅就处于这些异教神的保护之下。宴会厅内环墙设置的长凳是为客人和侍者准备的，大厅
228 中央是燃烧着的炉子。宴会即使不持续几天，也要持续好几个小时。这是国王了解全部地方民情，决定各种事情和发布命令的大好时机。国王在同贵族和自由民交谈的过程中，可以清楚地了解

① H. C. 派尔（H. C. Peyer）：《中世纪的王国巡游》，《社会史与经济史季刊》，第51卷，第1期，1964年；C. 布吕尔（C. Brühl）：*Fodrum，Gistum，Servitium Reigis*，Ⅰ-Ⅱ，科隆和格拉茨，1968年。

到究竟谁可以信赖，谁对自己怀有敌意。宴会往往以暴力甚至流血而告终——最后，武器不是躺在与会者的身边，就是被挂在墙上。当人们聚会宴饮时，任何扰乱和平的行为都会受到最严厉的惩罚。国王坐在令人仰目的座位上，解决争端、确定杀人赔偿金的数目，并把自己的礼物分给侍从和同盟者。礼物包括戒指、武器。吟唱诗人是庆典上不可缺少的人物，换句话说，大家都盼望他们参加庆典。诗人去献上一首赞美国王的歌（有时是诗人即席创作的歌曲），唱完歌后，他不是请求国王给予奖赏，就是感谢国王赐给他的礼物。《埃吉尔萨迦》（*Egil's saga*）讲叙了在英国国王阿塞尔斯坦（Athelstan）（冰岛史料中称为 Adalstein）举办的一次宴会上，一位有名的冰岛游吟诗人的举止：

> 当他（埃吉尔）坐着的时候……，他把一个眉毛耷拉到脸颊，另一个眉毛则上挑到头发根。他的眼睛是黑色的，眉毛是深棕色的。尽管他伸手就可以拿到酒，但他一点儿都不沾，而是上下抽动着自己的眉毛，一会儿这样，一会儿那样。
>
> 阿塞尔斯坦坐在高高的椅子上，把剑横放在自己的膝盖上。当他们坐了一段时间以后，国王把剑从剑鞘中抽出来，然后从胳膊上取下一个漂亮的大金环，把它放在剑尖上，站起身来，向台阶下走去。国王用剑把金环从火焰的这一边递给火焰那边的埃吉尔，埃吉尔站起身来，拔出剑，走过去把剑伸向金环圈内，然后把金环连同自己的剑一同抽回来，回到自己的座位上。国王则在高座上坐下，埃吉尔坐定之后，他把金环从剑尖上取下来，戴在自己的胳膊上，这时，他的眉毛才恢复原状。他放下剑和头盔，端起递给他的角制酒杯，一饮而尽。然

后唱道：

229 国王将最美的饰物赠予我，
那发出清脆之音的手镯，
来自于雄鹰之臂，
它那金色的光芒笼罩着剑尖。
我举起剑，用剑尖把它取过来。
我的右臂赢得了偏爱，
我获得了乌鸦喂食者的威名。

唱完歌后，埃吉尔把自己那份酒全喝了，然后就同其他人交谈起来了。

除此之外，阿塞尔斯坦国王还送给埃吉尔的父亲斯哥拉哥瑞姆(Skallagrim)满满两箱银子，作为对他这个引人发笑的儿子埃吉尔的补偿金。国王又向埃吉尔许诺：让他在土地和金钱之中任选一种作为对他兄弟的补偿金。

埃吉尔选择了金钱的形式，并感谢国王送给他的礼物和那些友善之辞。从那以后，他的情绪开始高涨，于是唱道：

我的眉峰刚刚受着痛苦的煎熬，
作为爱尔兰的后裔，我双目凹陷，
而现在前额那深深的沟壑已被填平，
是国王的奖赏使我眉峰舒展。①

---

① 《埃吉尔萨迦》(*Egil's Saga*)，第 55 章，格温·琼斯(Gwyn Jones)译，纽约，1960 年，第 132—133 页。

这个例子十分清楚地说明了人们是怎样交换贵重礼物的：国王送给埃吉尔金钱和贵重物品，而吟游诗人埃吉尔则用颂歌感谢国王。这被视为一种十分公平的交换，因为斯堪的纳维亚人和盎格鲁-撒克逊人确实把诗歌的价值看得很高。游吟诗人的颂歌不仅仅对国王的虚荣心具有诱惑力，而且语言——特别是诗歌中的语言（“特定的语言”）——还具有一定的魔力，讽刺能够对人产生真正的危害，而颂词则可以增进它所颂扬的那个君主的福祉和功业。

参加宴会的其他来宾也会收到礼物——人人都要得到一份礼 230
物才退场，这确已成为一种习俗。人们都很重视礼物的质量和价值，如果某个同等阶层的人得到的礼物比他得到的礼物要豪华的话，他就会感到痛苦和气愤。挪威国王传奇中有这样一个故事：一个富有的自由民名叫阿基（Áki），曾设宴招待挪威国王和瑞典国王。他在旧宴会厅里迎接瑞典国王，而在新建的有挂毯装饰的宴会厅里迎接挪威国王。瑞典国王及其随从用的是旧式器皿和角制酒杯，而为表示对挪威国王的敬意，阿基特意为他准备了新式的，像玻璃一样光滑，而且还带有黄金装饰物的器皿。当阿基与客人们分别时，他表白自己已把“最好的礼物”送给了挪威国王，要求挪威国王答应他让自己的儿子为其效劳；对瑞典国王，阿基也给了他“贵重的礼物”。瑞典国王并未掩饰自己愤怒的情绪，他质问阿基：身为瑞典国王的“臣民”，为什么对挪威国王这样无比热情，为他提供最优厚的待遇。阿基答道：他之所以用旧器物招待瑞典国王，是因为瑞典国王已是年高长者，而挪威国王年轻，所以得用适合于他的新器物招待。阿基进而否认自己属于瑞典国王：“至于您提醒我说我是您的臣民，我认为，那就像我说您是我的臣民一样不真实！”这是对瑞典国王的直接侮辱，于是瑞典国王杀死了阿基。为了报仇，挪威国王和他的手下人又杀死了几个瑞典国王的随从。① 这个故事的情节并没有多少可靠性，但是它生动地说明了中世纪斯堪的纳维亚人是多么重视请客的规矩及其象征意义，从这一点来说，这个故事还是有一定意义的。

如同收到礼物需要回赠一样，应邀出席宴会也需要回赠。国王以礼物的形式作为对招待他的自由民和贵族们的报偿。挪威的习俗是这样的：国王通过授予宴会主人一块土地来感谢主人在宴会上给予他的热情款待。这块土地被称为 *drekkulaun*，这个词是由 *drekka* 和 *launa* 两个词组合而成的，*drekka* 一词的含义是“喝”“宴请”，*launa* 一词的含义是“奖赏”“回报”“感谢”。② 然而，在宴会上，不仅仅是简单的礼物交换，自由民为表达对国王的敬意
231 而为国王准备的礼物和盛情，还具有更加深刻的含义。宴请以及随之而来的祭酒是保证人民幸福的一个途径，人民的幸福取决于国王。在筵席上，大家举起酒杯表示对异教神和国王的敬意。是否会有一个好收成，牛羊是否会肥硕，大量的鲱鱼是否会靠近岸边，都取决于国王以及他与诸神的关系。正如我们以上所看到的：蛮族人相信他们能影响时间及其所包含的实际内容。宴会就是用来左右时间的主要手段，而实际上，这就是建立农民与国王之间私人关系的必要性之所在，因为国王体现着国家和人民的“幸运”和

① 《海姆斯克林拉，挪威列王纪》，Lee M. 霍兰德（Lee M. Hollander）译，纽约，1964 年，第 71 页。

② *Gulathings-Lov*，270.

"成功"。

蛮族社会的特点是通过个人直接接触来建立社会关系。农民与国王之间关系的建立也是如此。在正式宴请的时候，这个特点最明显地表现出来。

随着王权的加强，继而基督教又把宗教事务的最高管理者的权力赋予了国王，宴会的性质也必然要发生变化。宴会从联系自由民与国王之间的主要桥梁变成了国王及其侍从剥削人民的手段，他们可以迫使农民用土特产品的形式向他们进贡。国王开始把个人占有贡品的权利授予自己的随从，这种做法与授予封地十分类似。[①]

这并不是说宴会不再是社会交往的重要媒介了。根据挪威的法律，能够享有全部权利的自由人的标志是：他能掌管自己的家园，他有马骑，他能参加宴会，他在拥有和控制个人财产方面没有任何阻力。[②] 在基督教战胜其他宗教而一统天下之后，在很长的一段时间内，每年必须举行宴会的习俗仍然被保留着，所有的户主，除了贫困者以外，都必须为宴会提供一定数量的啤酒，否则，就会受到惩罚。[③] 宴会是了结财产、决定婚姻大事的场合，正式接受遗产也要举办宴会，长期不和的双方可以在宴会上建立起和平友好的关系，"私生子被家族所承认"（换句话说，也就是授予他作为 232
一个自由人和一个家族成员所应拥有的人身权利和继承权利）也

① A. Y. 古列维奇（A. Y. Gurevich）：《封建时代挪威的农民》（*Svobodnoe krest'yanstvo feodal'noj Norvegii*），莫斯科，1967 年，第 139—149、249—250 页。

② *Gulathings-Lov*，126，141.

③ Ibid.，6，7.

需要安排一次特殊的宴会。

我们发现，其他日耳曼民族的人们不像斯堪的纳维亚人那样如此重视礼节性宴会。盎格鲁-撒克逊的国王们也像斯堪的纳维亚的国王们一样云游各地，并不时地停下来与自己的随从们和贵族们一道参加宴会。《埃塞尔伯特法典》(*Laws of Aethelbert*)是英国的第一部成文法(创立于7世纪初期)。根据这个法律：当国王在某个地区的庄园中参加宴会时，他主要负责决定对反对他的各种行为应该怎样处罚。[①] 看起来，打架流血在宴会上是司空见惯之事。"古代法"规定：犯罪一方不仅要赔偿受害者一方的损失，而且还要付款给举办宴会的主人和国王。[②] 后来，在10世纪时，那些负责维护地方法律秩序的人们也被要求定期聚餐。在宴会上，他们讨论日常事务并且判断人们是否以任何方式违反过法律。[③]

行会——这是拥有共同的政治和经济利益的人们所组成的共同体——也举办宴会。实际上，行会一词就来源于 *gildi*，该词的含义是提供庆典的宴会。

对于加入行会的那些人来说，一起吃饭喝酒具有深刻的社会、宗教和道德意义，共同进餐可以交上新的朋友，旧的矛盾也可以得到解决。在古冰岛的传奇中，我们可以看到以息事宁人的原则，对

① 埃塞尔伯特(Aethelbert)：3.《最早的英国国王的法律》(*The Laws of the Earliest English Kings*)，F. L. 阿滕伯勒(F. L. Attenborough)编，纽约，1963年，第4页。

② Hlothhere and Eadric，12-14；Ine，6，§5；*ibid.*，pp. 20，38.

③ Ⅵ埃塞尔斯坦，8§1。同上，第162页。

达成一致意见并已付出杀人赔偿金的敌对双方提出的要求："你们应该在吃喝中，在社交聚会中，在公民大会上，在教堂里，在王宫里，在人们能够聚集在一起的任何地方，建立和平，取得一致，你们应该是友好的，就好像你们之间从未产生过任何分歧一样。你们彼此不应互为仇敌，而应像亲人那样交换匕首和肉食佳肴以及其他所有的礼物。"[①]

热情待客是每个一家之主重要而神圣的职责。据说，具有传 233
奇色彩的杰罗德（Geirröðr）国王对食品特别吝啬，以至于如果他认为来拜访他的人太多了的话，他会让客人挨饿。原稿中作者在这段使用了 *matníðingr* 一词来描写这个国王。但是，*niðingr* 一词的含义是"恶棍""流氓""主犯"。该词在法律上，在伦理道德上属于谴责性十分强烈的词汇之一。它被用来表示叛徒、毁约者、扰乱治安的人、犯有凶杀或其他严重罪行的人、懦夫等等，凡是被认为确实对共同体没有任何用处的人都可以被称为 *niðingr*。因此，*matníðingr* 一词的含义不能等同于我们今天所说的吝啬鬼。吝啬鬼不带有任何道德谴责的强烈意味，*matníðingr* 实际上指的是拒人们的热情于千里之外的卑鄙可耻的恶棍。该词是人所能承担的最严重的罪名。传说后来又讲到："把杰罗德国王说成是待客不周的人，这纯属诽谤。"[②]

《天神之言》一书的作者再三强调：对待客人要时时加以关照。从这部书中，我们可以了解到：对人慷慨、体贴，尤其是赠送礼物，

① *Grágás*，115.

② 《格里姆尼尔之歌》（*Grimnismál*），《老埃达》，前引书，第 61 页。

是维持友谊的重要因素。

客人已到，问候主人。
客人应坐在哪个座位上呢？
……
双膝冻僵的客人需要火，
翻山越岭的客人需要肉食和干衣。

进餐前客人可能要洗洗手，
主人应递上毛巾，还要表示自己对客人
诚挚的欢迎。
寒暄之后，主人应静静地等待着客人
讲述自己的经历。①

我们发现自己所面对的社会是一个社会生活的方方面面，甚至包括吃喝，都已被规范化、仪式化的社会。②

在蛮族人看来，和平就等于宴请，这两件事实质上是同一含
234 义。英灵战士 *Einherjar* 是一群参加战争并被沃丁神带到英灵堂的英雄们。他们把自己的时间分为两部分：一部分是平常打仗的时间；另一部分是流血过后，和平宴请的时间。不管怎样，这是士兵们的理想。

然而对农民来说，军事探险和掠夺不是他们的生活来源，他们

① 《天神之言》，《老埃达》，第 38 页。

② St. Piekarczyk, *Barbarzyńcy i chrześcijaństwo. Konfrontacie społecznych postaw i wzorców u Germanów*, Warsaw, 1968, s. 98. ss.

也不能依靠从国王那里接受的礼物过活。农民只有从自己的劳动中才能获得幸福：

没有侍者的人要早起，
而且还要马上投入工作，
睡懒觉的人会失去许多，
敏捷才会创造出财富。[①]

诚然，用这种方法来挣大钱是不容易的，但是，

只要自己拥有一间小屋，
这就不错，
因为你可以成为一家之主，
自己拥有几只羊和用木柴盖起来的房顶，
总比乞讨要好得多。

只要自己拥有一间小屋，
这就不错，
因为你可以成为一家之主，
你会同情那些顿顿都靠乞讨维生的乞丐。[②]

蛮族社会的伦理规范处处都可以找到，但是这些规范最终并没有像圣训那样被明确地固定下来。因此，重新描述蛮族人的劳动观绝非易事。众所周知，奴隶所做的工作是最脏最累的：照看牲

① 《天神之言》，《老埃达》，前引书，第45页。
② 同上书，第42页。

畜，给庄稼施肥等。他们在奴隶制经济中所起的作用是巨大的。女奴在室内工作，她们为主人养育孩子。不过，主要的农业工作，特别是耕种，是由主人，即自由人自己来完成的。冰岛的《瑞格诗歌》(*Rígsþula*)是一部关于蛮族社会的神话社会学，书中对奴隶的工作是这样描述的：

235 他们为庄稼施肥，
为羊群建栏造圈，
他们把泥炭堆在一起，
还要负责养猪，放羊。①

似乎这些工作还不够，特拉尔(Thrall)——这位“奴隶家族的”创始人——还要“去掉劣质煤，建造临时篱笆，搬运柴捆，从早到晚忙个不停”。

自由人卡尔(karl)的工作是：

养牛、架犁、盖房，
建仓、造车、耕地。②

他的妻子负责纺纱并兼顾家务。

显然，作者并没有把这些农业工作看作是降低了自由人的尊严。但是，贵族不参加耕作或建造农舍的活动，他们的时间完全用来进行娱乐和军事探险，这些活动可以使他们提高自己的名誉并获得战利品。在《瑞格诗歌》中，伯爵(Earl)是一位勇敢的战士，他

① 《埃达》，G. 内克尔和 H. 库恩合编，第 281 页。

② 同上书，第 283 页。

愿永远以战争为业。在国内,他拥有大量庄园。他对狩猎很热心,而且喜欢赛马、投掷。他住的是豪华的房子,享用的是美酒佳肴。他的妻子也出身于贵族,与他一同过着舒适、兴旺、幸运的生活。他们生儿育女,使这个家庭不断地扩大。他把自己的财富、快马、价值连城的衣物当作礼物分送给大家,他把戒指和金手镯扔给自己的随从。然而,对于普通人来说,劳动则是他们谋生的唯一手段。

在记录蛮族习俗的一些文献中,我们可以发现:人们在那时就已经认识到了劳动与财产之间的关系,这就是劳动可以创造财产。
财产源于我们所说的实际耕种的土地。由此可见,农民只要能够 236
耕种他所占有的公有土地,那么他就有了占有这些土地的权利。根据挪威法律:农民有权开垦公有地,他可以从自己土地的边界开始,一直延伸到不能开垦为止。[1] 同样,草地也被认为是属于第一个开镰割草的人所有。[2] 在森林中,只要是在太阳升起之前,你砍下并运走多少木头,这些木头就归你所有。长期在一块土地上耕作的人,不必向他人声明,这块土地也就归他所有了。另一方面,如某人长期不能真正地使用他占有的土地,那就要失去这地土地的所有权。换句话说,人们对所有权的理解是相当具体的,即谁开垦的土地就属于谁。

当然,要确认对一些土地的所有权,除了需要艰苦的工作外,还需要做一些其他的事。所有权必须用某些特定的仪式程序固定

---

① *Gulathings-Lov*,145.

② *Frostathings-Lov*,xv,8.

下来，只有通过这些程序，才能确保共同体对个人权利的认可。在这方面，斯堪的纳维亚人的法律术语就十分说明问题，这些术语特别清楚地反映了斯堪的纳维亚人的法律思想（这与欧洲大陆在历史文献中所使用的拉丁语不同）。斯堪的纳维亚人用 *helga* 一词来表示土地所有权，*helga* 的含义是"在道义上证实……为正当的"，"使……神圣不可侵犯"，"使……不受损失"。所有权是通过宗教仪式得以确认的，只有举行宗教仪式才能把土地及其对土地的所有权置于强大力量的保护之下。同时，宗教仪式还把所有权与执行宗教仪式的人以一种最紧密的方式联系在一起。接受并确认所有权的最重要的仪式是点火。有个冰岛人想获得一块荒地的所有权，于是，他不得不花一天的时间，从太阳升起一直到太阳落山，围着这块地来回转，并在某些指定的地点点燃营火。法律允许人们射出一支带有燃烧拖带的箭，火焰证明箭落的地方就是所有者神圣不可侵犯的土地。① 被占有的土地往往要献给雷神，只有
237 这样，才能保证其他人不再占有这块土地。在冰岛，*helga sér* 的说法仍然意味着"宣示某人的所有权"。法律保护那些经过证明并履行过敬献仪式的土地和物品，任何有损于其神圣性的行为都会被处以罚款。

这样，由于诸神所起的中介作用，土地财产就具有了神圣的特点。劳动与宗教，法律与其外在形式巫术相互交织在一起。人们在社会中所处的实际地位，不仅要得到法律的认可，而且还要得到

① *Landnámabók Íslands. Einar Arnorsson bjó til prentunar*, Reykjavik, 1948, bls. 13,14,24,207,211,221.

宗教的承认，因而它也必然具有象征意义。通过耕种土地，人们同自然和上帝结成了一种神圣而虚幻的联系。生产活动被赋予了一种象征性的标志，这个标志加深了生产活动的重要性，并使其获得了新的尊严。

根据《天神之言》一书中的格言和冰岛的家族传奇来判断，农民的理想可以被简单地归结为对舒适生活的追求。期待奢侈是贵族的特点，与普通人的想法大相径庭。但是，无论是贵族还是普通人，他们都认为：财富——无论是从艰苦的劳动中获得的，还是通过战争掠夺来的——本身都不是目的。在这个社会中，大多数人都不重视财富。《天神之言》似乎概括了前封建时期人们的思想态度，作者在书中强调了财富的暂时性，表明财富与社会伦理中所固有的更重要的价值相比，是无关紧要的，无足轻重的。财富具有易逝性：

活着总比死了强，
活着的人可以拥有牛，
看，炉火温暖着富人，
可他的门口却横着一具僵尸。

菲琼(Fitjung)[①]的儿子们曾拥有过土地和羊群，
现在却端起了乞讨的饭碗，
财富可以在眨眼之间消逝，
黄金是人类最虚伪的朋友。[②]

① 含义不明确，也许是指“富有”“肥胖”，也许是个真名。

② 《天神之言》，《老埃达》，第47页。

238 财富不但不能为人类尊严增添任何光彩，反而会损害个人的品性：

傻瓜不知道黄金是许多人追求的对象，
有人富，有人穷——
在贫富问题上，谁也怨不得谁。
傻瓜可以获得牛群和土地，
可以赢得女人的爱恋，
但他的智慧会随着傲慢的增加而消逝，
自负感将使他毁于一旦。[①]

值得人们注意的是：能够使人身价倍增的是人的名声，而不是财富。名声在人死后还能保留在人们的记忆之中：

牛早晚要死，
种族迟早会灭绝，
人类也不能永世长存，
唯有人们做了好事后留下的名声，
永垂不朽。

牛早晚要死，
种族迟早会灭绝，
人类也不能永世长存，
但我知道，有一件事永远不会消失：

---

① 《天神之言》，《老埃达》，第47、48页。

那就是，死者的伟大荣耀。[①]

这段译文中的最后一行并没有把原文中包含的全部含义揭示出来。*Dómr um dautan hvern* 的字面含义是“对每个死者的评判”。S. 皮耶卡尔奇克（S. Piekarczyk）强调，这句话反映出公共舆论能够给个人带来极大的影响。[②] 他的这一判断是正确的。

在蛮族社会中，大多数人的世界观所反映的一个重要特点是：他们把财富和名誉看成是水火不相容的两件事。财富只有在有助于人们得到名誉和尊重的时候，才会引起人们的重视。但正如我们以上所看到的，这并不取决于财富的积累，而是取决于人们在对待财富方面所表现出来的慷慨态度，取决于你是否愿意做一个礼
物赠与者，愿做一个大大方方的宴会主人——总之，取决于是否能 239
使财富成为表现个人才能的象征。“宴会”和“礼物”是联结财富和名誉之间的经济文化联系的重要因素。

贪婪罪

中世纪封建社会与在其之前存在的蛮族社会有着根本的区

① 《天神之言》，《老埃达》，第 47 页。

② S. 皮耶卡尔奇克（St. Piekarczyk）：《从斯堪的纳维亚的资料看中世纪早期国家的内部和外部职能以及不同社会阶层的意识形态问题》（“Zur Frage der internen und externen Funktionen des frühmittelalterlichen Staats und der Ideologie verschiedener Gesellschaftsschichten im Lichte der skandinavischen Quellen”），《9—11 世纪的欧洲》（*L'Europe aux IXe—XIe siècles*），华沙，1968 年，第 441 页，注 33；同一作者：《蛮族与基督教》（*Barbarzyńcy i chrześcijaństwo*），第 141—142、240—241 页。

别。中世纪封建社会是在阶级对抗,即封建的土地所有者对依附的农民阶级的政治统治、经济统治的基础上建立起来的。因此,封建社会对待劳动和财富的态度与前阶级社会对待劳动和财富的态度存在着根本的差别。但是二者之间又存在着紧密的联系。我们现在的任务不是分析封建制度下的财产关系,而是要说明封建社会的人们是怎样理解财产和财富的,他们是怎样从伦理学的角度认识财产和财富的,财富的目的是什么。显而易见,不同的阶级是从不同的角度来看待劳动和财产的。但是,由于基督教道德观统治着整个封建社会,封建社会的全体成员都必须遵守基督教道德观的准则,因此所有的阶级和社会团体几乎都以基督教道德观的准则为依据。

封建社会是在私有制的基础上建立起来的。一方面,贵族和神职人员拥有大量的财产;另一方面,农民和手工业者只拥有一小部分财产。然而,在整个中世纪,财产占有权从未得到过明确的认可或公证。只有在某些条件下,而且在这些条件中往往还带有大量附加条件,财产占有权才能得到人们的承认。因为一旦封建社会的总体结构被基督教神化了,那么封建社会对待财产的态度就多少有些自相矛盾了。

神父们煞费苦心地向人们指出:由于亚当和夏娃原本无罪,而且与上帝保持着一种直接的联系,所以,他们对劳动和财产的概念一无所知。上帝创造了世界,创造了世界上的果实和一切生物让人们来享用;但是这些东西是属于人们共同拥有的。在亚当偷吃禁果堕落人间之后,在人世间就出现了贪婪之事,贪婪最终导致私有财产权的建立。

由此可见，财产和个人占有不是上帝创造的，而是亚当和夏娃 240
被逐出伊甸园后由人类贪婪和人性的其他弱点造成的结果。这种把私有财产同原罪说结合在一起的观点也得到了中世纪教会的承认。根据上帝的法则：一切事物都是人们共有的。“我的”和“你的”的说法是人类贪婪所导致的结果。基督没有任何财产，过着一贫如洗的生活，他是基督徒们学习的榜样。正如《马太福音》（第六章，第十九至二十一、二十四节）中所说的：“不要在人间为自己积攒财富，因为在人间，蛀虫和铁锈会腐蚀你的财富，小偷也会破门而入偷走你的财富。在天堂里为自己储存财富吧，因为在那里不会有蛀虫和铁锈的侵蚀，也不会有小偷去偷。在天堂里，财富到哪，你的心就会跟到哪里。……你不能又侍奉上帝，又侍奉财神。”另外在第二十六节中说：“你们看那空中的飞鸟，它们既不种，又不收，也不把粮食堆进仓里；但是圣父养育着它们……”

中世纪基督徒只能认真地执行这些命令，从理论上讲，正直的人往往是穷人，因为富人不具有清贫这一美德。财产是人们现世利益的化身，它使人们不能关注于自己未来生活和拯救自己的灵魂。信仰基督教就必须放弃现世的物质利益。因此一个真正的基督徒只能用怀疑的眼光看待财富。格莱福的圣伯尔纳铎曾说：“你只有蔑视现世的财富，才能在天堂成为一个富有者。”人们把财产看成是自己在热爱上帝，热爱人类道路上遇到的一个障碍，因为它导致人们自私心理的产生，造成人们为财产而你争我夺，而且在这个过程中，贪婪和仇恨会战胜利他主义。圣托马斯·阿奎那指出：

“因此，甘愿贫穷是人们达到完美的爱的最重要和最基本的条件。”①

在中世纪神学家为摆脱财产而向人们传播的训诫中，包含的不仅仅是一些辩术。因为如果没有多少人愿意认真地接受这种训诫的话，那么他们实际上只是在空谈遵循基督教的清贫学说。如果大多数信徒都想成功地调和福音中所规定的贫穷与拥有财产之
241 间的关系，那么社会上就必定有人去扮演甘愿受穷的角色，从而为其他人树立起一个榜样。即使那些落后分子不照着他们的样子去做，神学家至少也能得到一些安慰。这些虔诚的人们放弃了人世间的快乐，以自己正当的行动，拯救了整个人类。发誓不图富有是寺院牧师授职仪式中的一个基本条件。本笃会不仅要求其成员不能拥有各种形式的财产，而且禁止使用“我”“你”和“我的”“你的”这类词汇。该会创始人圣本笃用“我们的”一词来取而代之。甚至连僧侣的躯体也被视为公共财产。人们曾讨论过僧侣是否有权把自己的四肢视为自己的私有财产：他们是有权说“我的头”“我的舌”“我的手”，还是必须得像人们表达“我们的衣服”，“我们的黑袍”那样来表达“我们的头”，“我们的舌”，“我们的手”。中世纪的禁欲主义要求人们放弃物质生活、放弃自我的结果，导致了人类个性的丧失。② 方济各会和多明我会都属于后本笃会，这两个教派不仅禁止其成员拥有个人财产，而且还禁止使用公共财产，要求僧侣们完全靠施舍过活。

① 托马斯·阿奎那：《神学大全》，第2集，第2部，第186题，第3节。

② H. v. 艾肯（H. v. Eicken）：《中世纪世界观的历史与体系》（*Geschichte und System der mittelalterlichen Weltanschauung*），斯图加特，1887年，第500页。

对于封建社会大多数成员来说，生活在福音书中所规定的贫困状态中实际上是不可能的事。神职人员对此一清二楚。如果社会是作为一个存在着的整体而起作用的话，那么对有些财产来说，就必须给予默认。圣托马斯·阿奎那也承认："人不能拥有任何财产的说法是错误的。"[①]他的理由是偷吃禁果不仅造成了私有财产的产生，而且必然会使其保留下来。因为，在一个罪恶的世界里，人们必然对自己和自己的事比对别人更关心，更尽力。因此，不管怎样，神学家此时所指责的已不是私有财产本身，而是对私有财产的滥用。他们认为：人们拥有的财产只要能满足自己的需要就可以了，不应该奢望太多。正如奥古斯丁所说的："凡是所拥有的财产超过自己需要的人，他就占有了不属于他的东西。"早期基督教信仰者们放弃一切所有，而且对自己的生计不做任何打算。到了
中世纪，他们改变了自己的理想，认为可以拥有满足自己基本需要 242
的一小块土地。任何超过这一范围的积累就被视为犯罪，因为这是贪心所致，"贪心是一种犯罪，它诱使人们去试图占有或保留那些超过自己实际需要的财富"。[②] 教会在财产方面的让步，等于承认了真正的社会需求。拥有一小部分有限的财产虽然是邪恶之事，但这是被允许的，因为它可以防止更严重的罪恶产生。教会的这种学说符合并满足了小土地所有者和小工匠及小手工业者的主要要求，而这些人是中世纪社会的支柱。基督教对财产的谴责实际上应该归结为对投机活动和守财奴行为的谴责。哪些财产允许

---

① 托马斯·阿奎那:《神学大全》,第 2 集,第 2 部,第 66 题,第 2 节。

② 《神学大全》,第 2 集,第 2 部,第 118 题,第 1、2 节。

人们拥有，哪些财产不允许拥有，答案与其说是以财产的限定范围为依据，不如说是以所有者所追求的目的以及他们用来获取财产的手段为根据。思想态度，所有者的精神状况也是一个主要标准。正如圣托马斯·阿奎那所指出的：财富本身不能被视为目的，它只不过是实现存在于经济范畴之外的其他目的的一个手段。

封建社会最大的土地所有者是教会，许多条利益相同的纽带将它和世俗大土地所有者连结在一起。这样，教会当然不会设法促进私有制的改变，也不会使对财产所进行的再分配更接近于小土地所有者的理想，或满足其有限的需求。在阶级社会中，“你不该偷”这一戒律在竭力维护“所有者”利益方面保护了私有财产。教会至少会通过督促信徒向穷人施舍来促进对部分财富的重新分配。人们认为：人世间的无产者比那些富有者离上帝更近一些；人们可以在穷人身上看到基督的形象。由此可见，人们是以各种可能的方式来鼓励施舍。一般来说，统治者和贵族都在自己的庭院内供养相当一大批乞丐和穷人，他们把食物和钱分给这些人。施
243 舍品所占的比例相当大，这是司空见惯的。富有者愿意向贫民提供大量钱财。贵妇人对这项事业尤其热心。还有一些贵族出身的人竟敢把国家收入中的一部分送给需要它的穷人。另外，寺院也大规模地帮助流浪者和乞丐，例如，克吕尼隐修会直到 1700 年还一直供养穷人。

然而中世纪的施舍者之所以这样做，其主要原因与其说是出于基督教义中所说的对邻里的关心，不如说是想拯救自己的灵魂。富人所真正关心的是他能否通过向穷人施舍而使自己的灵魂得到拯救，而不是他所施舍的乞丐。下面的事实就说明了这一点：在整

个中世纪,没有一个人想去正视贫困的根源。穷人一直有人供养,施舍者从施舍中获得美德。这种情形一直延续了很长一段时间。教会为贫富共存提供了一个逻辑解释:"造就富人是为了解救穷人,造就穷人是为了拯救富人。"赈济穷人被视为富人的安全保障。阿尔琴(Alcuin)曾写道:人们可以通过赈济穷人而直接进入天堂。此后,拉巴努斯·毛鲁斯重复了他的思想:送给贫民的物质财富会变成天堂里的财富。[①] 因此,实际上,无产者和穷人的存在是必要的,任何人都没有想过要摆脱贫困,正如乞丐本人把自己视为上帝的选民,而且不想改善自己在人间的命运一样。不但如此,人们还把清贫视为自己追求的理想,教会还允许那些接近自己的人们只要是出于"谦卑和对共同事业的关心,而不是出于自私或懒惰",就可以发誓清贫。不错,教皇害怕反对财产的信念在社会中过于盛行。他声称:清贫不是大家都应尽的义务,而是一小部分选民的天职。中世纪之后,又过了很长一段时期,贫困才被视为一种社会罪恶,一种社会弊病的标志。[②] 在此之前,人们没有把贫困当作是一个应该摆脱的偶然之物,而是当作一种自我克制和放弃物质享受的正常状态,因而贫困是中世纪社会生活的一个重要的组成部分。244
中世纪社会的理想是清贫,而不是富有,尤其重视精神方面的清贫和谦卑。

---

① R. 勒·扬-埃内比克(R. Le Jan-Hennebicque):《9世纪和10世纪西方加洛林王朝的"贫苦"和"穷困"》("'Pauperes' ct 'paupertas' dans l'Occident carolingien aux Ⅸ et Ⅹ siècles"),《法国北部大学历史与考古杂志》(*Revue du Nord*),第L卷,第197期,1968年,第186页。

② M. 莫拉(M. Mallat):《中世纪的穷人》(*Les pauvres au Moyen Âge*),巴黎,1978年。

每个社会都有自己崇拜的英雄，每个社会都造就出自己的理想类型人物作为众人效法的榜样。这个理想人物在伦理教育中起十分重要的作用，因而它本身就反映了该社会的道德状况。在中世纪这样的专制主义社会里，情况尤其如此，文化的各个方面都带有说教的印迹。理想人物是该社会道德风气形成的一个重要因素。那么这个理想类型人物究竟是什么样的呢？

古代城邦时期的理想人物是多才多艺的公民形象，他的全部才能都已得到了充分的发展。一个完美和谐的性格是由许多本领和才能构成的，其中身体的发展所起的作用十分重要。运动员、奥林匹克的冠军，完完全全地体现了这种理想人物。中世纪的理想人物则与此完全不同。古代人对人体、对有形美的迷信与中世纪人对基督受难的崇拜，没有任何共同之处。基督是上帝选来作为自己在人间的化身。在基督教中世纪时代，只有那为拯救整个人类而被钉在十字架上受尽折磨的基督的躯体才是理想的人体。确切地说，中世纪人所敬仰的是病人那消瘦的骨架和化脓的疮疤，而不是运动员那强健的体魄和匀称的身材。照顾病人，为他们清洗伤口，注视受难的基督，所有这一切与赈济穷人一样都是能使上帝感到快乐的事情。

中世纪社会的偶像是僧侣，是圣人，是禁欲主义者，是那些几乎完全放弃人间的利益、忧虑和诱惑而成为离上帝最近的人。希腊语ἄσκησις 意为“锻炼”，尤其是指“体育锻炼”；ἀσκητής 意为运动员、摔跤运动员，同样的词在中世纪却被用来描述那种为了磨炼自己的灵魂而忽视身体健康并克制肉体欲望的人。大概这个词义的转变最能表现古代思想与中世纪思想的对立了。与古代比较，中

世纪的偶像不那么俗里俗气,不那么现实,而是抽象的,摆脱了世 245
俗的束缚。社会中大多数人都想成为圣人,这种思想在社会各阶层中都占主导地位。当然中世纪社会的各个阶层和集团也有自己独特的偶像。例如:骑士阶层就有自己的偶像。然而,即使是偶像,也要长期受普遍的禁欲思想的束缚,因为骑士让人尊敬和值得效法的地方不在于他的物质力量和好战精神,甚至不在于他为完成自己的职责和为遵守严格的行为准则所做出的努力,而在于他使自己的所有品性都服从于一个更高的理想。骑士阶级的任务是用武力保卫上帝和教会。十字军——这种最高傲的士兵,基督的战士(miles Christi)就是骑士阶层的理想类型人物。①

尽管我们不能根据某个社会的理想类型人物来判断整个社会,但是这个理想类型体现的是该社会所认可的道德准则,是该社会正在流行的心态的一个标志,它反映了以各种方式作为该社会成员行动指南的价值体系。中世纪的社会理想不赞成对物质财富的积累,而且蔑视虚荣心,反对人们出风头。那个时期的文学在谴责服饰过分华丽方面从不留情面。女装也许可以作为人们了解社会情趣、社会趋向的最佳指南,它在中世纪的几百年间竟没有发生过什么变化。当文艺复兴到来的时候,人们才感觉到那种渴望迅速变化,渴望革新、追求奢侈的愿望慢慢地滋生起来。因此,成功和富有在那时不可能被人们视为令人钦佩和值得效法的榜样。

宗教伦理对清贫的颂扬和对其神圣性的认识在阿西西的圣方

---

① S. 佩恩特(S. Painter):《法国骑士制度:中世纪法国的骑士思想与实践》(*French Chivalry. Chivalric Ideas and Practices in Mediaeval France*),绮色佳,纽约,1957 年。

济各的布道中最大限度地表现出来了。圣方济各要求人们“赤裸裸地效法赤裸裸的基督”，而且他还曾经与“我们的清贫女士”举行过一次神秘的婚礼。圣方济各并没有设想把穷人从他们的悲惨命运中解救出来，相反，他却接受了人世间物质财富的不平等现象，把清贫视为美德，视为最值得大家效法的典范。

基督教的道德观没有阻碍工商业的稳固发展，而是创造了一
246 种使工商业得以发展的思想和精神风气。所有那些对现存社会秩序感到不满的人们都把积累财富和夸耀个人财产的行为当作自己攻击的目标。从意识形态方面来看，这种不满情绪是他们接受合乎福音的清贫思想和禁欲主义思想的决定性因素。直到宗教改革时期，情况仍然如此。反封建主义者们把这些思想作为进攻的依据，并试图在实际中付诸实现。可以想象，他们在这方面所作出的一切努力都是白费的，然而，这些思想本身足以表明：这个社会是一个以私有权和剥削为基础的社会，同时，这个社会也把清贫和谦卑当作美德来加以宣传。中世纪人辛劳、富足，过着一种有罪恶感的生活。他们敬仰圣人，并为自己所做的那些不完美的行为进行忏悔。那时，人们并不是没有认识到虚伪，远非如此——但是，把人们的生活方式与他们的信仰之间的矛盾只归结为“伪装虔诚”，那就过于简单化了。中世纪人知道天堂和人间是两个不同的地方：天堂是圣人居住的地方，正义统治着天堂；而人间则被罪恶所淹没，充满了诱惑。一般来说，人们没有能力使自己从周围的尘世中摆脱出来，所以，人们常常处于一种思想混乱和自卑的状态之中，这是人们为自己的虚弱而付出的代价。大规模的宗教运动、社会动乱伴随着自我鞭挞，大批的人到圣地去忏悔、朝圣、施舍财产、发誓

禁欲——所有这一切都是封建时期社会冲突、精神冲突的反映。

“服务”与“分配”

封建社会统治阶级的价值观是以他们对待财富和财产的态度为基础的。当我们对此进行考察时,遇到了一些初看起来令人迷惑不解的地方:统治阶级——包括骑士和贵族——的伦理态度与蛮族社会所具有的那种对待财富的态度十分相似。进一步讲,这
种相似性不只限于对待财富的问题上,它已遍布在封建社会思想 247
意识和社会心理这一更为广泛的领域中。封建制度所使用的诸如“荣誉”“名誉”“出身高贵”等概念似乎是从前阶级社会中直接借用过来的。

在那些能使封建领主增光添彩的全部美德中,慷慨占首要地位。领主的周围簇拥着他的家人、侍从和附庸,所有这些人都为领主服务,拥护他,听候他的吩咐。贵族领主权力的大小是根据为其服务并忠诚于他的人数多少来决定的。无人服务、无人忠诚的领主就不配统治人,不配做领主、做首领。领主当然是土地所有者,他每年从为他服务的农民那里收取地租。如果领主不从依附于自己的农民那里收取地租,他就没有能力维护扈从的生活,也供养不起那么多食客。他从自己庄园中所获取的收入使他有能力举办宴会和招待会,接待客人,分送礼物——总之,使他有能力过上那样奢侈的生活。领主正常的行为特征是:慷慨,不在乎价钱,大手大脚,花钱如流水,而且对入不敷出满不在乎。收入与支出之间的差额可以通过下列手段得到弥补:剥削农民时再残酷一点儿,向农民

索取罚金，此外，抢劫和掠夺也可以带来一笔额外的收入。节俭是与领主阶层的伦理态度背道而驰的品质。领主的收入由管家、财务管理员和采邑管理员负责照管。领主所做的全部事情就是吃喝、分送自己的财产，领主在做这些事情时越奢侈、越惊人，就越能得到人们的称赞，他的社会地位和威望就会越高。

领主认为财富本身并不是目的，人们不应该积累财富，也不应该用财富来改善生活和发展经济。那些试图增加收入的土地所有者并不是为了增加生产，而是为了增加朋友的数量，增加侍从、同盟者和扈从的数量。领主要把钱财慷慨地分送给这些人。普希金曾描写过一个吝啬的骑士，他偷偷地、贪婪地盯着、听着保存在地
248 窖里装甲箱中的钱。这个人物也许可以代表文艺复兴时期的某些特征，但绝对不会与中世纪骑士有任何联系。封建式的铺张和浪费是统治阶级成员之间对从剥削受奴役阶级中得来的收益进行分配的方式之一。而且，这种封建分配形式实际上还十分明确。如果一个领主不能挥霍自己的财产，展示自己的财产——或更确切地说，不能以一种引人注目的方式来浪费自己的财产，而只知道自己拥有这些财产，那么这个领主是不会从中得到多少满足的。此外，只图把财富吃光喝光也是不行的，事情并不这么简单。领主请人吃喝要在众目睽睽之下，要宾朋满座，要备有大量丰富的礼物，否则就失去意义了。

封建社会处理财富的方式常常使我们想起北美印第安人举办那种“冬季赠礼仪式”，他们把部落中的其他成员请到宴会上来，为了给来宾留下一个深刻的印象，他们把自己贮存的全部食物都拿出来，让来宾尽情地挥霍。他们以各种方法来显示自己的慷慨和

奢侈。马克·布洛赫曾经描述过封建时代发生的与此十分相似的几件事。有的骑士让人用银制的工具为自己耕地；有的骑士要求厨师用十分昂贵的蜡烛，而不是用木柴来为自己烧饭；还有的骑士为了引人注目竟把自己的三十匹活马用火烧死。[①] 这些放纵奢侈的浪费行为总是有意暴露在其他贵族和侍从的面前，目的就是要使他们大吃一惊——否则，这种惹人注目的浪费行为就没有意义了。

我们发现古代社会的人们在举办宴会时那种争先恐后地显示财富的情景与中世纪贵族举办的那种场面庞大的宴会有某些相似之处：无论是古代人还是中世纪人，他们都力图过分地慷慨，都想用自己的奢侈来压倒其他客人，都想在这场特殊的社会比赛中取胜。这场游戏的赌注是声望和影响力。当然，就封建贵族来说，他们这样做只是为了顺应传统习惯，而并不是甘心情愿的。实际上，他们的同代人在那些十分令人不能容忍的奢侈行为中看到了某些不同寻常的情况，即违背准则的现象。但是，不管怎样，贵族心理的一个重要特征被揭示出来了，尽管有些夸大。 249

对封建领主来说，财富是保留自己的社会影响，证明自己荣耀的手段。富有本身并不能获得他人对你的尊敬，相反，那些拥有大量财产，向商业或放债公司投资而赚取较高利润的商人则唤醒了中世纪人内心深处的各种情感：仇恨、妒忌、轻蔑、畏惧，而唯独没有尊重。从另一方面来看，领主对自己的年收入置若罔闻，生活上挥霍无度，入不敷出。为了获得广泛的赞扬和敬仰，他们只顾宴请宾客，而且还要分送自己已经负担不起的礼物。封建领主把财富

① 马克·布洛赫：《封建社会》，第 432—433 页。

看作是实现经济范畴领域之外那些目的的手段。财富是领主成功的标志，是领主慷慨的标志，是领主高尚品格的标志。因此他必须把自己的财富显示出来。对于富有的领主来说，只有当他能够同尽可能多的人在一起挥霍自己的财富时，他才能从财富中获得最大的快乐。

与具有社会意义的一切符号体系一样，这个符号体系也要通过必要的仪式和一系列已经建立起来的法规而转化到实际中去。宴会、娱乐、宫廷聚会、马上比武都定期举行，同时在这些场合下，还要适当地举行一些特定的仪式和礼节。骑士的公共生活不是在战场上度过，就是在领主举办的宫廷娱乐活动中度过。从普罗旺斯的宫廷抒情诗中，我们可以了解到：骑士行为的每一个细节都被仪式化了。人们把抒情诗的主题——“宫廷爱情”理解为侍奉贵妇，这与附庸对领主的侍奉十分相似。骑士从贵妇人那里得到的宠爱与从领主手中得到一块封地或一件礼物是一样的。游吟诗人喜欢用法律的语言和封建社会的专门术语来描绘他们那种伤感式的爱情。有时，诗人就把他深爱着的女人称为“领主”。① 近期研究已经证明：各个细节都被游吟诗人仪式化了的宫廷爱情是巩固依附于宫廷大封建主的中小贵族地位的一个重要因素，因为宫廷爱情不仅是中小贵族爱情生活的一个不可分割的组成部分，而且
250 也是整个社会行为不可分割的一部分。

① J. 弗拉皮耶(J. Frappier)：《论 12 世纪奥克语和奥依语文学中的文雅概念》(“Vues sur les conceptions courtoises dans les littératures d'oc et d'oil au XIIe siècle”)，《中世纪文明手册》(*Cahiers de civilisation médiévale*)，第 2 卷，第 2 期，1959 年，第 141 页。

诗人在描绘宫廷关系的理想图景时,用慷慨的概念取代了傲慢。"给予"和"得到"主要是在大封建主的宫廷中实现的。在游吟诗中,"给予和分配礼物"的主题总是与"世界衰落"的主题联系在一起的。"世界衰落"是中世纪十分流行的一个主题。世界被看作是一个美与丑公开较量的战场。骄傲自大、吝啬和贪婪无疑是人性最严重、最可恶的弱点。"男爵不再像很久以前那样把礼物授给年轻人了",一位诗人悲伤地说道。诗人从这件事中看到了邪恶将会降临人间的征兆。诗人把高尚的慷慨行为看作是社会风气的重要标准,慷慨与吝啬水火不相容。对游吟诗人来说,"赠送礼物和制作礼物"是最主要的美德。如果人们不能从分配自己的财富中找到乐趣,那么这就等于破坏了世界的和谐,因为贪婪是一切罪恶之母,而慷慨则是一切美德的核心。一个人的价值就在于他的慷慨,骑士伦理体系就是以慷慨为中心的,慷慨这个美德甚至比战场上的英勇更为重要。"人们只有采用慷慨地赠与他人礼物的手段,才能成为贵族社会中的一员,才能获得荣耀和名誉",这是一位诗人曾经说过的话。他还说,"我不轻视武力和道理,但我认为礼物可以控制一切。"[①]礼物赠与者将会得到神的宠爱。诗人皮埃尔·卡德纳尔(Peire Cardenal)曾经说:"勇猛告诫我们不要吝惜我们的收入。"慷慨、热情、乐于分送礼物,这些都是能给贵族带来快乐的东西,而且也是他们达到爱的顶点的唯一途径。在游吟诗人眼中,富有的吝啬鬼是最残忍的人,他掌握不住自己所拥有的那个特

---

① E. 科勒(E. Köhler):《游吟诗歌与罗马贵族:论中世纪的法国文学和普罗旺斯文学》(*Trobadorlyrik und höfischer Roman. Aufsätze zur französischen und provenzalischen Literatur des Mittelalters*),柏林,1962 年,第 48、73 页。

权地位的真正意义,他的行为总是违背上帝的意愿。

游吟诗人对封建领主慷慨性的呼吁是各种各样的:从最直接的强制性要求到最微妙的暗示。他们所奉行的道德原则,也是法庭所使用的原则。根据这个原则,他们只能为财富和权力做如下辩护:如果财富和权力的所有者把它们传给他人,那么它们将会给接受者带来幸福和福利:

251 把你们的财富放在一起吧,
让大家来分享,才能实现它们的价值,
丢弃私心和虚假。

(吉罗·德·博内尔[Giraut de Bornelh])[①]

候补骑士是比骑士地位稍低,既无封地又未婚配的人们,他们的收入问题是封建社会亟待解决的问题之一。[②] 宫廷诗人们所写的抒情诗也反映了贫富骑士之间的斗争以及不同的封建等级之间的紧张关系。

诗人们把领主与附庸之间的关系描写成相互服务,相互帮助,建立友谊的关系。在他们的专门词汇中,“Serve”往往不含“索取”之义而含“给予”“提供”“花费”之义。在古老的普罗旺斯诗人们的抒情诗中,我们常常会遇到“服务与给予”,甚至“服务并从个人财产中给予……东西”这样的复合结构。这些诗人们不厌其烦地强

① R. A. 弗里德曼:《法国南部游吟抒情诗人爱情诗中向女士求爱的“规约”和“规矩”》,见前引书,第 178 页。

② G. 杜比:《中世纪的人与结构》(*Hommes et structures du Moyen Âge*),巴黎和海牙,1973 年,第 213—225 页。

调封建领主的权力就存在于他们的慷慨之中。反之,“既不为他人服务,也不赠送礼物的人是卑贱之人,这样的行为不符合伦理要求”(伯兰特·卡尔波尼)。“既为他人服务,又慷慨解囊的城堡所有者会获得幸福”(理查特),只有他才值得诗人们歌颂。只有以令人敬佩的方式为他人服务并把自己的东西赠与他人的城堡领主才是富有的,有威望的。我们甚至找到了这样的说法:“凭借自己的财产来为别人服务。”“给予”与“索取”的概念同“服务”与“接受服务”,在领主与附庸之间建立起来的思想联系中被紧紧地结合在一起了。因此,在封建社会里,服务的概念与赠与和挥霍财富的概念是不可分割地联系在一起的。如果不是这样的话,那么两个骑士之间怎么会建立起友谊,怎么会相互忠诚呢?人们只有慷慨地挥霍财富才能出名,才能得到大家的尊敬。

“如果一个人忽视名誉和慷慨,那么他就没有尊严。上帝告诫人们要注意自己的名声和名誉……”(Montanhagol)。那些违背宫廷中道德规范的领主们不应该得到淑女们的爱情:

> 男爵在秘密的宴会上行为不轨， 252
> 如果一个淑女接受了他的爱情，
> 她的行为比男爵还要糟糕一百倍。(马格丽特)①

同建立领主与附庸的关系一样,爱一个女士也要承担大量的费用。但是,礼物的重要性并不在于它的物质价值。实际上,游吟诗人指责那些恳求别人送给自己丰厚礼物的人,而且把这种行为

① R. A. 弗里德曼:《法国南部游吟抒情诗人爱情诗中向女士求爱的“规约”和“规矩”》,见前引书,第 180、323、327 页。

视为不道德的行为。礼物的真正意义存在于“给予”这个实际行动中,存在于由礼物而建立和巩固起来的个人关系中。习惯法要求人们不能单方面给予或接受礼物,而是要交换礼物。在中世纪社会中,往往不是骑士送礼物给女士,而是女士送礼物给骑士,这里不存在任何不光彩的地方。赠给礼物和接受礼物都可以被理解为“服务”。为了更好地理解“服务”与“礼物”之间的紧密联系,我们必须要摆脱这样一种思想:承担服务总是为了获得物质奖励。服务和送礼物一样,也是一种社会交往的形式,它可以把人们凝结在一起。财富是一个手段,依靠这个手段,诸如此类的联系才能得到社会的承认。有一次,兰波·德·瓦奎拉斯(Raimbaut de Vaqueiras)同阿尔伯特·德·马拉斯皮纳侯爵(Albert de Malaspina)以对诗形式互相论难,前者指责后者从在自己领地上经过的那些商人手中诈取钱财。后者对此分辩道:即使他这样做了,那也不是出于贪心,而只是想为别人分点掠夺物。① 对于封建领主来说,交换礼物同为拯救灵魂而向教会捐赠财产一样重要。“给予”“捐赠”是人们重点讨论的永恒主题。加兰的约翰(John of Garland)曾写过一部《歌颂高尚的捐赠者和赠送礼物的原因》的作品,另外一些作家则探讨过接受礼物潜在的危险。12 世纪文学主题之一就是礼物该怎样送?应该送给谁?②

---

① R. A. 弗里德曼:《法国南部游吟抒情诗人爱情诗中向女士求爱的“规约”和“规矩”》,见前引书,第 74 页及下页、83 页。

② L. J. 佩托(L. J. Paetow):《加兰的约翰的〈学人的品德〉》(*Morale Scolarium of John of Garland*),伯克利,1927 年,第 195—196 页;唱诗者彼得(Petri Cantoris):《圣言精髓》(*Verbum Abbreviatum*),《拉丁教父集》,第 205 卷,巴黎,1855 年,第 78—82 栏。

慷慨是君主不可分离的一个品德，通常，这也是宫廷传奇中所有的大领主必备的品格。慷慨就像“女人”，像“皇后”一样，没有她们，骑士的其他一切品质都等于零。正如我们在《兰斯洛特传奇》 253
(*Romance of Lancelot*)一书中了解到的：统治者必须把自己的马匹、金子、衣饰、“最佳”岁收和“富饶的土地”分给大家——这样，“他不仅什么东西都不会失去，反而还将获得一切”。从亚瑟王的故事开始到结束，慷慨和赠送礼物一直作为骑士之间建立亲密关系的重要因素。

这里，我们没有必要详细地叙述封建主对农民的残酷剥削，人们所了解的已经足够了。农民不是以货币形式就是以其他的类似形式交租税、服劳役，而且还要忍受其他各种方式的欺诈。最穷的农民往往就要破产，陷入绝望的边缘。贵族诈取的第二个目标是城里人的财产。中世纪的骑士认为剥夺他人的财富并不是件不光彩的事情。实际上，他们常常为自己的掠夺技能和剥削别人的本领而感到骄傲。在他们的头脑中，尊重他人的财产不是至高无上的事。中世纪的历史是长期战争和内乱的历史。每场战争，即使表面上是为了使上帝高兴，实际上都伴随着掠夺和抢劫。抢到财富之后，紧接着就要在士兵中间分配这些财物，把礼物赠给附庸和随从，然后把余下来的所有东西都在宴会上大肆挥霍掉。简言之，只有当贵族的财富被转变为能够代表较高的社会地位和特权位置的明显标志时，贵族才会符合他所属的贵族阶层对他提出的封建道德、生活方式和行为方式方面的要求。

由此可见，交换礼物，在节日里分配和挥霍财富，对财产的那种浪费态度，这些不仅是蛮族时代的特点，而且同样也体现了封建时代的特点。但是,这并不是说,封建社会只是简单地把这些传统习俗从前人手中接过来,中世纪社会状况也不只是对过去社会的简单再现。实际上,中世纪生活的许多重要特征都表现出明显的坚韧性。如果只是把它们简单地视为返祖现象,那么我们就不可能对中世纪有一个全面的了解。关键问题在于:这些传统习俗在新的经济和社会背景下究竟起了些什么样的作用?

礼物、宴会、礼节性地交换东西或服务以及它们所起的符号作
254 用——所有这一切都是我们所研究的社会中存在的社会关系的具体表现。在封建制度下,这些社会关系主要表现为人和人之间的关系。社会成员之间分别以亲属、婚姻、近邻,或对领主的依附和服从等背景为基础建立起直接的人际关系。尽管这些社会关系在性质和作用方面可能有所不同,但是它们总是以个人之间的直接形式表现出来——这与资本主义的社会关系存在着很大的差别。资本主义的社会关系被“物化”为商品关系,是商品“拜物教”。一位法国史诗中的英雄说:“财富不是上好的毛皮,不是金钱,也不是城墙,也不是马匹;财富是亲朋好友……”①

在封建社会的整个结构中到处都充满了领主与附庸之间结成的个人联系,这种社会关系体现了封建社会财产概念的具体特点。这与我们通常所说的私有财产截然不同。罗马法把私有权限定为自由地占有和处理财产的权利以及无限制地使用财产——包括滥用财产——的权利,封建社会的所有制法律在原则上与此完全不

① 转引自马克·布洛赫:《法国领地与英国庄园》(*Seigneurie française et manoir anglais*),巴黎,1960年,第555页。

同。封建社会的主要财产——土地——是不可以自由让渡的。在封建社会中,如果所有者没有提供与自己的所有权相应的服务,那么他就不能使用从自己的土地上所获得的全部收入,他的所有权就会被彻底地剥夺掉。此外,只要在他的土地上工作的农民付给他租税,完成他提出的要求,那么这些农民就应该保证能够分到收成,土地所有者无权把他们赶走。严格地说,"私人所有者"(private owner)的概念根本不能用在中世纪的地主和附庸身上。土地所有者并不是被视为土地占有者,而是土地持有者(tenens)。他们所拥有的土地是比他们社会地位高的领主转让的,他们必须遵守某些条件,才能占有并使用这块土地。土地持有者的权利常常是有限的,即使在某些情况下,他已经独立地行使了某块土地的所有权,那么人们仍然认为这个权利来自于他上属的某个领主。 255
在欧洲的几个封建地区,一直盛行"没有无领主的土地"的原则。那些不属任何领主名下的独立的土地财产被称为"未定的封地"或"太阳掌管的封地"。

封建土地所有制的特征也不能用"部分所有"的概念来加以说明。因为关键问题不在于封建所有制是否有局限性,是否完善(这是我们在把封建所有制同古代和资本主义所有制进行比较时所使用的思维方式),而在于与封建所有制息息相关的社会关系具有人的特点。所有权总是体现人与人之间的关系。私有权只是社会关系中的一个具体形式,而封建所有制则包含了中世纪社会的全部社会关系形式。如果说资本主义所有制把工厂里的工人、农村中的土地持有者统统不以人看待,而只是等同于财富的话,那么封建土地所有制则恰恰相反,它总是以领主和权力的名义强调农民的人性特征。法律特权和传统关系网与农民是不可分割地联系在一起的。资本主义所有制可能不具备任何个性特征,而封建所有制总是伴有一个封建领主的名称。对封建领主来说,土地的意义不只是表明归他所有,更重要的是,这是他家乡的土壤,里面包含着本地区的历史、习俗、信仰和偏见。

封建制度下土地所有关系最重要的是那些掌权人与服从权力的人之间的关系。为领主提供服务,并接受领主保护的附庸向自己的领主宣誓效忠,保证在一切事务上给予他帮助,捍卫领主不受敌人侵犯,执行领主的命令,为领主承担一切义不容辞的责任。对于领主来说,他要负责保护附庸、关心附庸,不能让附庸自己来供养自己。在相互宣誓,立保证的同时还要授予封地,附庸只有能够向领主提供骑士般的服务或其他高级服务,才有资格受封。授封通常是指授予封地,但这只不过是指从土地中获取岁收的权利,获取关税和其他赋税的权利,或者法律权利以及由此而来的获取收
256 入的权利等。关键问题不是授予什么东西,而是“授予”这个事实本身。如果一个附庸接受了领主的授封,那么他就有义务承担起为领主服务和服从领主的责任。如果附庸能够认真地为领主服务的话,那么领主就会让附庸得到他所需要的物质保证。然而,领主不通过授封的方式同样可以达到保护附庸的目的:他可以直接把附庸接到自己的庄园里,为他提供食宿。由此可见,实质上,确立领主与附庸之间封建关系的首要问题是确立个人之间的关系:主仆关系、庇护与服务的关系。在这些关系中,相互性原则,即相互交换服务的原则就如同我们以上所见到的相互宣誓时所使用的礼节仪式那样,昭然若揭。

与交换礼物和出席宴会一样，附庸关系的建立也要有一套相应的仪式。在相互起誓的同时，还要举行某些特殊的仪式，目的是巩固已经建立起来的个人关系，并使这些关系具有法律效力和神圣性。附庸双膝跪在地上并把自己的双手放在领主的双手之间。从表面上看，这就意味着：附庸在领主的掌握之中，并使自己成为领主的人了。在授予封地的时候，领主把一个树枝或某个能表示把自己的土地转移给附庸的东西递给附庸。我们可以从当时的艺术作品中准确地了解到这些程序所具有的深刻的象征意义。

解释中世纪法规的小画像常常描写一个人具有若干只手和两张脸。这并不是简单地表现某些奇怪的幻想，而是再现某些法律程序的实际内容——封地、宣誓、奖励、成为附庸等的一种方式。艺术家为了把表达全部含义的动作包括表达附加含义的动作统一在一个结构中，宁肯违背写实的原则。封建领主坐在椅子上，双手之间夹着正向他宣誓效忠的那个附庸的双手，同时用另一只手指着他要封给这个新附庸的那块土地。有时，画家还用守护门户的两面神的形象来表现领主。在左边，领主举着一个附庸的双手；在右边，他把土地所有权的标志给了另外一个人。这里表现的是领
主把一个附庸所拥有的封地转移给了另外一个人，而前者对此一 257
无所知。作者用两张脸、两双手来说明领主是一个口是心非的人。这是对不同时间发生的活动的集中描述，它使这些活动同时具有历时性和共时性的特点。中世纪艺术家选择单一结构来表现连续的活动，目的是强调各种活动之间的紧密的内在联系，这种象征性手法能够使他们的同代人一目了然。

把继承来的封地传给下一辈也要举行象征性的礼节仪式，更

换领主也要重申誓言。已死的领主所拥有的附庸必须要向死去领主的儿子宣誓效忠。已死的附庸的继承人如果向领主宣誓效忠的话,就可以接管死去父亲留给他们的封地。即使是废除附庸条约也要举行特殊的仪式。实际上,封建效忠的一切方面都被符号化和仪式化了。离开这些仪式的符号体系,一切封建关系都是不可想象的,都失去了法律效力。特别是通过授予封地和宣誓效忠方式建立起来的封建关系,只有在这种符号形式下才具有社会意义。事实上,这些社会和政治习俗也变成了文化因素。文化象征主义是中世纪精神生活的一个普遍特征,它也渗入了这一社会活动领域,赋予其更为重要的意义,并使社会关系提高到伦理价值的高度。

马克思在谈到封建土地所有制和资本主义土地所有制形式之间的区别时曾指出,由封建土地所有制转变为资本主义土地所有制,有几件事需要阐明:

> 地产是私有财产的基础,它必然会被完完全全地引入到
> 私有财产的轨道上来,并成为一种商品;财产所有者的统治,
> 抛弃其政治色彩,必然表现为赤裸裸的私有财产的统治、资本
> 258 的统治;财产所有者与工人之间的关系必然被归结为剥削者
> 与被剥削者之间的政治经济关系;财产所有者与财产之间的
> 个人关系必然要终结,而且财产本身必然会成为纯粹的物质
> 财富;利润与土地的结合必然会代替荣誉与土地的结合,而且
> 土地像人一样,必然会沦为可以买卖的对象。自私自利是土
> 地私有产生的根源,它必然表现为一种玩世不恭的样子。不
> 可动摇的垄断权必然要被随时都可能发生变化的垄断、竞争

> 所取代;同样,坐享他人用血汗换来的劳动成果也必然会成为一种兴旺的社交活动。最后,在这些竞争条件下,以资本形式出现的地产必然会统治工人阶级和财产所有者自己,因为资本的运动规律是:不是使他们破产,就是使他们复兴。在这种情况下,中世纪那种"任何国家都有王"的说法,就要让位于现在这种"钱是没有主人的"的说法,这就意味着人完全受制于一个无用之物。[①]

这就是封建土地所有制要变成从属于市场生产规律的商品所不得不经历的一个漫长而艰难的过程。当然,还要有一个条件:市场生产规律不能与封建所有制的实质发生明显的矛盾。在封建社会中,土地不是统治人的"无用之物",人和土地是被融合在一起的。封建领主与他的等级封地是通过荣誉而结合在一起的。领主绝不会把自己的封地只看作是财富的来源或交易的商品。联结封建领主和土地以及依附于他的土地上的耕作者之间的纽带,并不是那些赤裸裸的物质利益,他们之间建立起来的关系体系十分复杂,包括剥削、政治统治、服从、传统习俗、情感、庇护、敬重等各种因素(马克思指出在封建领主对待农民的态度中也包含着情感方面因素,此外还有从古罗马——日耳曼封建制度中继承下来的诗意[*Bodenpoesie*])。[②]

---

① 卡尔·马克思:《早期作品》(*Early Writings*),企鹅丛书,哈蒙兹沃思,1975年,第318页。

② 同上书,第317页。

259

劳动——诅咒还是拯救？

中世纪人对待劳动的态度同他们对待财富的态度一样，也充满了矛盾。当然，统治阶级与一切生产活动都无关。只要生产活动属于社会下层、无特权人的职责范围，统治阶级就不会给予任何重视。在骑士看来，只有打仗、具有骑士气概的英勇行为和娱乐活动——马克思曾把这些活动明确地描述为“英雄式的游手好闲”——才是上等人值得做的事情，而那些能够提供舒适的物质生活、与种植粮食有关的繁重而肮脏的工作，应该由普通民众来承担。一般来说，贵族对农业生产过程的组织和管理工作不负任何责任，他们巴不得把这个重任放在庄园里的工人和管理者肩上。只有一些僧侣和几种世俗封建主出于这个或那个原因，放弃了骑士的生活方式，为了赚取商业或金融利益，为了提高自己的收入，而积极地参与生产并组织和管理生产过程。但是，一般情况下，封建领主只关心如何保证自己能够从农民和其他依附者手中得到岁收，而对耕作没有兴趣。对于经济活动的这两个方面——生产和分配来说，统治阶级只对分配感兴趣。这可以表现出封建主与工业资产阶级之间的另外一个重要区别：封建领主只关心如何使用劳动成果，如何把岁收转变为表现社会威望的标志。这充分地说明了他在生产过程中的地位和作用。而工业资产阶级与封建主不同，他们组织生产，改进生产，并指导生产。

但是，以上所述还不能全面地说明统治阶级对待劳动的态度。教士并不赞成贵族那种“英雄式的游手好闲”的生活方式，他们认为这不符合伦理准则。就劳动的道德价值而言，教会的立场具有两面性：一方面，在人对劳动的义务方面，教会既看到了由于人的缺陷而造成的结果，也看到了人的缺陷的显著表现。只要亚当和
夏娃在天堂，他们就是无罪的，就不用考虑自己的生计。人类的堕 260
落使得人们不得不忍受上帝的惩罚，现在人们只有用自己的辛勤劳动才能养家糊口。亚当被逐出伊甸园，来到人间，“耕种他所自出之土”（《创世记》，第三章，第二十三节）。《圣经》把劳动判断为对人的惩罚，这种观点是中世纪基督教伦理的一个组成部分。教士指出：基督不劳动，他把自己的门徒召集在一起，鼓励他们放弃人间的工作，成为一个“拯救人类灵魂的人”，而不是一个劳动者。基督徒们不必担心用什么来填饱自己的肚子，基督不费任何气力就可以为他们提供食物。我们可以回忆一下：基督曾用五条面包供养五千人（不包括妇女、儿童），用七条面包解决了追随他的四千人的饥饿问题（《马太福音》，第十四章第十五—二十一节；第十五章，第三十二—三十八节）。这个故事足以说明问题。

因此，劳动在人类无罪的状态下，不是一个必要条件。当人们与上帝同行的时候，他们不必劳动。一般来说，上帝要求人们不要过多地考虑自己的生计或自己的健康状况，而要多多地关心永久的生活，多多考虑如何使自己的灵魂得到拯救。“生命的延续并不是有了面包就可以实现的……。”神学家把宗教生活划分成等级。祈祷和忏悔把人同神圣的东西亦即高于现实生活的东西，同圣母玛利亚而不是马大（Martha）* 紧紧地联系在一起。僧侣在灵魂升

* 马大，圣经中拉撒路和玛利亚之姊，耶稣之友。——译者

天这个台阶上所处的位置比其他任何阶层的人都要高。圣伯尔纳铎认为升天的等级有三层,分别与俗人、教士和僧侣这三种人相对应:"第一级在磨坊;第二级在田野;第三级在床上。"磨坊代表尘世生活,是俗人住的地方;田野是指俗人的灵魂,教士通过传播上帝的教诲,在人类灵魂中耕耘;僧侣在床上,因为他们已把自己神圣的爱情奉献给了基督。[①] 但是,不管怎样,劳动并没有被给予高度的重视。

另一方面,教会认为:劳动与人的生活条件是分不开的,在日复一日的正常生活中,普通人没有其他选择,只有工作。中世纪的
261 基督教社会学是以社会的结构性原理为基础建立起来的。每个社会成员在共同地维护社会整体利益的过程中都扮演着一个角色。劳动者和农民同演说家和士兵一样,也是社会结构中不可缺少的组成部分。教会看到了生产性劳动在为社会整体结构服务的过程中所起的作用。问题的关键在于劳动的目的。以积累物质财富为目的的劳动不会得到神学家们的祝福。基督谴责高利贷行为,并把商人赶出了寺庙,因为追求财富可以使人们丧失理智,只为自己的肉体着想,而不为精神需要着想。

对于基督教神学家们来说,劳动的重要价值在于教育。俄利根把这个观点表述如下:"上帝把人塑造成一个需要劳动的生物,人们劳动的目的是为了充分地锻炼自己的认识能力。"人的大脑就是一块竞争场地,在这个战场上,善良与邪恶之间相互厮杀,永无

---

① H. v. 艾肯:前引书,第 490 页。格莱福的伯尔纳铎:《美善的生活方式》("De modo bene vivendi"),《布道词》(Sermo)第 53 篇。

休止。我们只有根据这善与恶斗争的结果，才能从道德上评价出人的行为的好坏。懒散是灵魂的敌人，它会产生邪恶而且能使永生的灵魂受到威胁。劳动则能够克制人的欲望，有利于自我约束和精力集中。如果劳动的这些特点都能付诸实践，并且促进人们的精神进步，那么劳动的教育作用就实现了。尽管第一批隐士断绝了自己与世界的一切联系，专心于祈祷，但是由于这些人被集中在一个合作团体中，因此他们对世间的工作又采取了一种新的态度。基督就要求他的信徒们把自己的时间只分为两部分：一部分为祈祷；一部分为工作。“这样免得让潜伏在人类灵魂中的诱惑力抓住懒汉”（圣伯尔纳铎）。由此可见，人们关心的是工作的目的——如何实现精神上的完美，而不是生产性工作的实用价值。

这里关键的概念是适度：即有必要提出一个确切的衡量标准。也就是说，究竟什么样的工作是最有价值的工作？究竟什么样的工作是最能使上帝高兴的工作？但是又绝对不能把这个标准本身当成目的，也不能使它成为人们发财致富的手段。中世纪时期很多寺院都建在荒野或密林深处，远离人群的地方。这种恶劣的环境使得那些僧侣们不得不做重体力劳动，他们也得像常人一样清
理土地。这项工作是那个时期的欧洲人为发展农业而最常做的事 262
情。但是正如 12 世纪的《僧侣宝鉴》（*Speculum Monachorum*）中所强调的：僧侣要把精神事务放在首位，不要把主要精力放在工作上。“精神锻炼的目的不是为了身体锻炼，但身体锻炼的目的是为了精神锻炼。”[①]根据圣伯尔纳铎的规定，有一技之长的僧侣可以

① H. v. 艾肯：前引书，第 490 页。

从事自己的工作,但是,“如果他们中的任何人把自己的技能当作骄傲的本钱,自以为他正以此为寺院谋福利,那么就禁止他继续从事这项工作”[1]。对于僧侣们来说,工作本身不能成为目的。水车是在法国的一个寺院中建造出来的,当时建水车的目的是为了使僧侣们有更多的时间进行祈祷。[2] 并不是什么样的工作都允许僧侣去做,农业劳动是第一项允许僧侣从事的工作。兄弟会禁止其成员从事商业和手工业活动。不仅在中世纪早期,而且在13、14世纪时,根据教会的条令,教士还不能参加纺织、制衣、制鞋、制袜、磨坊、酿酒、打铁、做面包等工作。[3] 在中世纪早期的圣徒中,很难找到手工业者。唯一的例外是圣安利日(St. Eligius),他是法兰克国王达戈伯特(Dagobert)的宫廷珠宝匠。最能使上帝快乐的工作就是农活,农夫的儿子可以接受神的旨意进入僧侣阶层,教会中有些高级教士就是农民出身。

英国大主教爱尔弗里克(Aelfric)(11世纪初期)在撰写《对话录》(*Colloquy*)一书时,探讨了各行各业对人类贡献大小的问题。他指出:最有价值的工作就是耕种土地。一切手工业活动都是有用的工作,但是“我们大家都喜欢同你——农夫,而不是你——铁匠住在一起,因为农夫可以为我们提供食物和饮料,而你呢?铁匠,你能在工场中为我们提供些什么呢?你只能提供一些火花、铁

① 《圣本笃会的修道规则》(*Die Klosterregel des Heiligen Benedikt*),博伊龙,1947年,第57章。

② K. 托马斯(K. Thomas):《前工业社会的工作与闲暇》(“Work and Leisure in Pre-Industrial Society”),《过去与现在》(*Past and Present*),1964年,第29期,第56页。

③ 《剑桥欧洲经济史》,第3卷,剑桥,1963年,第574页。

锤声，从风箱中拉出的风”。“让我们用自己的技能相互帮助，让我们大家都同为我们提供食物的农夫携起手来。”[①]这是在农业社会中成长起来的人自然而然产生的一种观点。

由此可见，从教士的角度来看，只要劳动本身不是目的，只要 263
劳动与禁欲主义不发生冲突，相反成为一个有价值的附属性工作，那么劳动就可以使人类免于陷入罪恶之中。

诚然，所有这一切都只是理想化和理论上的东西，而实际情况却是另外一种景象：起初过着严格的清贫和自我约束生活的僧侣阶层，后来都变成了拥有大量财富的有权有势的大地主，恰恰就是在他们的土地上，农业和其他形式的耕作在合理化程度和效率方面达到了中世纪前所未有的水平。圣殿骑士团的规章制度，由于其成员的贪婪，而成了一纸空文。骑士团成员收集了大量的财富，以致法国国王菲利普四世认为有必要把他们杀掉或驱逐出圣殿，这样才能没收他们的财产。后来其他统治者也仿效法国国王的做法。

民众对某些大寺院牧师感到厌恶，因为他们丢弃了“清贫”和“禁欲”的誓言，托钵僧一案就可以说明这一点。后来托钵僧被禁止拥有任何财产，只能靠赈济维生。自 12、13 世纪以来，人们对罗马教廷的不满情绪越来越强烈。罗马教廷已变成了大量财富的所有者，而且继续以什一税、“十字军费”、教会官员费和罗马天主教代理人出售的赎罪券的形式，从虔诚的信徒那里敲诈钱财。教会的崇高理想与其实际行动之间没有任何一致的地方——实际上，

① 《爱尔弗里克对话录》(*Aélfric's Colloquy*)，G. N. 加蒙兹韦(G. N. Garmonsway)编，伦敦，1939 年，第 219—237 页。

教会在许多方面,不仅言行不一,而且恰恰相反,这就导致更为严重的社会和思想动荡。教士为了给自己辩护,便断言:教皇和教会使用他们的财富不是为了满足自己的需要,而是作为一个总的基金,目的是帮助那些需要钱财的人。[①] 但这种说法欺骗不了任何人。人们对教会和教皇的贪婪的批评越来越严厉。我们只要回忆一下《视银制标志而定的真理》(*Gospel according to the Silver Mark*)或"朗格兰德的米德女士"(Langland's Lady Meed),就足以了解教会贪污的具体表现了。[②]

264 农民和手工业者不可能像教士那样看待劳动。劳动对他们来说不是自我约束的手段,也不是排除诱惑的手段,劳动是急需人们去做的事情。无限循环的农业季节以及与此相关的工作,年复一年,代代相传的同一生产过程,使得农民们不得不顺从于一个永远摆脱不掉的劳动日程。农民使用手工劳动,他的工作要求他使用自己的体力,因为实际上根本就不存在能够在人与自然之间起传递作用的,能够减轻劳动强度的技术手段。农民与他所耕种的土地之间的有机联系,在很大程度上,是由以上这个事实决定的。

然而,只看到中世纪农民命运悲惨的一面是错误的。中世纪人能够用一种富有诗意的眼神来看待自己在人间从事的生产性劳动。在哥特式大教堂的门廊周围,不但有《旧约全书》中的人物雕

---

① J. 吉尔克里斯特(J. Gilchrist):《中世纪的教会与经济活动》(*The Church and Economic Activity in the Middle Ages*),伦敦,1969 年,第 78 页。

② J. A. 扬克(J. A. Yunck):《经济保守主义,罗马教皇的财政与中世纪对罗马的讽刺诗》("Economic Conservatism, Papal Finance, and the Medieval Satires on Rome"),《中世纪社会的变迁》(*Change in Medieval Society*),S. 思拉普(S. Thrupp)编,伦敦,1965 年。

像，而且还有从事各种农活的劳动者的雕像和浮雕。这些以雕刻形式出现的日历记叙了劳动者在每个月、每个季节所做的具体工作。耕、种、收获、打谷、收集果实、种葡萄酿酒、种树、磨镰刀、收割庄稼、打猎、砍伐树木——所有这些画面都保持着古老的艺术传统。由于画家对生活景象的细致观察，画面栩栩如生，作品浸透着艺术家对普通人及其日常生产活动的关注。由于人们的活动改变了自然界，因此可以说劳动者正在为上帝增光添彩。这样，实际生活就在宗教生活旁边找到了一席之地。两种生活以同等程度被神圣化了。在沙特尔(Chartres)*，英勇刚毅的男子与勤劳的少女被对称地排在一起，少女在右边，因为众所周知，右位优先于左位。劳动的道德性和宗教性逐渐得到了认可。毫无疑问，对农业劳动的描述，反映了人们自我意识的不断增长，说明人们对生产性劳动在整个人类事务中的重要性的认识正在深化。

这是劳动者对自己所从事的工作的新看法。在这种压力
下，甚至神学家们也开始重新考虑自己对劳动的态度。在此之 265
前，他们根据《圣经》，一直宣称劳动是上帝对人类偏离正义的惩罚。在12、13世纪时，神学家们开始强调《创世记》(第二章，第十五节)中的另外一些思想——即亚当耕种了伊甸园。因此，劳动在成为一种惩罚形式之前，已经成为一项能使上帝为人们祝福的活动了。

一种"劳动的神学"得到了发展。劳动是一项使上帝高兴的事情。第一个劳动者就是上帝本人，他是人类的创造者(*summus*

* 沙特尔，巴黎西南面一教堂城，西欧11、12世纪初的主要学府。——译者

artifex),是世界的创造者。在拉昂的大教堂里,上帝被描绘成一个劳动者,他用自己的手指计算着创造人类所需要的天数。教堂中还有一幅画描绘上帝完成工作以后坐在地上休息的情景。中世纪教堂对各行各业的描绘是司空见惯的。在行会捐赠给沙特尔教堂区的橱窗中,劳动者和圣徒被排列在一起,因为劳动也有自己的尊严和神圣性。在瑟米尔(Semur)地区的橱窗里,找不到任何描绘圣徒生活的画面,而制作衣服的过程却被十分具体地描绘出来了。[①] 完全以宗教生活为主题的画面也常常歌颂生产性劳动,例如:挪亚建造方舟,巴别建造通天塔等等。艺术家们总是想表现建造者们在背石头、建大楼时所流露出来的热情。画家没有把画中人物的面孔和身材个性化,成群结队的劳动者们行动一致,齐声唱着同一节奏来表现他们共同从劳动中获得的喜悦以及自己所做出的极大努力。在教堂的装饰方面,建筑学家和艺术家没有权利任意选择主题。在天主教堂里,人们只能选择那些与神学准则完全一致的主题,因为这种教堂的作用是"充当文盲的圣经"。农业劳动和手工业劳动能够在神圣化的背景下被描绘出来这个事实,证明了人们已经普遍地对劳动的价值给予了认可,把劳动看作是上帝确立的制度,是拯救人们灵魂的途径之一——当然,我们必须确信:劳动能够把正义撒向人间。生产性劳动处于高等权力的保护之下,因为中世纪行会把圣人奉为天堂的保护者。
266 实际上,教会在为上帝增光的同时,也使教堂建设者的勤奋、天

① E. 马勒(E. Mâle):《法国 13 世纪的宗教艺术》(*L'art religieux du XIIIe siècle en France*),第 28、64 及以下诸页、131 页。

才和技能得以永存。

实际生活地位的恢复,反映了各行各业的人们自我意识的增长。人们普遍认为:基督教价值观是一切高尚行业所固有的。每个人都有一份职业,如果大家都以从事自己的职业为荣的话,那么每一个人的灵魂都有可能得到拯救。[①]

在为体力劳动恢复名誉的同时,中世纪人逐渐地对脑力劳动升起了一股新的敬意。在中世纪早期,下列观点一直很流行:脑力活动不能用物质奖励来划分等级,尤为重要的是,教师不取报酬,因为人们认为,智慧是上帝送给人们的礼物,因此不能成为买卖的对象。至多,人们只能送给教师一些礼物来感谢他们把知识传播给大家。[②] 当然,这种观点只能存在于知识和教育被教会完全独占时期。[③] 随着学校在城市中的普及,随着社会对受教育人需求数量的增长,没过多长时间,教师的职业就得到了充分的肯定,并且与其他职业平起平坐了。只要付出了劳动,就应该得到报酬,这是合法的。人们都知道:大学里有名的教授享有极高的声誉,许多国家的学生们蜂拥而至,坐在他们的讲台下。据说,他们的知识是十分全面的。他们常常在学术讨论中行使自己的权威。中世纪人

---

① 雅克·勒高夫:《中世纪时期忏悔者手册中规定的职业和誓愿仪式》("Métier et profession d'après les manuels de confesseurs au moyen âge"),《中世纪人的贡献与天职》(*Beiträge zum Berufsbewusstsein des mittelalterlichen Menschen*),柏林,1964年,第49—60页。

② G.波斯特(G.Post)、K.焦卡里尼斯(K.Giocarinis)和R.凯伊(R.Kay):《中世纪给人文主义思想留下的遗产:"知识是神的赠品,所以不能出卖"》("The Medieval Heritage of a Humanistic Ideal:'scientia,donum dei est,unde vendi non potest'"),《传统》(*Traditio*),第11卷,第4期,1955年,第232页及以下诸页。

③ 参见E.R.库尔提乌斯:《欧洲文学与拉丁中世纪》,第465页。

在文化方面进行分类时，最基本、最明显的划分就是受教育者和文盲。

然而，长期以来，诗人一直被人看不起。实际上，诗人不可能以写诗为生，他们所希望的只是从高贵的保护人那里得到一件礼物。目前只有一件客观记录下来的证据，这是在大主教帕绍(Passau)的游记中发现的，它所涉及的是中世纪伟大的日耳曼诗人瓦尔特·冯·德尔·弗格尔瓦伊德(Walther von der Vogelweide)的生活情况。帕绍在游记中提到：他曾给这位诗人五个 *solidi*，想帮他买件皮衣服穿。诗人除非以教书为业，否则就同杂技演员和小丑的处境一样。许多有名的诗人也是周游四方的演员、流浪者，
267 人们把他们称为 *goliards*。中世纪人对诗人的贫困和被剥夺的抱怨丝毫不亚于其他时期的人。在中世纪早期，诗人的自我意识还没有得到发展。那时，大多数诗歌都是无名诗。即使诗人被同代人记住(有时也被其他诗人记住)，那也是由于他们做出了骑士般英勇的功绩，由于他们的虔诚行为，由于他们在十字军东征方面做出的贡献。他们在诗歌创作方面的一切成就都被人们轻易地忽略掉了。只是到了 12 世纪，情况才有所改变，诗人们才开始逐渐地意识到：自己是具有创造性的艺术家。[①]

我们已经谈过中世纪手工业者与自己的产品之间的关系。他

① O.若多涅(O. Jodogne)：《12—14 世纪奥依语作家的个性特征》("La personnalité de l'écrivain d'oil du XIIe au XIVe siècle")，见《12—14 世纪罗曼语文学中的中世纪人文主义》(*L'humanisme médiéval dans les littératures romanes du XIIe au XIVe siècle*)，巴黎，1964 年；F. 奇尔希(F. Tschirch)：《中世纪德国诗人的自我理解》("Das Selbstverständnis des mittelalterlichen deutschen Dichters")，《中世纪人职业意识探析》(*Beiträge zum Berufsbewusstsein des mittelalterlichen Menschen*)，柏林，1964 年。

们对待产品的态度同资本主义社会中工人和企业家对产品漠不关心的态度截然不同。中世纪的工匠与自己的劳动成果建立了一种特殊的关系，导致这种关系产生的原因是多种多样的：中世纪城市市场的相对制约性；社会上普遍流行的按制度规定进行工作的风气；行会对产品质量的高标准要求等等。我们必须记住：那个时期所说的工艺就是指"手工艺"。例如，在农业劳动中，在生产者与产品之间找不到任何技术或机械装置作为中介手段，产品都是生产者直接用自己的双手制造出来的，整个生产过程都离不开他们的手工劳动。显而易见，这种制造方式必然会使制造者同其制造出来的产品结成一种十分亲密的关系。在行会中工作，"还没有使人们堕落到对自己制造的产品漠不关心的境地"。[①] 制成品体现其制造者的技艺、兴趣和工作时间，二者保持着一种内在的联系。制成品带有制造者本人的个性印迹。所有这一切使得人们把行会活动理想化，或者说，神圣化了。行会的生产方法中还包含着生产者的道德意识和审美意识，行会成员已经敏锐地意识到自己生产出来的产品所应具有的尊严。工匠不愿意同自己的作品分离。"老艺人为了不让商人们从自己的手中买走自己生产的烟斗而起来同
他们做斗争。"[②]不管怎样，手工艺人不可能把自己的产品只当作 268
一个可以进行交换的商品，一个获取金钱和其他物品的手段。他们在发挥自己的技能时，不是想不惜任何代价去获取利润，而是想保证自己能有一份正直的、令人尊敬的职业来维持生活。德国的

---

① 卡尔·马克思：《早期作品》，第 337 页。

② W. 桑巴特（W. Sombart）：《资产阶级》（*Der Bourgeois*），慕尼黑和莱比锡，1913 年，第 19 页。

《西吉斯蒙德改革》(*Reformation of Sigismund*)(约1439年)一书中谈到,“我们的祖先并不笨”,“他们发明了技能,使我们大家都可以以此来养家糊口。任何人都不得干预他人的工作,这样,世界就可以满足我们的基本需要,每个人都能养活自己”。[①] 在这种情况下,手工艺的存在可以说不是为了消费者,而是为了工匠自己。他们一方面关心自己的收入,另一方面关心自己的名声和作为手工艺人的尊严。在这种情况下,“尊严”既意味着物质生活充足,也意味着人们能够在城镇的公共事务中承担一些适合于自己的工作。在这个由小生产者组成的社会中,人们对成品的评价首先根据其使用价值,其次才是交换价值。交换价值从未作为确定成品价值的唯一依据。

劳动除了具有创造财富这种经济功能以外,还是满足人们道德需要的源泉。工匠可以通过完善一件好的作品而获得加入行会的权利,并且可以维护自己的尊严、自己的社会地位和生活水平。人们只有在成为某个群体中的一员时,才能宣称自己是一个合法的个体,才能维护自己的个性。在这个社会中,劳动被视为一种共同的社会责任。人们通过个人的生产活动,参加到重要的整体活动中来,无论这个整体是以行会的形式出现,还是以城镇,甚至社会的形式出现。因此,手工业者意识到了自己的工作的重要,农民也意识到了自己的工作的重要性。我们发现:在14世纪早期,一个法国农民在被教会开除教籍以后,声称这并不能对他构成任何

① 《西吉斯蒙德皇帝改革》(*Reformation Kaiser Siegmunds*),H.克勒(H.Keller)编,斯图加特,1964年,第270页。

威胁，因为“他的工作可以解救他的灵魂”。[①] 劳动过去一直被教士们表述为对原罪的一种惩罚，现在劳动被农民视为打开天堂之门，使灵魂得到拯救的一条通路。

更重要的是，劳动可以被视为农民所享有的一种比贵族优越的东西。众所周知，14 世纪罗拉德派（Lollards）[*] 以“当亚当种地、 269
夏娃纺纱的时候，谁为绅士？”为题所做的演讲是多么的受人欢迎。他们认为：祖先的劳动不是讥咒，而是人类活动中所固有的美德。贵族才是多余的社会成员，他们在社会中起不了什么作用，因此上帝不可能给他们创造出做骑士的智能来。弥尔顿曾断言：亚当在伊甸园的劳动是对其美德的证明。[②] 在这句话的背后，隐含着一个历经许多世纪的传统。14 世纪英国诗人威廉·朗格兰在其《农夫皮尔斯》（*The Vision of Piers Plowman*）一书中指出：劳动，对基督徒来说，就如同向人们表达自己那真挚的爱心一样是义不容辞的。耕者所从事的工作是正义的工作，这项工作本身就可以打开真理之门。农夫皮尔斯通过自己的工作拯救了“所有帮助他耕地、帮助他安居、帮助他播种的人们。除了这些人之外，皮尔斯还为其他所有的先生们免去了苦难”。[③]

我们以上已经指出：人们是根据农业季节来举行礼拜仪式的。人们用宗教礼节、仪式和节日来表示自然和农业生产的循环，并把二者结合在一起。每个主要的生产过程开始都要举行祈祷和某种

---

① K. 托马斯：前引书，第 55 页。

* 罗拉德派，14、15 世纪时英国反对天主教会的一个宗教派别。——译者

② 约翰·弥尔顿：《失乐园》。

③ 威廉·朗格兰（William Langland）：《农夫皮尔斯》，Ⅶ，6—7。

宗教巫术仪式,每个农业生产过程的结束也要以节日为标志。事物之间已经建立起来的秩序似乎是上帝安排好的,也正因为如此,它们才具有道德意义。

在一个充满矛盾的社会中,必然会出现一些对劳动持否定看法的人。站在农民的立场上,劳动往往是过多的、不得不做的事情。如果他们想同地主结清账目,那么他们所要干的工作要远远地超过为满足自己的需要所要做的工作。兰斯的大主教阿达尔贝龙提出了关于社会有机结构的学说。他认为,一切社会阶层——教士、贵族、农民——都应为社会的整体利益服务。他承认:农奴阶层的责任是提供黄金、食物、衣物……,这些悲惨的人们一无所有,只有从艰苦的工作中才能得到自己需要的一切。他们所忍受的苦难、灾祸和折磨是数也数不清的。[①] 中世纪农民起义的主要原因是农民不想承担过多的工作。中世纪的社会乌托邦思想中就掺杂着一种对极乐世界的梦想:生活在这个极乐世界上的人们都不
270 必承担艰苦的工作。传说中的科凯恩国度(land of Cockaigne)[*],或德语中的施拉拉芬兰(Schlaraffenland),那里就无人劳动,那里的一切东西都很充足,果子直接就掉进人嘴里了。到了中世纪末期,在革命派掌权的“第五君主国”中,人们将不用承担艰苦的工作,所有的土地都属于公共财产。

当我们谈到中世纪时期必要劳动时间以外的那部分时间时,我们必须要注意不能忽略这个社会的具体情况。在一个以自然经

① 阿达尔贝龙:《致法国国王罗贝尔的诗》,《拉丁教父集》,第141卷,第781—782栏。

* 又译为安乐乡。——译者

济为基础而建立起来的、传统观念十分深厚的社会中，工作时间不能像资本主义初期的工作时间那样长。例如：人们都知道，一年中有多少个休息日——星期天、供神的日子和其他宗教节日。实际上，一年中有三分之一的时间，甚至可能还要多的时间，禁止人们工作。这就意味着，在工作的日子里，每天的工作时间要持续很长。行会规定，行会成员要从太阳升起一直工作到太阳落山。在一个发展缓慢，而且具有特殊时间观的社会中，人们不可能对工作速度问题给予极大的关注。对这种社会来说，重要的是工作的质量，手工业者的目标是达到匠师的标准，使自己的作品成为一件艺术品。人们对产品的评价是根据其质量而不是根据其数量。产品必须要带有其创造者个性的印迹，而且还要与创造者相配。由于产品与其制造者之间建立的是一种有机的联系，所以，任何产品都不会使其制造者黯然失色。

由此可见，中世纪实际上重新解释了劳动在人类生活中的意义。劳动从降临在人类身上的灾难变成了能使上帝为人类祝福的神圣的事业。对劳动的尊严和价值的澄清，在人类自我意识的整个增长过程中都起了十分重要的作用。但是，在封建条件下，完全恢复劳动的名誉是不可能的事。直到中世纪结束的时候，这一直是当时的人们期望达到但终未实现的目标。

上帝与财神 271

P. 沃尔夫(P. Wolff)把中世纪欧洲文明称为“劳动的文明”。[①]

---

① 《劳动通史》(*Histoire générale du travail*)，第 2 卷，第 9 页。

至今，这个定义仍被人们视为较为合适的定义。但是，也许我们应该把他的意思再引申一下，变成“小农和小手工业者劳动的文明”。实际上，构成中世纪社会经济方面的一切伦理原则都是从早期基督教社会中借用过来的。但是，只把传统的力量或人们对基督教权威性的信仰作为根据，来解释这些伦理原则对整个中世纪封建时期所产生的巨大影响，这还不够。事实上，这些原则在很大程度上满足了小生产者的需要：它们把劳动明确地定义为拯救灵魂的一个途径和获取财产的唯一正当的来源，它们承认为了满足人类需要，大量占有财产是合法的，它们颂扬清贫高于富有——所有这一切都与小生产者的思想息息相通，并且提高了他们所从事的工作的精神价值。统治阶级——那些以牺牲农民和手工业者为代价而虚度光阴的人们——的生活方式不符合这些原则中的任何一条。封建领主和富人们至少应该在伦理道德方面向那些处于从属地位的人民大众表示敬意。做好工作、待人慷慨、祈祷、忏悔、朝圣、让幼子去作教士、把女儿送进修道院、向教会捐赠自己的财产，甚至（像有些贵族那样）进寺院修行——这些都是人们用来弥补自己的不义行为的手段。从中世纪基督教的观点来看，这些不义必然是与富人和享有较高社会地位的人相伴相生的。那些其实际行为与宗教要求相距甚远的贵族们也敏锐地感到需要悔悟、需要净化、需要与宗教要求保持内在的一致①。无疑，当社会地位较低的人们把自己与那些正在祈祷的社会地位较高的人进行比较的时

① H. 格伦德曼（H. Grundmann）：《中世纪盛期贵族的改宗》（“Adelsbekehrungen im Hochmittelalter”），《贵族与教会：格尔德·特伦巴赫纪念文集》（*Adel und Kirche, Festschrift für Gerd Tellenbach*），弗赖堡、巴塞尔和维也纳，1968 年。

候，他们会感到某种道德方面的满足，因为那些社会地位相对高的人没有穷人那样有把握使自己的灵魂得到拯救。

显而易见，教会并没有坚持要求人们严格地遵守福音中的清贫理想和放弃一切财产的规定。人们只是从精神上领会这种理想。“什么样的富人才能得到拯救？”这个问题是一位富有的少年 272
向基督提出来的。基督告诫他说：“你若愿意做个完人，可去变卖你所有的家产，把它们分给穷人。”（《马太福音》，第十九章，第二十一节）早在 2 世纪的时候，亚历山大城的革利免（Clement of Alexandria）* 在争论“什么样的富人可以得到拯救”这个问题时，提出了他的观点：关键问题不在于抛弃人们自己的财产，使自己摆脱富有，而在于“从自己的灵魂中扫除关于富有方面的错误想法，即期望富有，为致富而努力，一心只想发财，别的什么都不想。这些都是生活中使人苦恼的事情，使人不能自由地阐述自己的想法”。[①] 重要的是要从富有中获得真正的自由，抵制财富那股奴役人的力量。抛弃财富没有任何意义，因为财富可以帮助邻居摆脱贫困。人们应该正确地使用财富，使财富起到好的作用。财富“应该为人类服务，而不应统治人类”。圣托马斯·阿奎那指出：获取金钱的艺术不如正确地使用金钱的艺术价值高。把金钱从一种手段变为一种目的，实际上就等于为人类灵魂的毁灭提供了保证。[②]

由此可见，我们应该把“什么样的富人可以得到拯救”这个问

* 革利免，基督教柏拉图主义者。——译者

① 《古代社会中的富人与穷人》(*Riches et pauvres dans l'église ancienne*)，巴黎，1962 年。

② 托马斯·阿奎那：《神学大全》，第 2 集，第 2 部，第 50 题，第 3 节。

题归结为“如何使用金钱？金钱究竟为什么目的服务？”的问题。

在分析完中世纪社会与金钱的关系，以及中世纪人如何使用金钱之后，我们把中世纪文明称为小生产者的文明这种判断才会更站得住脚。如果任何财富在中世纪都会受到某种程度的道德谴责的话，那么货币就更该如此了。贸易活动在中世纪社会所起的作用越来越大。随着时间的流逝，商人阶级在城镇中发展成了一支强大的社会力量，他们甚至把自己的影响扩大到政治领域。但是，在整个中世纪时期，社会上一直对那些不从事生产活动而从事商业活动尤其是高利贷活动的人存有强烈的偏见。圣托马斯·阿奎那曾经把做买卖描写成不光彩、下贱、可耻的事情。[1] 根据《圣经》，该隐（Cain）[*]是第一座城的建造者。14世纪英国的一位传教者把由上帝创造出来的牧师、骑士和劳动者，同恶魔孕育出来的城市人和高利贷者进行比较，来显示他们之间的区别。[2] 这种对待
273 钱商的态度体现了小生产者的特征，他们把财富理解为自己努力的结果。在农业社会中，金钱与土地财产相比，必然会表现为一种低级的令人忽视的占有形式。随着贸易和能够获利的资本的发展，金钱对小生产者的经济独立所构成的威胁越来越大，而小生产者对贸易和资本的敌视态度也随之增长。

在中世纪，人们对货币抱有一种无情的怀疑态度，这种态度在那个时代的伦理哲学原则中是可以理解的。中世纪时期最重要的哲学基本原理是：先有普遍性，后有个别性。个体不存在于自己的

① 托马斯·阿奎那：《神学大全》，第2集，第2部，第77题，第4节。

* 该隐，《圣经》中亚当之长子。——译者

② 雅克·勒高夫：《中世纪西方的文明》，第326页。

权利之中，而只是作为整体的一个部分存在于自己的形态之中。自然界和社会是一个统一体，构成自然界和社会的一切个体因素都依靠这个统一的整体来维持自己的生存。每一粒沙子都通过构成沙子的各要素之间和谐同步的一致关系来反映宇宙并体现这个世界的创造者——上帝的智慧。“个别”的含义是从“一般”的含义中引申出来的。在人类事务中，宇宙的存在先于构成它的个体的存在。在中世纪社会中，人们不把自己看作是完全独立的个体。在这一点上，它与资本主义社会无限制的个人主义截然不同。个人的兴趣总是以一种方式或另一种方式从属于整体的兴趣，无论这个整体是以集团、公司、社会、教会的形式出现，还是以国家的形式出现。在关心共同事业的过程中，每一个人都找到了自己的事业，因为个体离开整体，或与整体相对立，都是不可想象的事。[①] 在中世纪社会中，不仅社会政治领域具有普遍性特征，而且意识形态领域也具有普遍性特征。如果人们想要认识世界的各个组成部分，那么首先必须把它看作是一个整体，因为整体是实体，而个体只是这一实体的产物。只有经过推理，才能把个体从整体中分析出来。[②]

与这个基本原则紧密相关的还有一个原则，这个原则我们已经提到过了，它就是：公正统治着整个世界。世界是以公正为基础而建立起来的，任何侵犯这个原则的行为就是使我们处于一种无秩序或毁灭的状态之中。正义既是一个道德原则也是一个宇宙原

① 托马斯·阿奎那：《神学大全》，第 2 集，第 2 部，第 47 题，第 10 节；第 152 题，第 4 节。

② 熊彼特(J. A. Schumpeter)：《经济分析史》(*History of Economic Analysis*)，伦敦，1955 年，第 85 页及以下诸页。

274 则，人类的一切行为都要服从于正义。对这个原则的任何背离就等于是对事物的神圣秩序和自然规律的践踏。人们应该在一个广泛而深远的意义上来领悟正义。正义包含着上帝的仁慈，它提供了政治和法律结构的基础。正义是基督教的主要美德之一，是对生活的净化和神圣化，是人类行为中所表现出来的人的整体性，是一种公正的状态。正义促使人们成为上帝的选民。圣维克托的休格（Hugh of St. Victor）认为："社会正义是整体和谐的基础，社会正义不否认人们应有的功与过。"[①]公正是一个超个体的范畴，所有单独个体的思想和行为都要服从于它。也就是说，个体与整体之间的关系是在公正的原则里被建立起来的。为了符合正义对人们提出的要求，个体必须要使自己的需要服从于社会。这并不意味着人们已经忘记了自己存在的主要目的是使灵魂得到拯救，而是意味着任何人都无权自由地、武断地处理自己的财产。但是在中世纪人的解释中，正义与平等这两个概念没有任何关系。神学家发现人类陷入罪恶状态之后的情况与亚当夏娃偷吃禁果之前的无罪状态存在着明显的差异：人类陷入罪恶状态之后，由于人与人之间出身不同、命运不同、所占有的财产不同，因此必然会导致私有权和不平等现象的产生。对中世纪的天主教思想家们来说，人世间的不平等是自然而然的事。

这些原则为"公平价格和禁止以高利贷手段谋利"等中世纪的神学思想提供了基础。福音是中世纪一切智慧的永恒源泉。福音

---

① J. W. 鲍德温（J. W. Baldwin）：《中世纪关于公平价格的理论》（*The Medieval Theories of the Just Price*），费城，1959 年，第 60 页。

为人们提供了出发点："所以无论何事，你们愿意人家怎样对待你们，你们也要怎样对待人家。"（《马太福音》，第七章，第十二节）

天主教神学家们认为，他们应该不仅借助神的启示和上帝的意愿，还要借助于推理和分类，来为道德原则提供一个基础。这是天主教神学家们与众不同的地方。这样看来，以推理和自然规律的法则为基础，对人性和各种事物的性质进行分析就具有很重要 275
的意义了。圣托马斯·阿奎那按照亚里士多德的做法，把正义解释为：人们之间的均衡和平等关系表现在每个人都应该公平地对待他人。在这个意义上，正义的概念可以被应用到贸易和商业事务上来。物质关系必须建立在相互帮助、服务均等的基础之上，而不能以单方面获取利润、以剥削为基础。公正的原则再一次为人们提供了一个思想基础，"即上帝一直希望赋予每一个人他所应得的一切"。①

严格地说，中世纪的神学既没有建立也没有使用纯粹的经济学理论。中世纪的学者们没有兴趣把经济活动当作一个独立的学科来进行学术研究。高利贷问题和价格问题，就同劳动问题和财产问题一样，只要是与崇高而远大的生存问题有关，就由神学家们来处理。因此，"中世纪政治经济学""中世纪的经济学说"的说法都是不精确的概念。神学家关心的不是为经济活动提供一个理论上的解释，他们所关心的是：如何对经济施加影响，使经济活动服从于宗教和伦理思想。他们以形而上学的价值体系为依据来确定价格。在神学家们看来，社会是一个精神有机体，而不是一个经济

① 托马斯·阿奎那：《神学大全》，第2集，第2部，第58题，第11节。

实体。因此，经济活动必须受到控制，必须以实现道德目标为目的，并且只能作为实现道德目标的物质手段。由此可见，经济学不是一个独立的实体，经济学只有存在于更为广泛的意识形态整体结构中才会有意义，①经济问题往往在人类行为中才能暴露出来。

如何解释正义的概念是解决一切事物的基础，它决定着神学家对待私有制的态度。如果人们从必然与事物的神圣秩序保持一致的共同利益出发，那么私有财产就是邪恶之物。（亚历山大城的革利免曾经写道："就非正义而言，这个人把这样东西称为自己的财产，那个人又把那样东西称为自己的财产，由此会产生人类分
276 化。"）②但是，由于人性处于一种有罪的状态之中，是不完美的，因此可以允许私有财产的存在。

金钱本身并无好坏之分，只有当人们使用它的时候，才能分清到底谁讲道德，谁不讲道德。如果人们是出于贪婪而使用金钱，并且违背正义的原则，那么金钱就是邪恶之物。中世纪神学家承认：贸易是社会存在不可缺少的行业。可是，无利可图的买卖又不会吸引任何人。那么，在什么情况下，可以允许人们获取利润呢？圣托马斯·阿奎那和其他神学家都认为：最终要取决于共同利益。贸易活动是为公共利益服务的。如果商业利润能够为公共利益服务，如果商业价格公道，如果商业利润被人们视为对商人在冒险活

---

① J. 伊巴涅斯（J. Ibanès）：《13 世纪的教会教义与经济现实》（*La doctrine de L'église et les réalités économiques au XIIIe siècle*），巴黎，1967 年，第 33、39、57、100、102 页。

② 引自 W. J. 阿什利（W. J. Ashley）：《英国经济史导论》（*Introduction to English Economic History*），1888—1893 年。

动中所付出的劳动的合理奖赏的话,——这种奖赏是商人生活的保障,那么商业利润就是正当所得,而不是邪恶之物。除此之外,只要商业利润被用在慈善事业上,就可以证明是正当所得。贪婪和想方设法攫取金钱是一种罪过。如果人们把商业活动当作一种满足自己那些见不得人的动机的手段的话,那么这种商业活动就证明是邪恶的活动。但是,如何鉴别商人的动机呢?如何才能判断商人究竟想的是什么呢?怎样分清为共同利益服务的商业活动和以自己发财致富为目的商业活动之间的确切划分标准呢?

这是一个难题。教会中的神父们为解决这一难题,曾经做出过努力。德尔图良(Tertullian)* 说过:"如果贪婪被人们消除了,那么谋取利润的基础就不存在了。但是,如果没有人对获取利润感兴趣,那么贸易活动所具有的刺激性也就不存在了。"圣杰罗姆认为,商人没有为产品增加任何价值,因此,如果他买产品时所花的钱数低于他卖出产品时所得的收入,那么他就伤害了他人的利益。贸易与欺骗是分不开的,因此"不利于人们拯救自己的灵魂"(圣杰罗姆)①。金口圣若望(St. John Chrysostom)在他的一篇论文中写道:商人在上帝的眼中很难成为一个使他高兴的人。② 罗马法对这些难处一无所知,因为罗马法是以实现个人目的为原则。罗马的法官认为:在买卖双方试图欺骗对方并以牺牲对方为代价来换取自己的发财致富的过程中,没有任何违法的地方。他们根

---

* 德尔图良,北非的基督教神父,拉丁神学的创立者。——译者

① 引自 W. J. 阿什利:《英国经济史导论》,1888—1893 年。

② 参见 J. T. 努南(J. T. Noonan):《对高利贷的学术分析》(*The Scholastic Analysis of Usury*),坎布里奇,马萨诸塞州,1957 年,第 38—39 页。

本就不考虑这种行为是否道德。然而道德问题在基督教神学家们
277 的头脑中却是个首要问题,因为法律如果不具备道德正义感,那将是不可想象的。最重要的是,让商人自己来判断一下指导自己行动的动机到底是正义的还是非正义的。

如果教会和世俗权力机关感觉有必要,那么,他们会毫不犹豫地干涉商业活动。教会常常谴责那些获取利润的商人。在整个中世纪,世俗权力机关一直试着调整价格,特别是那些与基本产品有关的价格。他们在制定价格调整方针时,是以实际需求、饥荒以及由饥荒引起的疾病等威胁人类的一些情况的发生为根据。在中世纪社会,人们根本不能自由经营以及从事其他商业活动,就如同人们根本不能拥有私有财产权一样。如果有必要证明世俗权力机关对商业活动的干涉是合理的,那么他们只要表明自己是为了维护以上我们讨论的共同利益就足以证明其合理性了。如果,这还不够,那么他们还可以求助于教会、福音和神父。

在中世纪,"公平价格"的概念被人们广泛地接受,他们分别从道德、法律和经济三个方面来理解这个概念。公平价格的含义一直未被明确地规定下来。人们对它的理解,就如同中世纪哲学家和政治理论家对产品价值和产品的市场价格之间区别的认识一样,含糊不清。对"公平价格"概念的分析表明:公平价格一直是指在市场稳定的情况下建立起来的现行价格。市场稳定时期,是指在这一时期没有出现由贪图利润而造成的价格突然上涨。[①] 而非公平价格是在动机不纯的人想尽量多地获取利润的情况下产生

① J. W. 鲍德温:前引书,第27—29页。

的。关键问题是:公平价格的决定权必须掌握在责任心强、受人尊敬的人手中,他们注意维护真理和正义的标准。中世纪哲学家们同亚里士多德一样,认为:某种物品的价格或价值取决于人类需要。价值的决定因素主要是人,其次是该物品的客观质量。但是,衡量价值的尺度取决于共同的需要,而不是个人需要。

当产品交换直接发生在生产者与消费者之间的时候,当手工 278
业者主要为自己所熟悉的顾客工作的时候,或者把产品交给最后一道工序上的手工业者的时候,所有这一切都相对来说比较简单了。在以上这些条件下认真地考虑制造者的收入,就不难确定产品的价值。实际上,也就可以确定对已完成的工作的适当报酬。此时产品的价格受自由买卖和市场调节的影响很小。由此,人们会产生这样的印象:价格并没有改变,而且永远不会改变。在记录中世纪早期情况的习惯法中,我们发现大量商品都有固定价格,其中包括牛、武器、奴隶等等。这些被确定下来的价格可能是最高价格。决定公平价格的有效标准有两个:其一是商品的公共需求,其二是制造商品和运输商品所需的报酬。

圣托马斯·阿奎那[①]以及13世纪的其他神学家们都认为:对劳动支出的补偿是合理的。在这种情况下,公平价格的概念就有意义了。当然,人们期待着:天主教思想家们应该把自给自足的经济看作是追求的理想。圣托马斯认为:最好每个国家都能生产足够的东西,不需要从国外进口货物。商业交易只是以简单的承诺,确定的言语为基础,就可以了。人们把以自然耕作为主的时期所

① 托马斯·阿奎那:《神学大全》,第2集,第2部,第78题。

从事的那种小规模的贸易看作是理想的贸易。但是,随着商业活动的发展,生产者与消费者之间的关系变得越来越复杂,商业中间人的作用越来越大,公平价格的概念也越来越含糊不清了。把抽象的原则应用到像贸易活动这样以人事为主的活动中去,必然会造成一系列的问题和困难。神学家和法学家有责任从理论上解决这些问题。把伦理和宗教方面的准则融合到日常生活需要中去,
279 绝非易事。但是,我们奇怪地发现,自13世纪以来,越来越多的人以纯粹的金融态度对待贸易活动。这种状况使得越来越多的人试图从理论上重新恢复在实际中已被丢弃的"经济无罪"的思想。

基督教对高利贷行为的谴责是以基督的话为依据的:"借出去就不要指望偿还。"(《圣经·路加福音》,第六章,第三十五节)因此,金融买卖只能作为一种无偿服务,作为一种朋友式的赠送和贷款。任何高利贷行为都被谴责为非法所得(不包括为感谢,出于良好愿望而赠送的礼物)。如果商人的卖出价高于买入价,那么他们能够以自己在储藏和运输商品时耗费了精力和时间,有必要从自己的工作中得到一些报酬作为自己生活的保证为由,来为自己作正当辩护。而高利贷者在中世纪神学家们看来则不能指望找到这种辩护。高利贷者所获得的利润是不道德的,是有罪的,因为他们什么事也没做就获得了利润,甚至"他们在睡觉的时候就把钱赚到手了"。他们不仅在集市日赚钱,而且在节日里也能赚到钱。由于高利贷行为被视为一种销售钱的行为,因此,钱的所有者在出售钱的同时也把拥有钱的权利一同卖掉了。由此可见:"*mutuum*"一词的含义是"贷款",该词是从"我的"(*meum*)一词变为"你的"

(*tunm*)一词合成而来。[①] 然而,高利贷的不合理之处在于:高利贷者不仅要求得到所卖物品的报酬,而且还要买者付出使用物品的报酬——就好像要求买酒人不仅要付出酒钱,而且还要付出喝酒的钱。在中世纪,钱被视为消费品。中世纪的思想家们像亚里士多德一样认为钱是结不出丰富果实的,它的唯一使用价值就是充当商品交换的手段。我们已经提到过另外一个反对高利贷行为的理由——高利贷者用时间来赚取利润,因为他借钱是有期限的,期满他就把自己的钱连同增值一同收回来。但是,任何人都不能买卖时间,时间是上帝创造出来供大家使用的。经营时间是"对事物的自然秩序的歪曲"(圣波拿文都拉)[②]。

起初,禁止高利贷行为的规定只对教士有约束力,不久就扩大到全体基督徒。在加洛林王朝统治时期,高利贷行为不仅受到教会的指责,而且还受到世俗统治者的指责。在整个中世纪,敲诈、
放高利贷的罪行会受到基督教路德教派、罗马天主教会,以及神学 280
家和牧师们的谴责。但丁把卡奥尔(Cahors)比做罪恶之地,卡奥尔是一个以金融家放高利贷著称的城镇。但丁谴责高利贷者的行为,并把他们同买卖圣职的人、伪造者、为妓女拉客的人放到第六层地狱中让他们受难:"放高利贷是犯罪行为,高利贷者辜负了上帝对他们的恩惠"……"高利贷者甚至蔑视大自然"。[③]

---

① 屈尔宗的罗伯特(Robert de Curzon)、欧塞尔的威廉(William of Auxerre)(13世纪早期)。引自 J. T. 努南:前引书,第 39、41、43 页。罗马法学家们已经给出了这个词源。

② 引自 J. T. 努南:前引书,第 43—44 页。

③ 但丁:《地狱》,第 11 章,第 49—50、95—96、109—110 行。

然而，坚持同高利贷行为作严厉的、不屈不挠的斗争的只有神学家们。中世纪的法学家们——精通罗马法的法学家们——和宗教法规学者们，在几个重要问题上，远远不如神学家们表现得那样坚定。罗马法允许贸易和借贷自由，不禁止人们获取利润，这种特许权只授予那些具有崇高动机的商人们。博洛尼亚(Bologna)的法学家们和12、13世纪的宗教法规学家们断言："承包商(订约人)们会不知不觉地相互欺骗"，而且，他们在制定价格时也"难免出错"，尽管"不是故意的"。即使是在神学家们中间，不论是在判断那些"反对获取利润的观点的正确性"的问题上，还是在"在多大程度上获取利润应该受到谴责"的问题上，都没有达成一致的看法。神学家们要解决这些问题，就必须面对两种不同的处理方法：神法(*lex divina*)和人法(*lex humana*)。根据神法，高利贷行为是不折不扣的犯罪行为。但根据人法，人们在认识货币作用时总是比较宽厚，比较实际，时刻不忘发展商品经济对社会存在的必要性。人法并不禁止一切触犯最高德行的行为。但是，神法则要求人们完善正义，任何非正义的事情都要受到惩罚。

值得注意的是人们的动机。在制定价格的过程中难免出错，这本身并不构成犯罪；最重要的是买卖双方的动机。高利贷者的行为动机就是牟取暴利，那些为掩盖以非正当手段得来的利润而精心策划的诡计和狡猾的逃脱手段，都无法解救高利贷者的灵魂。教会在同高利贷者进行斗争的时候不屈不挠，甚至禁止他们使用那些用高利贷方式获得的钱来为慈善事业服务。教会要求高利贷
281 者以及他们的继承人把从负债者那里掠夺来的钱财归还给他们。在15世纪，当佛罗伦萨的高利贷行为已经发展到前所未有的程度

时,大主教安东尼乌斯(Antoninus)向高利贷者发起了直接的进攻。这次进攻超过了他的前辈们,即13、14世纪的神学家们所做的任何努力。他写道:通过高利贷活动使金钱数额得到增长看起来好像是个奇迹,但实际上,这是恶魔的勾当。他描写过一个高利贷家庭,他说:这个家庭的四代人都注定要在地狱中受折磨,因为他们没有把祖先以非正义手段积累起来的财富归还给别人。[①] 教会并没有满足于对高利贷者的谴责和开除他们的教籍。在13世纪,教会还把那些被指控有受贿行为的人也送到法庭受审。许多高利贷者都遭到了社会的排斥。

显然,尽管基督教会对高利贷行为进行指责并颁布禁令,但这些都未能阻止高利贷行为的发展,更不用说消灭高利贷行为了。随着时间的流逝,这些禁令的语气变得越来越强硬。这个事实表明:由违反教会禁令而导致的犯罪行为是不能根除的。然而,对高利贷行为的攻击又阻碍了银行业的发展。[②] 雷蒙·德鲁弗(R. De Roover)是金融史方面卓有成就的专家,他认为只有牢记基督教会对高利贷者的谴责,才能理解中世纪的银行业。银行家也好,高利贷者也好,他们都不能忽视教会对他们的谴责。他们不愿放弃自己的经营方式,为了索取利润,不得不利用各种借口来避免激怒教士——这些公共道德的管理者们。由此可见,中世纪银行业的

---

① J. T. 努南:前引书,第79页。

② R. 德鲁弗(R. De Roover):《锡耶纳的圣伯尔纳定和佛罗伦萨的圣安东尼诺:中世纪两大经济思想家》(*San Bernardino of Siena and Sant'Antonino of Florence:the Two Great Economic Thinkers of the Middle Ages*),波士顿,1967年。

整个结构都具有独特之处。[①]

由于任何以借贷方式而索取的利润都被视为非法所得，因此银行家们就必须找一个既能保证利润，又不必详细说明利息情况的手段。用得最普遍的方法就是在不同的城镇或国家使用不同的
282 支票和货币。使用支票，利息就包含在整个欠款之中了。值得注意的是：兑换外币不被视为贷款，货币兑换或外币买卖都不属于使基督教会感到不快的事情。在美第奇(Medici)以及意大利的其他证券交易中心的帐本中，我们找到了上千份货币兑换的解释和记录，但没有找到一份收到利息的说明。帐本中只提到“兑换中的收入和亏损”。这是最繁琐的经营方式，它使程序复杂化，增加了费用，而且还需要人们花大量多余的时间和精力来保存帐本。也许最主要的弊端就是兑换货币时所承担的风险日益增长。这样，除了负债者和债权人以外，还需要有一个第三者(商务联系者)。只有在第三者参加的情况下，这笔交易才能生效。在负债者没能按期把钱还给债权人，而债权人又不愿诉诸法律的情况下，我们可以说债权人依赖于负债者。由于高利贷者不愿遭受可能出现的亏损，因此贷款的费用就提高了。银行业是在入超的情况下发展起来的，由于无力偿还债务，所以大银行倒闭是常有之事。甚至戴着王冠的负债者声称自己无力偿还，也不是新奇之事。

政府并没有把大银行家们视为高利贷者。银行家寻找借口扩

---

① R. 德鲁弗：《美第奇银行的衰落》(“The Decline of the Medici Bank”)，《经济史杂志》(*Journal of Economic History*)，第 7 卷，第 1 期，1947 年，第 73 页及以下诸页；R. 德鲁弗：《美第奇银行的兴衰，1397—1494》(*The Rise and Decline of Medici Bank 1397—1494*)，坎布里奇，马萨诸塞州，1963 年，第 13 页及以下诸页、112、121 页。

大贷款利润，只能靠那些占有大量资本，并在其他城镇和国家有代理处的人。这样，尽管大投机商可以免受被指控为高利贷者，但是小商人仍无法摆脱这个坏名声。基督教会的指责和大家的轻蔑态度主要是针对这些小商人的。但是，许多富有的金融家们，他们的思想也不轻松。从许多尚存的遗嘱中，我们发现：他们嘱咐家人补偿由于自己的行为而造成的对负债者的伤害。但是，自 14 世纪中期以来，诸如此类的遗嘱数量在意大利日趋减少——显然，银行家已越来越习惯于从事借贷买卖了，而且感觉不到有义务净化自己的灵魂，为自己邪恶的行为赎罪。

在法国和西班牙，商人们和银行家们对基督教会的指责比较 283
重视，而且往往在从事这项或那项金融投资买卖之前与教士进行商量。有些商人，例如 16 世纪的西班牙商人西蒙·鲁伊斯(Simon Ruiz)，拒绝参与任何没有把握的交易。[①] 在协调商业活动与虔敬行为之间关系的过程中，西班牙人要比意大利人谨慎。意大利人不太愿意了解和认识在这个进退两难的问题中所出现的对人类灵魂的威胁。在意大利人的帐本和个人档案的首页上常常写着这样一段话："向我们的上帝耶稣基督和圣母玛利亚以及天堂上的所有圣人祈祷，请求他们以自己的仁慈和恩惠给予我们健康和成功，并使我们的财富和子女得到增长，使我们的躯体得到保护，使我们的灵魂得到拯救。"[②]毫无疑问，这种序言的作者没有意

① H. 拉佩尔(H. Lapeyre)：《商人鲁伊斯的一家》(*Une Famille de Marchands les Ruiz*)，巴黎，1955 年。

② A. 萨波里(A. Sapori)：《中世纪的意大利商人》(*Le marchand italien au Moyen Âge*)，巴黎，1952 年，第 18 页。

识到从事赚钱买卖与灵魂拯救之间的差异，这一事实有助于意大利商业的发展。

但是，我们必须问一问自己：文艺复兴时期意大利人的沉着镇定究竟能在多大程度上帮助我们理解和判断那些参与金融买卖的中世纪公民的思想状况。商业道德肯定是基督教会向高利贷者发起进攻的第一炮，制定商业道德标准要考虑与高利贷行为针锋相对的公共舆论。中世纪社会的思想界轻视财富，而且用一种特殊的眼光看待浪费行为，这些都不利于金融体制的顺利发展。[①]

有人认为教会对高利贷者的态度最能反映小生产者们的利益或其他阶级的利益，这种想法是不对的。神学家们主要是以总的正义原则和福音中关于“邪恶是财富中固有的”这种学说为指导思想的。但是，自13世纪以来，神学家对高利贷行为给予特别的关注并不是一种偶然现象，因为那时，人民大众对高利贷行为的普遍不满情绪越来越强烈。在这方面遭受欺诈的大多数是小生产所有
284 者、手工业者、农民和低等贵族。只要情况如此，人们都有理由认为基督教会对高利贷手段的谴责反映了这些群体的利益。但是，正如我们以上所见到的：教会制定的那些道德准则只能对那些小高利贷者起到一定的约束作用，但却会给那些大银行家们带来可乘之机。毕竟他们享有这个社会里的君主的保护，这些君主需要依靠他们获得贷款。甚至教皇往往也做大量的金融买卖。然而重要的是：由于民众反对这种用贷款形式获取利润的投机买卖，因而

① H. 皮雷纳(H. Pirenne)：《中世纪经济社会史》(*Histoire économique et sociale du Moyen Âge*)，巴黎，1963年，第99—100、115页。

投机商人们在干这种勾当的时候所遇到的危险越来越大，银行业成了一个声名狼藉的行业。只是到了近代，商人们才摆脱了中世纪在自由积累财富这条道路上所设置的障碍，各种经济活动才得以发展。“金钱并不发臭”——但并不是在任何社会中都不发臭。

古罗马后期，一切社会生活都被冷漠无情地物化。人们一方面纵情声色，享受物质财富，另一方面又完全轻视提供这些奢侈品的劳动。这种状况与中世纪时期出现的那种对待人们在人间所拥有的财产的特殊态度形成了鲜明的对比。从经济伦理角度看，从古代到封建社会的过渡可以被归结为如下几个阶段：首先是从古典古代放纵的享乐主义和贪得无厌的贪欲——它把人本身变成了被操弄的物——转变到早期基督教全部社会关系的高度“去物质化”和蛮族社会对财富的象征主义估量；然后转变到小生产的自我满足和对劳动的重新看重，这种精神和态度不仅在经济生活中而且在道德现象中都占据主导地位；承认——虽然是抽象地承认——所有人的尊严；然后转变到把作为财富源泉的所有权变成作为获得权力的工具，变成作为完全程式化的主仆关系的直接纽带；然后，转变到商品货币交换活动，并由“财神”(mammon)的道义谴责来对那些威胁到灵魂救赎的商品货币交换活动加以规训和节制。

中世纪的社会和经济思想在很大程度上是从早期基督教中继承下来的。尽管封建社会本身所固有的因素对其进行了修改，但 285
是在更为广泛而深远的宗教伦理思想方面，中世纪社会与早期基督教社会仍然存在着不可分割的联系。早期基督教世界观能够满足中世纪时期的社会和心理需求，而且符合当时人们的思维方式。例如：对于人与自然之间关系的特殊看法——农业社会的人不把这种关系解释为客观存在的，不把它当作一个事实根据，对事物侧重从情感和价值方面理解，而不是从纯粹的认知和抽象方面去理解，与小生产者的社会中所特有的行为和思想体系相适应的是家长主义和传统主义，重视过去，对一切有独创性的、闻所未闻的新生事物都持否定态度——所有这些中世纪世界观的特点都有助于基督教的社会和伦理思想在中世纪社会中扎根。[①]

实际上，现实总不可能与理想，即道德主张相一致。生活是无条理的，而且充满了矛盾。在这些矛盾斗争中，道德规范和宗教戒律总是充当规训者和督导者。诚然，理想不能简单地反映现实，——凡是理想都高于现实，理想要把自己摆在现实之上，理想必须在一种抽象的、规范的形态中把现实展现出来，并且为人们树立一个难以达到的典范。正因为如此，理想在社会发展中一直起十分重要的作用。理想是影响人类行为的因素之一。中世纪的财富观、劳动观和对待所有权的态度是这一时期社会生活的组成部分，是封建文化中的重要因素。

---

① E.特勒尔奇（E. Troeltsch）：《基督教教会和团体的社会教义》（*Die Soziallehren cler christlichen Kirchen und Gruppen*），图宾根，1919 年，第 244 页及以下诸页、295 页及以下诸页、329 页。

第七章

结论：人类个性特征的探索

前面我们已经考察了中世纪世界图景中的一些方面。我们的研究还可以再提出一些新的题目，以继续下去。考虑到欧洲其他一些地区和中世纪的其他时期都具有自己的特点，所做的分析可能也会有所不同——这仅是一种设想。但是我主要的目的是考察那个“世界图景”的观念是否在实际上是起作用的，也就是说，它是否提供了在这种作为一个系统的全部观念中看到中世纪文化的可能性；再进一步说，它是否有助于探索文化与社会—经济结构之间的关系。乍看起来，这些方面互相之间可能没有什么联系，但是我们对中世纪时间和空间概念的研究，对作为无所不包的世界秩序原则的法律的研究，对劳动、财富和财产的研究，似乎表明所有这些不同种类的事物之间存在着互相的联系。这种联系首先是由这样的事实决定的：中世纪的人将世界理解和解释为一个整体，这就是说，世界中的各个部分不是独立的实体，而都是整体的一个缩影，每一个部分都有整体的印记。世界存在着的所有事物，都来自于一个核心的规范性原则；所有的事物都被安排在等级结构中，都与这个宇宙中的其他成分有一种和谐的关系。因为中世纪世界的规范性原则是上帝，上帝被认为是最高的善和完美的化身。人们从道德的观点来看待这个世界和其中的每一种事物。在中世纪的世界模型中，不存在道德中立的力量或事物；所有的事物和力量都活动在宇宙间善与恶的冲突中和人类得救的过程中。因此，时间和空间具有神圣的性质；法律的固有特征是它道德上的善；劳动被理解为既是对原罪的惩罚，也是拯救灵魂的手段；拥有财富与道德问题被联系在一起，财富可以使人灵魂堕落，也可以被用来做好事。所有我们已经考察过的那些中世纪的各种观念的道德本质，同时也是这些观念内部的统一性和亲缘关系的体现。中世纪人所理解的统一性完满地存在于上帝的头脑中,也确实具有统一性——因为它体现了中世纪人的道德世界。

这就是为什么只有当我们把中世纪人世界观中的各种互不相干的观念视为一个统一体的时候,才能理解它们各自所具有的意 289
义。一定不要孤立地去看待它们,而是要把它们作为我们称之为中世纪文化的这个整体中的成分。只有在中世纪文化的整体中对其中的每一个成分进行理解,才能领悟它们各自真正的意义。

中世纪已开始出现百科全书、综览和概论百花齐放的盛况。所有这些都表明了一种综合地理解世界的渴望。中世纪的"普遍历史"(Universal History)中也表现了同样的渴望,它叙述人类从亚当一直到编这本书时的所有故事——甚至一直叙述到世界的结束和末日审判。同样的要包罗一切的倾向,还表现在教堂的结构中,教堂被设计为这个世界的全面的完整的模型,一个具有神圣秩序的宇宙的看得见摸得着的具体体现。中世纪认识的无所不包性是中世纪人这种信念的表现,即这个世界的统一性及其秩序是可以被理性地把握的。因此,哲学只能做神学的婢女;但这绝不能被认为是哲学地位的降低,而实际上被视为一种殊荣。这首先因为中世纪的人并不认为志愿的服务是卑下的,而且,他们认为,为神学服务只会帮助哲学去接近神圣的真理。从同样的认识出发,"普遍历史"也被视为救赎的历史;任何研究自然知识的著作,都迟早转变为关于世界结构应该知道的一切的一种概述(试比较许多带有类似题目的论文:*Imago mundi*[《世界的形象》],*De creatura mundi*[《世界的创造》],*De aeternitate mundi*[《永恒的世界》],

De mundi Universitate[《世界大全》],*De processione mundi*[《世界的进程》],——但还有 *De Vanitate Mundi*[《空虚的世界》],*De contemptu mundi*[《渺小的世界》]等等)。这些百科全书的目的不是给予人们算术意义上的关于世界的全部知识——算术意义上的"全部"是简单相加的结果——而是展示这个世界的统一的整体:*summa* 的意思是"最高""本原""最完满"。中世纪的百科全书是中世纪人这种信念的结果:即这个世界是可知的、可被理解的。

世界的事物都处于一个统一体中,这种认识,或者说是这种感觉,植根于构成中世纪文化的所有成分中,可以在每一件事上追溯
290 到最小的细节中。让我们以关于时间的概念作为例子。时间被以空间范畴的形式来理解。过去、现在和将来被理解为是同时存在的,在教堂的结构中人们发现了这种观念的可以看得见的具体显示。教堂把人类历史变为一幅世界的图画:教堂是"时间的小宇宙"(奥利[F. Ohly]语)。时间还被证明是法律的本质特征:真正的法律可以被追溯到古代,它们在已经回忆不起来的时代就已经建立起来了,以至于法律的古老性就像它的公正合理性一样,是法律的有机组成部分。把高利贷视为罪恶的理论,也涉及关于时间的概念:时间是上帝的创造物,它是上帝给予所有人的赠礼,不能被用来进行交易。

不能简单地说中世纪世界观中的所有概念互相牵扯在一起。更重要的是,被我们认为是抽象的时间、法律概念,在中世纪都恰恰被认为是具体的、有形的,是物质的存在。因此,中世纪的人认为一般的概念和物质的存在都是可以显示出来的,是形质相同的和可比较的,有一种相同的状态。人有权利,一块地方也有权利;

时间由原子组成，物体也是由原子组成的；时间和钱一样被花掉。中世纪人常常用同一个词既表示抽象的概念，也表示有形的实体。例如：*honor* 一词既表示“荣誉”，也表示“封地”；*gratia* 不仅有“爱情”和“美德”之意，也有“礼物”“赔偿(金)”的意思。大家都知道那个因为一个词的误译而引起了一场国际冲突的例子：罗马教皇哈德良四世(Hadrian Ⅳ)以调停人的身份致红胡子腓特烈的声明，在从拉丁文翻译为德文的时候，译出来的内容让人觉得好像教皇是这位德国皇帝的领主(这个误译是由 *Beneficium* 一词有双重含义——既可以指“善行”[*bonum factum*]，也可指“封建的赠予或补助金”——所造成的)。表示道德的和概念的词也可以用生动的线互相连接的几何图形的形式在图上表示出来。正如我们已经看到的那样，礼品的交换这一所有前资本主义社会的特征，在欧洲中世纪文明中也是与生俱来的。但是这种交换并不一定是以物质形态的产品的互相交换为先决条件的，它可以采取以物质形态的产品与颂词、诗歌、祈祷文、斋戒词、弥撒曲、仪式书等进行交换的形式。因为这些有关圣事的文章或诗文，以及与之相伴的那些行为，被理解为与那些真实可见的东西(如武器、上好的布料、金钱、食物或土地保有权)有着同样的性质。

数字、几何图形(圆圈、球体、方块等)的意义超出了数学，它们还表现了世界的协调，它们确实有着令人不可思议的和道德上的意义。对于一种还没有把数字充分地“非语义化”的意识来说，重 291
要的是“神圣的算术”。奥古斯丁关于作为上帝思想的数字系统的概念被接受过来，数字的知识是关于宇宙本身的知识的钥匙。《圣经》中充满了神圣的和神秘的数字，人们力图通过坚持不懈地研究和阐释这些数字来发现宇宙的本质。

关于中世纪数字的神秘性的一个最著名的例子是，但丁的《神曲》是建立在3、9和33这些数字上的，这些数字被认为象征着宇宙所遵循的神圣的节奏。中世纪一些重要的信念与数字有关，而这些信念被认为是毫无疑问的真理。3是三位一体的数字，是所有精神事物的象征。4象征着4个伟大先知和四福音作者；4还是构成世界的4种元素的数字，因而4是物质世界的象征。3被4乘表示物质被精神神秘地穿透，十二使徒则象征着向世界表明信仰的真理和基督教普遍原则的确立。4加3等于7，这是有关人的数字，表示两种自然物质——精神和人的躯体的结合。此外，7还象征着7种圣事、7种美德和7种极端的罪恶。而且，7还象征着人类生命的和谐和人与宇宙之间关系的和谐。七大行星指示人类的命运，这个世界是用7天创造出来的。格里高利乐有7种——这是赋予宇宙秩序以音乐形式的表现。

语词也有神奇的力量。在中世纪，语源学就像百科全书一样普遍（实际上，它们常常是互相混合的）。一个词的词源揭示出这个词中隐藏着的本质的意义。以科学的语言学的观点来看，中世纪的语源学是不合理的，但是对于当时的人们来说，它却是指引人们深入到事物神秘的内部去的向导。*Occidens* 一词指西方，那里是太阳的去处，但是中世纪的语源学家不是由 *occidere*（*ob* + *cadere*，意为“落下”“安置”“衰落”）得出这个词，而是由 *occīdere*
292 （*ob* + *caedere*，意为“杀死”“破坏”）得出这个词。在教堂中，我们可以发现这种用天的方位象征某种意义的设计，其西面是与最后的审判联系在一起的。塞维利亚的依西多禄从 *humus*（意为“大地”）得出 *homo* 一词，因为上帝用大地上的泥土造出了人，又使人回到泥土中去。*Reges* 或“Kings”一词来自 *regere*，*re*〔*cte a*〕*gere*，意为公正地、正确地行事；这即是说，国王的行为必须符合他的本质，换言之就是必须“符合正义”。*Decorus* 一词，意为“适当的”“合宜的”“美丽的”，它是由 *dec*〔*us*〕*cor*〔*dis*〕（意为“精神的美好”“道德的高尚”）组成的，因为缺乏坚实道德基础的人的身体的美丽是一种邪恶，是魔鬼的产物。

对于我们来说，如果仅从字面上去理解中世纪的一些事情是愚蠢的，尤其是对于那些隐喻。对于中世纪的人，隐喻中具有重大的象征意义。隐喻是看不见的世界本质的可触知到的具体化身。按照中世纪人的理解，象征的使用不只是一种约定俗成的习惯，而是包含重大的意义。因为象征所表示的不只是某些行为或事物；他们认为整个这个世界都不过是上边那个世界的一种象征。因此，每一个事物都有二重或多重的意义：伴随着它的实际的功用，它还有一种象征的意义。

这个世界是用上帝的手写成的一本书，其中每一件事都是一个富有意义的词。奥古斯都顿尼西斯说：“上帝所创造的每一个事物都包含真理和生命。”玫瑰、鸽子、宝石——这些在宗教上都是重要的象征物。四福音作者中，马可的象征是狮子，约翰的象征是鹰，马太的象征是人形，路德的象征是小牛。同样，这四种生物象征着 4 个重要时刻的基督：耶稣基督“降生时为人，牺牲时是小牛，复活时是狮子，升天时是鹰”。

圣维克托的休格（生活于 12 世纪）认为，象征是可见的形式的一种集中体现，不可见的东西由此而被具体体现出来。这种体现

是不能用推论的方式来理解的；这是对于推演不出来的事物的一
293 种直接的展现。[①] 中世纪的象征主义绝不是一种空泛的智力活动，正如P. 比齐利(P. Bitsilli)指出的："这不是事物可以用象征方式表现的问题，这不是我们所理解的象征；它们是象征，这个感知主体的任务就是揭示它们的真实的意义。"[②]因此，中世纪的象征不是主观的，而是客观的和具有普遍强制性的意义。世界需通过理解这些象征的意义、隐藏着的意义来加以理解。中世纪的象征主义是理智地理解现实的一种方法。

但是，为什么要用这种特殊方式"理解"世界呢？是不是因为世界被认为不是变动和发展的，在本质上是不动不变的？(在中世纪)只有永恒才是意识中决定的因素，时间用来衡量变动，而永恒标志着不变和恒定。变化是一种表面的东西。新奇的东西很难得到赞许。因为变化问题在中世纪人的心目中不被认为是什么大问题，所以各种现象之间的联系不被理解为可进行实际研究和检验的因果关系。世界被认为是一个整体，它的各个部分在一个象征的系统中连接在一起。因此，因果关系的解释只起很小的作用，只限于阐述一些最具体的事情。中世纪人认为，世界作为一个整体并不遵循因果关系的原则，事件的联系不是横向的(即以"原因—结果""作用—反作用"的形式)，而是一种等级的垂直联系；每一种物质的客体都有自己空幻的原型，这个原型不是去"解释"(如果我们用的是这个词的现代意义的话)那个客体，而是揭示它的更深层

① M.-D. 舍尼：《12世纪的神学》(*La théologie au douzième siècle*)，第162页。

② П. 比齐利：《中世纪文化的要素》(*Elementy srednevekovoj kul'tury*)，第4—5页。

的意义。[1] 原型与事件或客体的关系是稳定的、不变的;这是功能性的而不是动因性的关系。看待物质的客体与它所由来的原型的关系的方法,给予了中世纪人一种使他们在这个时代的大部分时间里感到满意的认识理论。思维中象征主义占据统治地位的情况与“普救说”有联系。中世纪人的观念是从这样的原则出发的,即 *universitas*(意为全部——不论是社会、民族、教堂、团体或王国)是一种概念,因此它在真实世界中的位置居于这个世界的各个组 294
成部分之上。这个“全部”是真实的,包含在其中的每个部分是它的带有偶然性的派生物。要解释中世纪现实主义的论题——*universalia ante rem*(共相先于事物)——我们可以说,形成中世纪社会的原则是 *universitas ante membra*(全体先于部分)。中世纪的理论分析总是从总体开始,从不从单个的情况开始。因此,个体被看作是一种一般的象征物。

中世纪的象征在伦理上绝不是中立的;象征的等级同时就是价值上的等级。大地上的每一种事物、每一个存在,都有它的被决定了的价值,这是依它在世界的等级阶梯中的位置而决定的。这些等级的中心和顶点是上帝,世界万物都为他而存在——从最高等到最低等,从天使到昆虫和石头。

就此而论,那种认为中世纪的思想是不发达的,认为它对自然界的理解是原始的,认为这种前科学的思想的标准不能令人满意的观点,是错误的,这样的评价无助于我们抓住中世纪文化的特点。用现代的标准来衡量,中世纪那种解释现实的方法,当然是荒

① W. J. 布兰特:前引书,第 33 页及以下诸页。

唐的和不能接受的;但是我们的中世纪先辈们也许会发现我们现在所使用的科学的解释方法同样是不合适的,我们的科学方法的毫无疑问的优点,对于一个以神为宇宙中心的社会似乎还没有显示出来。在一个以神为宇宙中心的社会里,世界是不需要解释的,它是被直接地觉察的。这种对现实的精神占有的方法及其他的组合关系是非常神秘的。在中世纪,神秘主义与逻辑学不是对立的;逻辑学有助于神秘地揭示“神圣的秘密”——也就是这个世界的结构和人类所占据的位置。

中世纪人对于宇宙的这种象征性的解释形式是基督教的新柏拉图主义的解释。但是,正如我们看到的,象征主义也是前基督教时期的蛮族社会的特征,虽然那时在形式上更粗糙、更原始。即使
295 在中世纪,与神学家这种微妙的象征主义一起,我们也发现了很多来自于蛮族时代的信仰和实践的象征性的描写、仪式和信条,或者这些象征性描写、仪式和信条已经采取了新的形式,显示给我们的是基督教统治之下的中世纪的思想方式。许多审判中所用的方法——神裁法、决斗、宣誓、念咒、巫术——都与基督教无关,或仅被加上一些基督教的虚饰。中世纪象征的思想方法不是由基督教而产生的,而是从世界各地的前阶级社会或早期阶级社会中各种各样的古代的“原始的”思想方法中得来的。中世纪封建制度下的社会生活实际,不仅为象征主义的继续存在,而且为它的更新和充满活力的发展提供了肥沃的土壤。对于空间和时间的象征性的理解;对领主和封臣(包括骑士)之间的关系的仪式化;赠礼的交换甚至优雅的爱情的交换;财产的象征作用;以及只有在所有适当的仪式被严格遵守的情况下,才被认为是合法和有效的那些法律的严

格的形式化——所有这些都是我们在本书中已经加以研究的中世纪无所不包的象征主义的例子。基督教的确对中世纪人已经很熟悉的那些象征的强化以及向哲学的升华起了促进作用,而且,基督教还给这个充满庞杂的想象的复合体注入了一些新的成分。

作为一个合于规范的、具有广泛意义的系统,物质世界的这种象征体系与人类社会的象征体系是相平行的。社会的象征主义和中世纪人仪式化的行为,是由个人与集体的特殊关系和个人在社会中所处的位置造成的。那种认为一直到文艺复兴时期才产生我们称之为"个性"(personality)的东西,在此之前个人完全被淹没在集体中的观点,在几十年前是很流行的,现在再也站不住脚了。当然,中世纪没有什么可与随着近代欧洲社会的原子化而充分发展了的"个性"相比的东西。一种似乎自认为完全自主、对于社会享有完全的权利的"个体性"(individuality)在中世纪时是闻所未 296
闻的。但是现代类型的个性同样是由历史的条件所决定的,它并不仅仅是人的个性应有的本质的表现。在全部历史过程中,人的个性不管怎样,总是可以被认识到的,不论个人站在集体之外或是被融于集体之中,人从来不是人群中无法辨认的个体。正如马克思指出的:"人是最名副其实的政治动物,不仅是一种合群的动物,而且是只有在社会中才能独立的动物。"①

回到中世纪来,我们不得不承认,正是在这个时期,人的个性

① 卡尔·马克思:《政治经济学批判大纲(原始草稿),1857—1858 年》(*Grundrisse der Kritik der politischen Ökonomie*[*Rohentwurf*],*1857—1858*),莫斯科,1939 年,第 6 页。(中译本见《马克思恩格斯全集》,第 46 卷(上),人民出版社 1979 年版,第 21 页。——译者)

概念形成确定的形式，在古代，希腊文的 πρόσωπον，拉丁文的 *persona*，其原意都指演戏所戴的面具，或举行宗教仪式时所戴的面具。*persona* 一词在这里被理解为“伪装”或“面具”。面具不是人的面孔，但是在面具和戴着它的人之间，存在着某种复杂的关系。从个人生活或社会生活的高度强化的表现方式来看，全世界所有的民族都用面具（戴着的、刺在脸上的、画在脸上的）遮着自己的面孔。虽然这不是一种有明确规定的做法，这个事实都与这些人们理解人的个性的方式有着直接的联系。要探寻这个问题的各个方面，会使我们超出现在探讨的范围。但是如果我们回想一下在罗马的 *persona* 概念发展为完全自主的个人这个概念（特别是在法律意义上）的情况也就足够了。罗马的法学家认为，在法律中，只有人（*Personae*）、事情和行为。从法律和宗教的观点来看，古罗马公民是一个 *persona*，他有祖先，有名字，有财产，因此，不拥有自己的身体和自由人的其他标记的奴隶，没有 *persona* 的资格（*servus non habet personam*）。[①] 关于古代城邦中自由人的个性的发展，古代哲学家中没有人企图做出任何明确的界说。把演戏的面具转变为具有内在的统一的道德化的人格的是基督教。于是 *persona* 具有了一个灵魂，并视之为人的个性的基础，一个人的不可被毁灭的真正的核心。[②]

---

① 《大保利古典学百科全书》(*Paulys Realencyclopädie der Classischen Altertumswissenschaft*)，第 37 分册，斯图加特，1937 年，第 1040—1041 栏。

② M. 莫斯：《人类精神的一个范畴："人"的概念，"我"的概念》("Une catégorie de l'esprit humain: la notion de personne, celle de moi")，《社会学与人类学》(*Sociologie et anthropologie*)，第 335—362 页。

波伊提乌(Boethius)在6世纪初对人格所下的定义是："一种有理性的不可分割的存在"(*rationalis naturae individua* 297
substantia, PL, t. 64, col. 1343)，在整个中世纪，人们一直使用这个定义。*Persona* 这个词是由 *per se una*(统一于自身者)而来的。人是按照上帝的形象制造出来的，样子像上帝。*persona* 的概念是与上帝和三位一体的性质联在一起的。圣托马斯认为，*persona* 是对在性质上最完美的也就是有理性的存在的称呼("*Persona significatid, quod est perfectissimum in tota natura, scilicet subsistens in rationali natura*")。他的这些论证与 *persona divina*(神性的人)有着直接的联系。*persona* 一词用于上帝是最合适的。[①]这个概念的宗教性质保留在教区牧师的英语称呼——parson (parson 来自于拉丁语的 *persona*)中。[②] 在中世纪，这个实在的人的问题总是被提到一个更高的层次。

基督教造成了一种矛盾的情况，"人格"在这种矛盾中发现了本身的存在。一方面，人宣称自己像上帝——像他的创造者。在中世纪，人是被创造出来以代替从天国降下的天使的理论，转变为人拥有独立的尊严、人生来就具有自己的权利的观念。人绝不是为了其他目的而生，而是这个宇宙是为人创造的，人是万物之

① 托马斯·阿奎那：《神学大全》，第1集，第29题，第3节。

② 参见《个性研究与个性理论》(*Persönlichkeitsforschung und Persönlichkeitstheorie*)，Ph. 莱尔施(Ph. Lersch)和 H. 托梅(H. Thomae)合编，哥廷根，1960年，第8—9页；H. 莱茵费尔德(H. Rheinfelder)：《persona 一词：其含义的历史，尤其是在中世纪法语和意大利语中的含义》(Das Wort persona. Geschichte seiner Bedeutungen mit besonderer Berücksichtigung des französischen und italienischen Mittelalters)，萨勒河畔哈勒，1928年。

灵。[1] 因为这个世界是为人创造的，所以在人身上可以发现整个世界和它的统一性，造物主的作品中，一些可以存在，但没有生命（例如石头）；另一些既存在也有生命，但没有感情（例如树木）；还有一些既存在又有生命，而且有感情，但是没有理性（如动物）；而人具有了这个被创造出来的世界上其他事物的这些属性：存在着，有生命，有感情，而且还有天使的理解和推理的能力。人是万物之灵。另一方面，人是上帝的奴隶。但是为上帝所役使并没有降低人的品级，相反地却提高了人的地位，拯救了人类。服务要求谦卑，要压抑人的那种与基督教的严酷的教义相矛盾的意愿；既然人的被拯救和变得完美无瑕只能在另外一个世界实现，那么人的个
298 性的自由发展在地球上是不可能实现的。基督教所宣称的意志的自由被那些针对妨碍灵魂得救的事物的戒律抹杀了。虽然神学家们认为，人是躯体和灵魂的统一体，但基督徒却被认为是把他所有的精力与关注都放在了他的人格中的这第一种成分上，甚至不惜因此舍掉这第二种成分。灵魂和躯体分属于不同的范围：灵魂属于永恒，而躯体则处于时间的侵蚀之下。

但是，这种中世纪人的“个性”本身的特性并不只是基督教的产物。如同基督教的象征主义一样，基督教的“个性主义”实际上在很多方面是与人的个性在中世纪的欧洲所达到的发展水平相一致的。从蛮族时代的“家族人格”阶段起步，封建社会的人们使自己进入了一个新型的集合体，这个集合体不仅在物质和政治方面统治着人们，而且在社会——心理方面统治着人们。封建社会的

① M.-D. 舍尼：《12 世纪的神学》，第 55 页及以下诸页。

人是集体的人，在或大或小的程度上，他力求与他所属的那个集体合为一体，采用这个集体的标准、观念、价值、思想方法、行为方式，以及浸透于其中的象征主义。我们已经考察过的中世纪人世界观中的那些范畴都是这样一些因素，它们汇集起来成为人的个性在其中得以铸成的一些形式或范型——当然，那些形式或范型总是作为产生人的个性特征的温床而起作用的。

所有我们已经考察过的中世纪文化中的那些成分——时间、空间、法律、劳动、财富——对于我们是非常有趣的，这是因为这些都是中世纪人的个性参量，是中世纪人的世界观和行为方式的指导，是人类认识自己的途径。但对于这些内容的分析还不足以认清这种特殊的人的个性，最好的情况也仅能帮助我们提出这个问题，这几乎是不言而喻的。所以，如果我们对中世纪人无法做出确定的结论，那么我们可以做出几点一般性的评析。

在不同的社会制度中，人的个性形成的方式是各不相同的：个 299
人与社会的母体或造就他的任何一个集体融为一体的过程，是通过被这个社会的社会—文化性质所决定的途径来进行的。与中世纪社会融为一体的首要条件是洗礼，经过这个仪式，一个人被接受为基督教教徒。洗礼仪式具有特别神圣的意义，一个没有经过这种宗教仪式的灵魂——即使是一个清白无罪的婴儿的灵魂——也是不能进入天堂的。我们发现，但丁把一些未受洗礼的新生儿的灵魂和古代的异教徒中那些清白的好人的灵魂一起安置在地狱的边缘：

> 他们清白无罪；然而他们的美德中缺乏
> 最重要的完满，缺乏洗礼，这是通向你所虔诚信仰的宗教

的大门。[1]

不把自己新出生的孩子毫无耽搁地送去洗礼的父母,要受到严厉的惩罚,而没有履行给婴儿进行洗礼职责的牧师也要受到同样的惩罚。洗礼仪式超出了单纯的宗教意义;它表示这个人的第二次新生——一个人从他的自然状态,通过洗礼就进入了只为经过洗礼的基督徒们安排的另一个社会。从基督教的早期开始,就在 *homo carnis* 或 *homo naturalis*("自然的人")和 *homo Christianus*(信教的公社成员)之间划开了严格的界限。洗礼被认为能使人起根本性的变化;一个人受洗礼之后,其生活就完全不再受他的天性和意愿的引导,而置于他所皈依和加入的那个宗教性的社会共同体的指导之下;献身于这个宗教共同体,同时就是献身于上帝。在中世纪的人看来,社会不仅由人组成,它还是由人与上帝结合而成的。在使徒圣保罗的训词中,在圣奥古斯丁的教义中,都没有自然状态的人的位置。社会的成员就是 *Christianus*(基督教徒)[2],奥古斯丁探求的就是关于基督徒自身的知识。但他对自己给自己提
300 出的问题"你渴望知道什么"的回答是"上帝和灵魂,别无其他"(《独语录》[*Soliloquia*],1,2)。因此,人的个性只有超出个人之上的那一部分,通过基督教徒共同体与上帝发生联系的那部分,值得给予关注。

---

① 但丁:《地狱》,第 4 章,第 34—36 行,多萝西·L. 塞耶斯(Dorothy L. Sayers)译。

② W. 乌尔曼(W. Ullmann):《关于中世纪对自然人和基督徒评价的一些观察》("Some Observations on the Medieval Evaluation of the Homo Naturalis and the Christianus"),《中世纪思想家眼中的人类及其命运》(*L'homme et son destin d'après les penseurs du moyen âge*),第 145 页及以下诸页。

通过成为基督徒中的一员,期望达到展示在他面前的灵魂得救,一个人便放弃了自己的个性,从此以后,他要忠顺地服从暗示于他的那些规则,他要保持对那些规则的忠诚。我们已经看到,宗教信仰上的忠诚如同社会—政治方面的忠诚一样,在中世纪人的观点中起着多么重要的作用。Fides 和 fidelitas 都既指对上帝的信仰,也指对自己的封建主或统治者的效忠,这是上帝所制订的法律在世俗社会的具体体现,人没有认识到自己是一个独立的个体;他属于一个整体,在他所属的这个社会集体中,他不得不履行分派给他的职责。封建社会中人的社会职责全都是严格地规定了的,一个人被毫无保留地完全束缚于这个职责中。分派给某个人的社会职责被认为是这个人的使命(*Vocatio*),他在一个更高的力量的召唤下去完成这个使命,并使他所做的一切事情都与自己在生活中的使命相符。他的个人品质和才能,被用来确保尽可能有效和成功地履行分配给他的这份社会职责(他的使命)。

要求一个人必须做到的、构成他的社会美德的,不是创新,不是与众不同,而是要求他成为社会这个集体,这个上帝安排的天地(*Ordo*)中一个能胜任本职的成员。杰出的人是那些比其他人更具有基督徒的道德的人;他的行为最大限度地符合已确立的那些教规,他最接近那种为社会所接受的人的典型。与神圣规范相违的个人性格要受到非议,这不仅因为一个保守的社会不信任且蔑视这种乖戾性格,而且更主要的是因为与那样的性格相联系的心理上的态度和心理活动被认为是与基督徒的形象相矛盾的,对宗教信仰来说是危险的。因此,中世纪不认为这种对个人观点和意志的限制,是对人的权利的侵犯和对人的尊严的贬低。公开表达 301

与现行的信仰相抵触的观点，则被视为异端。异端的罪名，按照最重要的教会法典——《格雷西恩的教令集》(*Gratian's Decretum*)的权威性解释，是为表现自己智力高超，坚持自己的看法，而不相信那些被专门赋予宣讲教义资格的权威人士的观点。①

如同洗礼、信仰、忠诚、使命这些概念一样，开除教籍的概念同样不仅具有宗教的意义，也具有社会——政治的意义。将异端从基督教中开除出去，无异于将他从人类社会中开除出去。他从此不但脱离了宗教的法律，也处于世俗社会法律之外。注意这些概念的社会意义，是很重要的：*religio*，意为"联系""连接""羁绊"；*communio* 意为"共同体""圣餐""圣礼"；*exeommunicatio*，意为"解除联系"，即禁绝所有的社会交往。

有一些机构是封建社会用来约束个人，使之服从于统治制度的。对此，不能认为仅仅是社会对个人的压制。我们必须要问，这些人能在多大程度上意识到自己是一个独立的人？当然，"中世纪人"的概念是抽象的。问题是那样的抽象是否看来是真实可靠的。常识告诉我们，没有哪两个人是完全一样的。至于中世纪，那是一个很长的时期，其间欧洲和它的人民都发生着急剧的变化。结果，我们的"中世纪人"看起来是一个内容空洞的抽象概念。但是我们所研究的既不是真实具体的人格的条件类型，也不是它们在中世纪期间的变化。我们是在企图确立一种文化——这种文化在经过它所有的变化和发展之后，仍保持着同样的结构参量——的某些

① W.乌尔曼：《中世纪的个体与社会》(*The Individual and Society in the Middle Ages*)，第37页。

基本的特征。那么,对作为社会的人的自我反映和揭示人的本质的文化给以阐释,这难道是不可能的吗?从这种观点出发,对中世纪文化的特性的研究,使我们感到有必要去探索与这种文化相一致并适应于这种文化的人格问题。也许那样我们会冒一概而论的风险吧。一般来说,中世纪人不将自己视为世界的中心,视为能对别人产生影响的一个行为中心的协调力量。中世纪的个人的内心生活没有"联结"成为一个统一的自主体。在这方面,对中世纪人自传的研究特别能说明问题。严格地说,自传并不是作为一种独立的形式而存在的,可以归入这个主题的少量作品——一些可以告诉我们它的作者情况的训诫书信——在最好的情况下也只能给我们提供关于这些人物的一些支离破碎的材料。凭借这些一鳞半爪的材料,很难得出一幅完整的生活经历图景。但有一点是确定无疑的:这些材料反映出来的那些特征不是属于个别人的,而是带有典型性的。例如,述说自己情况的僧侣或其他人,是从这类人或那类人——宗教上的罪人、正直的人、教会人士等等——的角度看待自己的,并不想把自己写成一个如自己实际情况那样的有特点的人,从而使自己的性格独立出来;好像他意识不到他们的存在。[①] 其结果是,中世纪的人被自己看成是一个具有一些不协调 302
的性格特征的综合体。

格奥尔格·米施(Georg Misch)在他的内容广泛、引证丰富的自传中恰当地指出,中世纪人的个性中"没有逻辑的连贯性"(或

① P.莱曼(P. Lehmann):《中世纪的自传》("Autobiographies of the Middle Ages"),《皇家历史学会会刊》(*Transactions of the Royal Historical Society*),第5辑,第3卷,伦敦,1953年,第47页。

"异质混合"),并且指出,整个中世纪的特点,不是"有机的"个体化,而是"形态学上的"或类型的个体化;个人只是按一个类别的人的共性去加以认识,而不是通过他个人的内心生活这个有机的中心去加以认识。这样,一个人精神上的经历往往按照一些刻板的原型来描述,道德上的判断也不是以作者自己所达到的认识,而是简单地借用当时的道德标准来进行。米奇比较了中世纪和文艺复兴时期描写人的个性所用的不同的方法。文艺复兴中的那些伟大人物断言,他们自己的个性具有"向心力",把周围的世界拉向自己,而他们的前辈们则认为自身具有"离心力",这种离心力把自我投到周围的世界中去,这样,周围的世界就吸收了他们的个性。修道院长休格(abhot Suger)由于渴望光荣,把自我溶解到他的大修道院中去。对于中世纪的基督徒的个性来说,其特有的自我肯定的方法是自我贬低和自我否定。在少数情况下,个性特别强的人不愿将自己完全归入现成的某个类型中去,但他自己的情况仍然是模糊不清的。阿伯拉尔*的墓碑上有他的朋友们所刻的这样的话:"只有他知道他自己是什么样的。"①

读中世纪的圣徒传,我们同样得到这样的印象:没有人想要分析一个人的内心世界,分析一个人在从有罪的状态向圣洁的状态持续不停地过渡这个灵魂的变化过程。正如我在前面说过的,这个转变的发生似乎完全是突然的,没有任何心理上的准备。一个有罪的人突然忏悔,然后开始过着圣徒般的生活,或者在他身上奇

---

* 阿伯拉尔(Abelard,1079—1142),法国哲学家、诗人、神学家。——译者

① G.米施:《自传的历史》(*Geschichte der Autobiographie*),第3卷,第1期,美因河畔法兰克福,1959年,第529页。

迹般地出现了高尚的品德。这后一种情况的出现往往被描写为在一个人经过一场大病身体恢复健康之后，或者是人的灵魂经过了一场正义与邪恶的战斗之后。圣徒传的作者可能真想要评述并记 303
载这些圣徒的某些个人性格特点，[①]但是他为自己制定的任务——树立一个圣洁高尚的典型——却使他几乎不可能把那样多的高尚品德归属于某些个别人物身上而背离规范。拘泥于这种陈规，表明作者缺乏对于表现个人的兴趣。而且，这位作者对有关个人的思想感到害怕，虽然这是不能承认的事情。克吕尼的奥托(Odo of Clung)在写《传记》的时候，使用了第一人称单数，几百年之后，这本书的编辑谨慎地划掉了"我"这个词[②]。

中世纪的编年史关注的是人民。但是，即使是那些历史学家，在对于人类生活经历的兴趣中，也仅有很小的一部分放在个人的情况上。对于他们来说，个人首先是那些特定的品质——自豪、勇敢、高贵或者怯懦、卑贱、恶毒——的体现者。中世纪叙事文学中的人物并不是具体的个人，而是人格化了的道德价值。在中世纪，*persona*（面具）一词的概念与演剧用的面具之间没有什么关系，这和古典古代时的情况是不同的。编年史中的人物是作为演员出现的，严肃而认真地扮演着自己的角色。他们的行为是公众的行为，为公众所左右，其中没有个人的意图或倾向。他们是为既定的社

---

① L. 策普夫(L. Zoepf)：《10世纪圣徒的生活》(*Das Heiligen-Leben im 10. Jahrhundert*)，莱比锡和柏林，1908年；R. 托伊费尔(R. Teuffel)：《10和11世纪德国历史著作中对个性特征的描绘》(*Individuelle Persönlichkeitsschilderung in den deutschen Geschichtswerken des 10. und 11. Jahrhunderts*)，柏林，1914年。

② C. Carozzi, "'De l'enfance à la maturité: étude d'après les vies de Géraud d'Aurillac et d'Odon de Cluny", *Etudes sur la sensibilité*, Paris, 1979, pp. 103-116.

会秩序所认可的普通人的集中体现。一个骑士的行为是以其观众为目标的，是按照对这个角色的要求来进行表演的。当他退出战场的时候，宁肯被俘也不表现出匆忙，免得被人视为懦夫。因此，编年史家和圣徒传的作者一样，解释其笔下的英雄人物的行为不是从个人的特点或个人的才能出发，而是从一个贵族只要他信守上流社会确认的行为规范就必定要遵循的动机出发。W. 布兰特(W. Brandt)写道："中世纪贵族的个性主义实际上是很没有个性的。"[①]这个评论并不偏颇，这些人首先关注的是他们的信誉、好的声望、他们的社会地位，在这种情况下，只有当他与他所担负的社会角色相一致的时候，个人的品质才被加以考虑。最重要的不是这些骑士个人的特点，而是他所体现的职责上属性。在"演员"和
304 他所扮演的角色之间没有区别，他伴随着他在社会舞台上要继续承担的角色而成长。

这些编年史家(特别是基督教会的作家)在描述人们的行为举止时所爱用的另一个惯例是，不把这些行为归之于那些主要人物本身，而是归之于他们的美德或缺点。那样的行为来自行为者的那样的品质。这些品质互相之间没有联系，这意味着当这个英雄做某件事的时候，支配其行动的，不是他本人的个性，而是那些互不协调的品质和力量的集合体在独立地行动。中世纪的现实主义像任何其他的抽象方法一样，将罪恶和美德人格化，给它们以独立的地位。对于基督教会的编年史家来说，是一个人的几种品质在轮换着起作用，而不是一个统一和谐的自我在起作用。

① W. J. 布兰特：前引书，第109页。

这些品质是很容易脱离开人的性格特征的。中世纪的人爱将邪恶与美德人格化，这不是没有原因的。善良与贪婪，骄傲和聪明，谦和与公正，像时间、老年等一样，是会经常通过人们的外表表现出来的，也在诗歌和传奇故事中的彩色图画中或在雕塑中展示出来。这些富于寓意的形象是作为对人们行为的指导和教诲而出现的：它让人们这样做或那样做，使人们进入适当的情感状态。实际上，人表现为一种木偶，人格化的这些品质借给他生命。在某一个时刻，人发现他处在这种或那种道德的力量的支配之下，他就是在这种道德力量的左右之下行动的。主动精神来自于这种道德的力量，而不是来自于作为整体的个性。各种道德力量为争取在人的灵魂中占有最高地位互相斗争；但那些道德力量不是由个性激发出来并发挥作用的。因此这种道德的力量或品质本身是无个性的。邪恶和美德是一般性的概念。它们并不染有它们所借以栖身的那个人的个人色彩；相反，是它们在那个人身上的存在决定了那个人的心理和他的行为。它们进入那个人的身体，就如魔鬼可以占有一个人一样；然后它们离开他，也如同邪恶的灵魂可以离开一个人的外壳。中世纪的道德家把一个人的灵魂比拟为一个堡垒， 305
其中的美德受到四面包围着它的邪恶力量的进攻。人被想象为一个装满了外来的各种东西的容器，这反映出，在中世纪完全没有任何一个精神上独一无二和完全自主的个人的概念。

在这方面，如果我们忽视我们用以得出以上结论的这类文学形式的特别的性质，将是错误的。中世纪的文学并不是为了像镜子那样去反映生活实际；它只是要提供给人们理想化的人和以他的行动作为人们的榜样，作者只选择那些合于自己的目的的人——这种具有启发性的榜样来自历史或来自圣徒的传记。所以,我们能够利用的文学材料提供给我们的,主要是对社会起指导作用的观念的图画,实际生活与之相比是无比丰富和多彩多姿的。但我们还要再一次强调,这些观念有重要的社会功能,它为我们提供了中世纪社会生活中一种确实存在的倾向,一种指向现实世界之外的倾向。

中世纪人只有在社会集体结构之内的时候,才能发现自己,意识到自己的存在;通过依附于一个社会集体,他把自己与那个集体所接受的价值联系起来。于是,他的知识、技能、经验、信念和行为,只有能够为他的社会群体所接受时,才成为他个人特有的。

一个人很少有个人的行动。他所属的那个集体在他的心目中具有最高的地位,与这个集体的规范、规则相违背的行为是不可饶恕的。在已经实行投票方法的地方,投票也决不简单地只是在意见不一的人们中间建立一种适当关系的一种方法。投票时既要求全体一致,决议的通过也要由参加投票者中“地位高而优秀的那部分”的投票来决定——这就是说,计票不仅要考虑投票者的数量,还要考虑投票者的“质量”,他们的社会地位和社会权利的等
306 级。与集体和社会对抗被认为是不可饶恕的傲慢罪。一个人只有在将自己置于他的社会集体之中时,才能认为自己是一个个体。

中世纪的人对于人的个性有一个明确的概念:人的个性是对上帝负责的,它拥有不可毁坏的那个极抽象的内核——灵魂,但这不是我们今天所使用的个性这个词的含义。强调共同性、典型性

和普遍性，否定具体化，这阻碍着明确的个人性格观念的形成。

在中世纪作家的眼中，这个精神的世界如同肉体的世界一样，也是固定不变的和互不关联的。人是不变化的，他仅仅是从一个时代进到另一个时代，那不是一个有着质的变化的前进过程，而是一个没有内在联系的前后相继的状态。在中世纪，儿童被看成是小的成年人，有关人的成长和教育问题还没有被提出来。[①] 菲利浦·阿利埃斯(Ph. Ariès)对中世纪和近代早期欧洲对待儿童的态度问题进行过研究，他认为，中世纪文明是“成年人的文明”，[②]并指出，在中世纪，儿童并不被认为是在性格品质上与其他人有区别的人。直到12、13世纪的绘画中，儿童仍被描画为小个子的成年人，有着成年人的体态，穿着与他们的长辈一样的衣服。在未成年期间，孩子有很长一段时间与他们的父母相分离，因此，孩子的社会化和他们对价值观和知识的接受，不是由家庭所控制的。教育不考虑年龄的区别，成年人和少年人在一起学习。游戏在成为孩子们的活动之前，是骑士和贵族的活动，少年、青年被认为是成年人的天然的伙伴。

中世纪没有上古时代那种进入成年时举行的仪式，没有古典古代那些教育原则，在很长一段时间内忽视对儿童的关注，忽视从儿童时代向成年人的转变。正如我们已经看到的，孩子经过洗礼就成为社会的一员。在整个中世纪，家庭是社会结构上的生产细

① H. 温克尔(H. Winkel)：《中世纪教育面面观》(*Aspekte mittelalterlicher Erziehung*)，慕尼黑，1968年，第67页、74页及以下诸页。

② Ph. 阿利埃斯：《旧制度下的儿童与家庭生活》(*L'enfant et la vie familiale sous l'ancien régime*)，巴黎，1960年。

胞,但是某人属于某个家庭的这种观念——不像对于家族的观念——即使不是完全没有得到发展,也是很微弱的。优雅的抒情诗中对爱情的赞美与对待婚姻关系的态度有着明显的不同。另一方面,基督教的道德家们对夫妻之间的过度的情爱提出警告,并且
307 视性爱为十分危险的事情,如果不能完全避免,最好也要加以抑制。直到向近代的转变时期,家庭才开始不被简单地认为是夫妻的结合,而被视为具有抚养孩子这一重要社会职能的社会组织。但这时的家庭已是资产阶级的家庭了。仅仅到了15、16世纪,家庭才成为绘画艺术要表现的对象,表现家庭内部生活的、"在家里"的家庭肖像画出现了。这是私人生活日益占有了重要地位的标志。"空间的私有化"出现了。(菲利浦·阿利埃斯语)

中世纪的人对待儿童的情况是这个时期对人的个性所持态度的一个很好的例证。它表明,中世纪的人还没有认识到自身是一个发展变化的统一体,而是将生命视为一系列前后相继的状态,它们的连接没有内部的动力。这和我们在前边说过的中世纪人关于人类历史发展的"时代"的认识难道没有联系吗?从本质上说,中世纪人认为历史不是在演进,从"婴儿"到"儿童",从"儿童"到"少年",然后到"青年",到"成年",到"老年",这些不同阶段之间的转变,是从一种静止状态向另一种静止状态突然性的跃进,在前一个阶段中并没有任何转变的准备。让我们再回忆一下中世纪诗歌中的"选择性的时间"或"间断性的时间",诗中的这些词表明他们没有把握住时间之间、事件之间的联系:时间被分割为互不相连的片断。

所以,虽然说中世纪的人将世界作为一个整体来体验——正

如我们在前边力图表明的那样——是正确的，但是也一定不能忘记，中世纪人心目中的这种整体的存在是极为抽象的，它不是由人的实践而形成的，也不是从事物的本身得来的，而是来自于上帝。被政治上的狭隘观念搞得四分五裂的中世纪社会，在神圣罗马帝国和“上帝之城”那里找到了它理想中的统一体。同样，中世纪关于人和人在世界中的位置的观念，在人们的经验感觉的层次上也是支离破碎的和缺乏联系的，在上帝的前定和谐这种观念的影响下，它们才变成统一而协调的观念。

在中世纪，人本身并不被看成是一个其能力、财产、品性具有内在的不可分割的联系的完整的整体，也不被认为是一个其本身价值是由他个人的特性所决定的独一无二的个体。一个人只有当处于典型的和经久不变的状态之中，他个人本身的价值才能被肯定；个人本身的品质只有当能被社会和这个社会团体或组织中的伙伴们的集体行为所接受时才能被认可。重要的不是部分而是整体，不是个体而是全体。“*Individuum est ineffabili*”——“个体是 308
表现不出来的”。这样，中世纪的哲学家承认，他们这个时代是偏爱于表现那些典型的、一般的和超个体的事物的。

但是，在中世纪社会发展的某些阶段，个人也开始在寻找表现自己的途径。这个转折点在13世纪到来了。[①] 在社会生活的各个方面，我们都发现了这样的证明：个人要求得到承认的愿望越来越强烈。在美术作品中，我们看到了对个人的表现，肖像画开始出

① 参见L.热尼科(L. Genicot)：《13世纪的欧洲》(*Le XIII*^{e} *siècle européen*)，巴黎，1968年，第212页及以下诸页。

现了;在文学作品中,本地的语言被越来越多的使用,并且表明,它比拉丁语能更好地表述人们的各种思想感情;在书法中也开始显露出个人的风格。在自然科学领域,也出现一种把实验放在权威位置的新的倾向。亚里士多德哲学的传播,与对哲学的目的和内容部分的重新评价是有联系的。前一时代的神学家们把他们的注意力都放在了居于人体之内的灵魂问题上,13 世纪的哲学家则把注意力转到这个灵魂与躯体密不可分的统一体上,这个统一体构成人本身。圣托马斯·阿奎那发展并进一步阐明了波伊提乌[*]曾提出的人本身的定义:人(*persona*)本身不仅行为有理性,而且意识到自己是一个人,他对自己的行为负责,在神圣的天使指引之下,他做出决定,因为他的行为是个人的行为。① 根据圣托马斯的观点,人(*persona*)的特性的形成,不仅是由于进入其躯体内的灵魂与之不可分离,而且还由于他拥有一种明确的尊严——人的理性,这种理性是人所拥有的自由程度的基础。只有当由完美无缺的人组成的世界来到之时,完全的自由才会得到。

关于个人与社会的关系问题,圣托马斯认为,首先是共同的利益在个人的利益之上。然而他没有同时考虑到与个人相对应,社会也是一个独立的实体。因为社会是由那些为了达到各自的目的
309 而走到一起来的人组成的。个人本身具有一个不死的灵魂,能面对面地看到上帝,而社会却不能。社会是达到目的一种手段,个人

---

* 波伊提乌(Boethius,480? —524?),古罗马哲学家、神学家、政治家。——译者

① 托马斯·阿奎那:《反异教大全》,Ⅲ,113;另见 E. 吉尔松:《中世纪哲学精神》,第 174—175 页。

则是目的本身。这样说来，社会是为人服务的。[①] 这样，哲学要探寻的问题在向一个新的领域转移，这在托马斯的著作中得到了清楚的证明，而在邓斯·司各脱(Duns Scotus)精心编织的体系中表现得更为清楚。司各脱强调，每一个独立的个人都是独一无二的，而但丁则特别提出了人本身的内在价值的原则。

当我们承认神学对于中世纪个人的观念的束缚和存在着以牺牲个人为代价的对于典型性的赞美倾向时，我们一定不要忘记，当代某些东方的哲学和伦理体系也存在这种问题。在东方(如果我们可以给那个特定的地方以一个一般性的名称的话)的思想中，个人主义通常不被认为是好的东西，而常与自私自利等同起来；要求一个人所做的正确行为是首先履行自己的职责和义务，而不是行使自己的权利。[②] 西方和东方传统在演进中发生了很大的差异，这是由于在西方随着资产阶级的兴起而出现的个人作用及其重要性的巨大增长引起的结果。对于欧洲人来说，文化是“处在十字路口上”的人的文化，这种人经常面临着要选择他的道路的问题。这种文化没有一个一成不变的规划；它是一种超出了自己的范围的文化，一种探索性的、对各种可能性都开放的文化。就这个方面来说，中世纪的欧洲文化难道不是与这一时期的所有其他文化都显得十分不同吗？

---

① A. 克伦佩尔(A. Krempel)：《圣托马斯眼中的社会目的的层次》(“Hiérarchie des fins d'une société d'après Saint Thomas”)，《人类及其命运……》(*L'homme et son destin...*)，第611—618页。

② 《个体在东方和西方的地位》(*The Status of the Individual in East and West*) Ch. A. 穆尔(Ch. A. Moore)编，火奴鲁鲁，1968年，第563页。

在讨论中世纪认识和对待个人本身的方式时，我们不止一次地不得不以否定的态度来进行，在力图确定中世纪人将自己看作什么的时候，我们发现，我们不得不说，他没有把自己看作是什么。与近代意义上的“个人”和“自我”进行比较是不可避免的，但这种比较一定不要给人以这样的印象：在中世纪没有“个人本身”这类观念，或者这种观念没有得到发展。仅仅当我们将近代人的个性看作是一种固定不变的东西，一种唯一可能存在的模式，而不是我们自己的空间和时间发展变化的结果，那样的推断才是可以成立的。当人的个性在欧洲中世纪出现的时候，将它视为一种以它自己的特性表达的特殊的事物，那不是更好一些吗？难道我们不应
310 该比仅仅看到其中缺乏构成近代人的自我个性所必需的那些特性看到更多的东西吗？

中世纪个人本身那种与现代人比较才能显露出来的特别的局限性，同时也就是中世纪人所拥有，后来又失掉了的那些品质的表现。在本书中，我们对于中世纪人与自然界的密切关系，已经谈得很多了，这种关系是那样密切，以至于要在人与他周围的自然环境之间找出一条明确的界限经常是不可能的（我们又一次想起“怪诞身体”）。我们努力探寻中世纪人理解时间的确切的方式——他们不是把时间视为仅仅是一个段落或抽象物，而是事物的一个不可分离的属性，是一种像生命本身一样的物质。所有这些证明，中世纪人对于存在有全面的感觉，这种存在还没有被人的体验和内省分裂为这个整体的各个组成部分，还没有被严格地划分开。人还没有成为主体，还没有成为承担与之有关的所有真实的认识概念的认识母体。与生活的进程有一种直接的关系，对生活进程有切

身的体验,这就是生活在那个没有被物对人的统治所腐蚀的社会的人们的特征。

在我们对中世纪的劳动、财富、所有权等范畴的分析中,有一件事变得明确了:这些范畴没有一个是作为目的出现的,它们都是达到目的的手段,人们以这些手段支持着自己,肯定着自己是某个集体或共同体的享有完全的资格的成员。劳动必须满足这个社会的日常需要,但是生产的有计划的增长的概念对于中世纪的人是陌生的,因为中世纪人认为正常的和理想的不是不断增长的生产,而只是重复生产。财富主要用来作为一个人社会地位的标志和加强其社会联系的手段。劳动、所有权和财富在封建时期的社会功能,只有当我们从人们的个人之间的关系的角度来认识它们的时候,才能正确地加以理解。这不是那种可以被概括为“商品—货币—商品”的关系,而是为其社会状况所决定的个人之间的关系。 311
中世纪人的世界观是与他在比较狭窄的空间内的有限的活动和只与这个社会中相当少的人有交往这种情况相吻合的:当时的人们处于一种个人的、互相之间都知道其姓名的直接的交往中。在社会中流通的金钱和财富还没有成为主宰人们社会交往的普遍手段。

简而言之,中世纪的个人生活在一个不知道这个社会高度发展后的“异化”为何物的社会里。由于这一点,他的社会生活和社会实践活动是整体性和综合性的,促成那种整体性和综合性的方式,在向更发达、差别更大的资产阶级社会转变过程中失掉了。社会发展总是不可避免地以辩证的方式进行,在这里,它为这个转变付出的代价,是失掉了一些体现一种与生活更直接的关系的价值。

主宰中世纪人们头脑的世界观,在许多方面是虚幻的。但是,让我们再重复一遍:这并不意味着这样的世界观是缺乏效能的,在一个时期内,就是这种虚幻的世界观造就了社会的实际生活,使人们以特定的方式去活动。一种文化的缺陷是最容易被其后继的文化从另一种文化观(例如,在中世纪,天主教会和东正教会虽然互相詈骂对方为分裂教会,而它们又都攻击异教徒)或 *post factum*(以后的事实)看出来的。后来的人认为自己的文化优越,而贬责其前辈的文化为迷信。所有这些都可以从历史上得到证明。以科学的观点来看,至关重要的是对每一个历史的连接点都应以适当的标准来评价。对中世纪时期的评价,还没有很好地运用适当的标准,人们往往用古典古代或文艺复兴时期——这两个"产生共鸣"的时代来与之相比,而这两个时代的评价标准是不能适用于中世纪的。从世界历史的角度来看,中世纪文化与古典古代和近代欧洲的文化一样,也是富有意义和值得重视的,我确信,对它的价值的适当评价只有随着对客观事实的了解的不断积累才能形成,那些客观事实包括中世纪文化的自我评价,中世纪人对他们自身和他们的世界所持的态度和看法。

作者说明

这本书的英译本是在它的俄文原版问世 12 年之后出版的。正如可以预料的那样，我想对原书进行修改，实际上是要重写其中的某些部分。20 世纪 70 年代早期，关于中世纪文化的研究（我的这本书就是研究这个问题的）出现了迅速发展的局面，一些研究中世纪人心理状态的各个方面的重要著作相继问世。但是，由于我已不可能去修改和扩充我的这本书的内容，这里献给读者的几乎仍是这本书 1972 年在莫斯科出版时的样子。但是，我在书中对原文做了几个小的补充，在做更有内容的一些补充之处，我在书中用星号标出，其内容作为附录列于书后。*

在补充中，我为本书加上了一些最近的材料。

我本人最近的研究成果已发表于两本书中。一本是经修改和扩充了的《中世纪文化范畴》的俄文第二版（莫斯科，1984 年）。当时，这个译本已经付排，再做大的改动为时已晚。第二本书是《中世纪大众文化问题》（莫斯科，1981 年）。这本书已被译成英文，我希望能很快出版。这本新写出的书与前一本有密切的联系，但在研究中世纪文化的观点上又有所不同。这本新书的内容重在研究中世纪人的集体观念，这个层次过去被精英文化掩盖着，因此历史

---

* 中译本已将原版附录中补充的新内容全部纳入到正文的相应段落中。——译者

学家几乎不研究这个问题。《中世纪文化范畴》中表述的思想在这本新书中有了相当大的发展。这两本书互为补充。从某些方面来
314 说，这也可以作为请读者原谅这个译本没有加进新的材料和没有添入我最近掌握的史料的理由。

但是，即便如此，我希望我这本书的英译本能对读者了解文化史有所助益。我之所以怀有这样的希望，是因为关于中世纪人的世界图景还没有被充分地研究。同时我也意识到，并不是每个讲英语的史学家都能同意我的方法。我的这种方法将文化作为一个系统：其内部充满了非常复杂的矛盾，但是是一个系统。在当代，有一种倾向，人们试图去重建处于其他时代和文化中的人的精神世界。我在书中所运用的研究文化的方法，是分析它的几个范畴，把它们作为整个社会和文化中的成分来阐明它们的意义。我的注意力首先放在研究人的心态、思想倾向和思维习惯上，即放在中世纪人的“精神工具”上，换言之，就是这个没有被它的成员所充分理解和充分反映的社会的精神生活方面。

人们的社会行为在很大程度上受着他们的心理状态的影响，中世纪人行为的特性，只有从他们的世界观的角度出发才能理解。在这方面，对中世纪人的文化生活的研究和社会生活的研究是密切相关的。传统的历史研究只是从经济、文化、宗教等方面去研究以往的社会，社会—文化观把克服传统史学研究中的这种片面性的努力具体化，提供了一种将各个方面的研究结合起来的方法。当然，提出这样一个方法比去实践它要容易得多。然而，我相信，从人类学的角度研究历史是一个正在发展着的，极有价值的研究

领域。

最后,我要对英译本的译者表示我的敬意。

1984 年 7 月于莫斯科

索　　引

（索引页码为原书页码，即本书边码）

A

M

N

O

U

V

W

Y

Z

图书在版编目(CIP)数据

中世纪文化范畴 /（俄罗斯）A. J. 古列维奇著 ；庞玉洁，李学智译. -- 北京 ：商务印书馆，2025.
（汉译世界学术名著丛书）. -- ISBN 978-7-100-24251-6

Ⅰ. K503.3

中国国家版本馆 CIP 数据核字第 2024WJ5514 号

汉译世界学术名著丛书

中世纪文化范畴

〔俄〕A. J. 古列维奇　著

〔英〕G. L. 坎贝尔　英译

庞玉洁　李学智　译

庞卓恒　校

商　务　印　书　馆　出　版

（北京王府井大街 36 号　邮政编码 100710）

商　务　印　书　馆　发　行

北京新华印刷有限公司印刷

ISBN 978 - 7 - 100 - 24251 - 6

2025 年 1 月第 1 版　　　　开本 850×1168　1/32

2025 年 1 月北京第 1 次印刷　　印张 12⅞

定价：69.00 元